Alimento Para tu Alma.

Agenda Católica de 365 dias para rezar el Santo
Rosario, leer la Sagrada Biblia
y hacer sacrificios diarios.

(Español/Spanish)

Por: Pablo Claret

Viva Cristo Rey Multimedia – vivacristorey.org
Año de Nuestro Señor Jesucristo 2020

MI AGENDA CATÓLICA

¡QUE VIVA CRISTO REY!

PROPIEDAD DE:

_____

CONTACTO EN CASO DE PERDIDA

CORREO ELECTRONICO: _____

TELEFONO: _____

MEMENTO MORIS

AGENDA PARA TU ALMA

¡QUE VIVA CRISTO REY!

VIVA CRISTO REY.ORG

FECHA: DIA   MES   AÑO

METAS DEL DIA

REZAR EL SANTO ROSARIO DE 15 MISTERIOS.......... ☐

LEER LA SANTA BIBLIA (15 MINUTOS).................... ☐

SACRIFICIOS DIARIOS .... ☐

☐ _____   ☐ _____
☐ _____   ☐ _____
☐ _____   ☐ _____
☐ _____   ☐ _____
☐ _____   ☐ _____
☐ _____   ☐ _____
☐ _____   ☐ _____
☐ _____   ☐ _____
☐ _____   ☐ _____

SUGERENCIAS

Si no sabes como rezar el Santo Rosario, puedes conseguir nuestro libro *"Rosario Para Principiantes"* en el siguiente enlace: www.vcrey.com/rosario-libro

Algunos Sacrificios que puedes hacer incluyen:

- No tomar agua o liquidos durante una comida.
- Abstenerse de carne en viernes (lo cual es requerido por la Santa Madre Iglesia).
- No comer dulces o postres durante un día.
- Bañarse con agua fría.
- No comer carne en Sábado en honor a la Santísima Virgen Maria.
- Hacer una hora de silencio.
- No comprar o vender en Domingo (lo cual es ademas un mandamiento).
- Ser amable con alguien que te haya lastimado.
- Dar comida al hambriento.
- Dar agua al sediento.
- Visitar a los enfermos, y confortarlos.

NOTAS IMPORTANTES

☐ _____
☐ _____
☐ _____
☐ _____
☐ _____
☐ _____
☐ _____
☐ _____
☐ _____
☐ _____

AGENDA PARA TU ALMA

¡QUE VIVA CRISTO REY!

VIVA
CRISTO
REY.ORG

FECHA: DIA   MES   AÑO

METAS DEL DIA

REZAR EL SANTO ROSARIO DE 15 MISTERIOS.......... ☐

LEER LA SANTA BIBLIA (15 MINUTOS).................... ☐

SACRIFICIOS DIARIOS....................................... ☐

☐ _____   ☐ _____
☐ _____   ☐ _____
☐ _____   ☐ _____
☐ _____   ☐ _____
☐ _____   ☐ _____
☐ _____   ☐ _____
☐ _____   ☐ _____
☐ _____   ☐ _____
☐ _____   ☐ _____

SUGERENCIAS

Si no sabes como rezar el Santo Rosario, puedes conseguir nuestro libro *"Rosario Para Principiantes"* en el siguiente enlace: www.vcrey.com/rosario-libro

Algunos Sacrificios que puedes hacer incluyen:

- No tomar agua o líquidos durante una comida.
- Abstenerse de carne en viernes (lo cual es requerido por la Santa Madre Iglesia).
- No comer dulces o postres durante un día.
- Bañarse con agua fría.
- No comer carne en Sábado en honor a la Santísima Virgen María.
- Hacer una hora de silencio.
- No comprar o vender en Domingo (lo cual es ademas un mandamiento).
- Ser amable con alguien que te haya lastimado.
- Dar comida al hambriento.
- Dar agua al sediento.
- Visitar a los enfermos, y confortarlos.

NOTAS IMPORTANTES

☐ _____
☐ _____
☐ _____
☐ _____
☐ _____
☐ _____
☐ _____
☐ _____
☐ _____
☐ _____

AGENDA PARA TU ALMA

¡QUE VIVA CRISTO REY!

VIVA CRISTO REY.ORG

FECHA: DIA   MES   AÑO

METAS DEL DIA

REZAR EL SANTO ROSARIO DE 15 MISTERIOS.......... ☐

LEER LA SANTA BIBLIA (15 MINUTOS).................... ☐

SACRIFICIOS DIARIOS .... ☐

☐ _____   ☐ _____
☐ _____   ☐ _____
☐ _____   ☐ _____
☐ _____   ☐ _____
☐ _____   ☐ _____
☐ _____   ☐ _____
☐ _____   ☐ _____
☐ _____   ☐ _____
☐ _____   ☐ _____

SUGERENCIAS

Si no sabes como rezar el Santo Rosario, puedes conseguir nuestro libro *"Rosario Para Principiantes"* en el siguiente enlace: www.vcrey.com/rosario-libro

Algunos Sacrificios que puedes hacer incluyen:

- No tomar agua o líquidos durante una comida.
- Abstenerse de carne en viernes (lo cual es requerido por la Santa Madre Iglesia).
- No comer dulces o postres durante un día.
- Bañarse con agua fría.
- No comer carne en Sábado en honor a la Santísima Virgen Maria.
- Hacer una hora de silencio.
- No comprar o vender en Domingo (lo cual es ademas un mandamiento).
- Ser amable con alguien que te haya lastimado.
- Dar comida al hambriento.
- Dar agua al sediento.
- Visitar a los enfermos, y confortarlos.

NOTAS IMPORTANTES

☐ _____
☐ _____
☐ _____
☐ _____
☐ _____
☐ _____
☐ _____
☐ _____
☐ _____
☐ _____
☐ _____

AGENDA PARA TU ALMA

¡QUE VIVA CRISTO REY!

VIVA
CRISTO
REY.ORG

FECHA: DIA   MES   AÑO

METAS DEL DIA

REZAR EL SANTO ROSARIO DE 15 MISTERIOS.......... ☐

LEER LA SANTA BIBLIA (15 MINUTOS).................... ☐

SACRIFICIOS DIARIOS....................................... ☐

☐ _____ ☐ _____
☐ _____ ☐ _____
☐ _____ ☐ _____
☐ _____ ☐ _____
☐ _____ ☐ _____
☐ _____ ☐ _____
☐ _____ ☐ _____
☐ _____ ☐ _____
☐ _____ ☐ _____

SUGERENCIAS

Si no sabes como rezar el Santo Rosario, puedes conseguir nuestro libro *"Rosario Para Principiantes"* en el siguiente enlace: www.vcrey.com/rosario-libro

Algunos Sacrificios que puedes hacer incluyen:

- No tomar agua o líquidos durante una comida.
- Abstenerse de carne en viernes (lo cual es requerido por la Santa Madre Iglesia).
- No comer dulces o postres durante un día.
- Bañarse con agua fría.
- No comer carne en Sábado en honor a la Santísima Virgen Maria.
- Hacer una hora de silencio.
- No comprar o vender en Domingo (lo cual es ademas un mandamiento).
- Ser amable con alguien que te haya lastimado.
- Dar comida al hambriento.
- Dar agua al sediento.
- Visitar a los enfermos, y confortarlos.

NOTAS IMPORTANTES

☐ _____
☐ _____
☐ _____
☐ _____
☐ _____
☐ _____
☐ _____
☐ _____
☐ _____
☐ _____

AGENDA PARA TU ALMA

¡QUE VIVA CRISTO REY!

VIVA CRISTO REY.ORG

FECHA: DIA   MES   AÑO

METAS DEL DIA

REZAR EL SANTO ROSARIO DE 15 MISTERIOS.......... ☐

LEER LA SANTA BIBLIA (15 MINUTOS)................... ☐

SACRIFICIOS DIARIOS .... ☐

☐ _____   ☐ _____
☐ _____   ☐ _____
☐ _____   ☐ _____
☐ _____   ☐ _____
☐ _____   ☐ _____
☐ _____   ☐ _____
☐ _____   ☐ _____
☐ _____   ☐ _____
☐ _____   ☐ _____

SUGERENCIAS

Si no sabes como rezar el Santo Rosario, puedes conseguir nuestro libro *"Rosario Para Principiantes"* en el siguiente enlace: www.vcrey.com/rosario-libro

Algunos Sacrificios que puedes hacer incluyen:

- No tomar agua o líquidos durante una comida.
- Abstenerse de carne en viernes (lo cual es requerido por la Santa Madre Iglesia).
- No comer dulces o postres durante un día.
- Bañarse con agua fría.
- No comer carne en Sábado en honor a la Santísima Virgen Maria.
- Hacer una hora de silencio.
- No comprar o vender en Domingo (lo cual es ademas un mandamiento).
- Ser amable con alguien que te haya lastimado.
- Dar comida al hambriento.
- Dar agua al sediento.
- Visitar a los enfermos, y confortarlos.

NOTAS IMPORTANTES

☐ _____
☐ _____
☐ _____
☐ _____
☐ _____
☐ _____
☐ _____
☐ _____
☐ _____
☐ _____
☐ _____

AGENDA PARA TU ALMA

¡QUE VIVA CRISTO REY!

VIVA CRISTO REY.ORG

FECHA: DIA   MES   AÑO

METAS DEL DIA

REZAR EL SANTO ROSARIO DE 15 MISTERIOS.......... ☐

LEER LA SANTA BIBLIA (15 MINUTOS)................... ☐

SACRIFICIOS DIARIOS.. ☐

☐ _____   ☐ _____
☐ _____   ☐ _____
☐ _____   ☐ _____
☐ _____   ☐ _____
☐ _____   ☐ _____
☐ _____   ☐ _____
☐ _____   ☐ _____
☐ _____   ☐ _____
☐ _____   ☐ _____

SUGERENCIAS

Si no sabes como rezar el Santo Rosario, puedes conseguir nuestro libro *"Rosario Para Principiantes"* en el siguiente enlace: www.vcrey.com/rosario-libro

Algunos Sacrificios que puedes hacer incluyen:

- No tomar agua o líquidos durante una comida.
- Abstenerse de carne en viernes (lo cual es requerido por la Santa Madre Iglesia).
- No comer dulces o postres durante un día.
- Bañarse con agua fría.
- No comer carne en Sábado en honor a la Santísima Virgen Maria.
- Hacer una hora de silencio.
- No comprar o vender en Domingo (lo cual es ademas un mandamiento).
- Ser amable con alguien que te haya lastimado.
- Dar comida al hambriento.
- Dar agua al sediento.
- Visitar a los enfermos, y confortarlos.

NOTAS IMPORTANTES

☐ _____
☐ _____
☐ _____
☐ _____
☐ _____
☐ _____
☐ _____
☐ _____
☐ _____
☐ _____

AGENDA PARA TU ALMA

¡QUE VIVA CRISTO REY!

VIVA CRISTO REY.ORG

FECHA: DIA   MES   AÑO

METAS DEL DIA

REZAR EL SANTO ROSARIO DE 15 MISTERIOS........... ☐

LEER LA SANTA BIBLIA (15 MINUTOS).................... ☐

SACRIFICIOS DIARIOS .... ☐

☐ _____   ☐ _____
☐ _____   ☐ _____
☐ _____   ☐ _____
☐ _____   ☐ _____
☐ _____   ☐ _____
☐ _____   ☐ _____
☐ _____   ☐ _____
☐ _____   ☐ _____
☐ _____   ☐ _____

SUGERENCIAS

Si no sabes como rezar el Santo Rosario, puedes conseguir nuestro libro *"Rosario Para Principiantes"* en el siguiente enlace: www.vcrey.com/rosario-libro

Algunos Sacrificios que puedes hacer incluyen:

- No tomar agua o líquidos durante una comida.
- Abstenerse de carne en viernes (lo cual es requerido por la Santa Madre Iglesia).
- No comer dulces o postres durante un día.
- Bañarse con agua fría.
- No comer carne en Sábado en honor a la Santísima Virgen Maria.
- Hacer una hora de silencio.
- No comprar o vender en Domingo (lo cual es además un mandamiento).
- Ser amable con alguien que te haya lastimado.
- Dar comida al hambriento.
- Dar agua al sediento.
- Visitar a los enfermos, y confortarlos.

NOTAS IMPORTANTES

☐ _____
☐ _____
☐ _____
☐ _____
☐ _____
☐ _____
☐ _____
☐ _____
☐ _____
☐ _____

AGENDA PARA TU ALMA

¡QUE VIVA CRISTO REY!

VIVA
CRISTO
REY.ORG

FECHA: DIA   MES   AÑO

METAS DEL DIA

REZAR EL SANTO ROSARIO DE 15 MISTERIOS.......... ☐

LEER LA SANTA BIBLIA (15 MINUTOS)..................... ☐

SACRIFICIOS DIARIOS....... .... ☐

☐ _____   ☐ _____
☐ _____   ☐ _____
☐ _____   ☐ _____
☐ _____   ☐ _____
☐ _____   ☐ _____
☐ _____   ☐ _____
☐ _____   ☐ _____
☐ _____   ☐ _____
☐ _____   ☐ _____

SUGERENCIAS

Si no sabes como rezar el Santo Rosario, puedes conseguir nuestro libro *"Rosario Para Principiantes"* en el siguiente enlace: www.vcrey.com/rosario-libro

Algunos Sacrificios que puedes hacer incluyen:

- No tomar agua o líquidos durante una comida.
- Abstenerse de carne en viernes (lo cual es requerido por la Santa Madre Iglesia).
- No comer dulces o postres durante un día.
- Bañarse con agua fría.
- No comer carne en Sábado en honor a la Santísima Virgen Maria.
- Hacer una hora de silencio.
- No comprar o vender en Domingo (lo cual es ademas un mandamiento).
- Ser amable con alguien que te haya lastimado.
- Dar comida al hambriento.
- Dar agua al sediento.
- Visitar a los enfermos, y confortarlos.

NOTAS IMPORTANTES

☐ _____
☐ _____
☐ _____
☐ _____
☐ _____
☐ _____
☐ _____
☐ _____
☐ _____

AGENDA PARA TU ALMA

¡QUE VIVA CRISTO REY!

VIVA
CRISTO
REY.ORG

FECHA: DIA   MES   AÑO

METAS DEL DIA

REZAR EL SANTO ROSARIO DE 15 MISTERIOS........... ☐

LEER LA SANTA BIBLIA (15 MINUTOS)..................... ☐

SACRIFICIOS DIARIOS.. ☐

☐ _____   ☐ _____
☐ _____   ☐ _____
☐ _____   ☐ _____
☐ _____   ☐ _____
☐ _____   ☐ _____
☐ _____   ☐ _____
☐ _____   ☐ _____
☐ _____   ☐ _____
☐ _____   ☐ _____

SUGERENCIAS

Si no sabes como rezar el Santo Rosario, puedes conseguir nuestro libro *"Rosario Para Principiantes"* en el siguiente enlace: www.vcrey.com/rosario-libro

Algunos Sacrificios que puedes hacer incluyen:

- No tomar agua o líquidos durante una comida.
- Abstenerse de carne en viernes (lo cual es requerido por la Santa Madre Iglesia).
- No comer dulces o postres durante un día.
- Bañarse con agua fría.
- No comer carne en Sábado en honor a la Santísima Virgen María.
- Hacer una hora de silencio.
- No comprar o vender en Domingo (lo cual es además un mandamiento).
- Ser amable con alguien que te haya lastimado.
- Dar comida al hambriento.
- Dar agua al sediento.
- Visitar a los enfermos, y confortarlos.

NOTAS IMPORTANTES

☐ _____
☐ _____
☐ _____
☐ _____
☐ _____
☐ _____
☐ _____
☐ _____
☐ _____

AGENDA PARA TU ALMA

¡QUE VIVA CRISTO REY!

VIVA CRISTO REY.ORG

FECHA: DIA   MES   AÑO

METAS DEL DIA

REZAR EL SANTO ROSARIO DE 15 MISTERIOS.......... ☐

LEER LA SANTA BIBLIA (15 MINUTOS).................... ☐

SACRIFICIOS DIARIOS....................................... ☐

☐ _____   ☐ _____
☐ _____   ☐ _____
☐ _____   ☐ _____
☐ _____   ☐ _____
☐ _____   ☐ _____
☐ _____   ☐ _____
☐ _____   ☐ _____
☐ _____   ☐ _____
☐ _____   ☐ _____

SUGERENCIAS

Si no sabes como rezar el Santo Rosario, puedes conseguir nuestro libro *"Rosario Para Principiantes"* en el siguiente enlace: www.vcrey.com/rosario-libro

Algunos Sacrificios que puedes hacer incluyen:

- No tomar agua o líquidos durante una comida.
- Abstenerse de carne en viernes (lo cual es requerido por la Santa Madre Iglesia).
- No comer dulces o postres durante un día.
- Bañarse con agua fría.
- No comer carne en Sábado en honor a la Santísima Virgen Maria.
- Hacer una hora de silencio.
- No comprar o vender en Domingo (lo cual es ademas un mandamiento).
- Ser amable con alguien que te haya lastimado.
- Dar comida al hambriento.
- Dar agua al sediento.
- Visitar a los enfermos, y confortarlos.

NOTAS IMPORTANTES

☐ _____
☐ _____
☐ _____
☐ _____
☐ _____
☐ _____
☐ _____
☐ _____
☐ _____
☐ _____

AGENDA PARA TU ALMA

¡QUE VIVA CRISTO REY!

VIVA
CRISTO
REY.ORG

FECHA: DIA   MES   AÑO

METAS DEL DIA

REZAR EL SANTO ROSARIO DE 15 MISTERIOS.......... ☐

LEER LA SANTA BIBLIA (15 MINUTOS).................... ☐

SACRIFICIOS DIARIOS .... ☐

☐ _____   ☐ _____
☐ _____   ☐ _____
☐ _____   ☐ _____
☐ _____   ☐ _____
☐ _____   ☐ _____
☐ _____   ☐ _____
☐ _____   ☐ _____
☐ _____   ☐ _____
☐ _____   ☐ _____

SUGERENCIAS

Si no sabes como rezar el Santo Rosario, puedes conseguir nuestro libro *"Rosario Para Principiantes"* en el siguiente enlace: www.vcrey.com/rosario-libro

Algunos Sacrificios que puedes hacer incluyen:

- No tomar agua o líquidos durante una comida.
- Abstenerse de carne en viernes (lo cual es requerido por la Santa Madre Iglesia).
- No comer dulces o postres durante un día.
- Bañarse con agua fría.
- No comer carne en Sábado en honor a la Santísima Virgen Maria.
- Hacer una hora de silencio.
- No comprar o vender en Domingo (lo cual es ademas un mandamiento).
- Ser amable con alguien que te haya lastimado.
- Dar comida al hambriento.
- Dar agua al sediento.
- Visitar a los enfermos, y confortarlos.

NOTAS IMPORTANTES

☐ _____
☐ _____
☐ _____
☐ _____
☐ _____
☐ _____
☐ _____
☐ _____
☐ _____
☐ _____

AGENDA PARA TU ALMA

¡QUE VIVA CRISTO REY!

VIVA
CRISTO
REY.ORG

FECHA: DIA   MES   AÑO

METAS DEL DIA

REZAR EL SANTO ROSARIO DE 15 MISTERIOS.......... ☐

LEER LA SANTA BIBLIA (15 MINUTOS)................... ☐

SACRIFICIOS DIARIOS.. ☐

☐ _____   ☐ _____

☐ _____   ☐ _____

☐ _____   ☐ _____

☐ _____   ☐ _____

☐ _____   ☐ _____

☐ _____   ☐ _____

☐ _____   ☐ _____

☐ _____   ☐ _____

☐ _____   ☐ _____

SUGERENCIAS

Si no sabes como rezar el Santo Rosario, puedes conseguir nuestro libro *"Rosario Para Principiantes"* en el siguiente enlace: www.vcrey.com/rosario-libro

Algunos Sacrificios que puedes hacer incluyen:

- No tomar agua o líquidos durante una comida.
- Abstenerse de carne en viernes (lo cual es requerido por la Santa Madre Iglesia).
- No comer dulces o postres durante un día.
- Bañarse con agua fría.
- No comer carne en Sábado en honor a la Santísima Virgen María.
- Hacer una hora de silencio.
- No comprar o vender en Domingo (lo cual es ademas un mandamiento).
- Ser amable con alguien que te haya lastimado.
- Dar comida al hambriento.
- Dar agua al sediento.
- Visitar a los enfermos, y confortarlos.

NOTAS IMPORTANTES

☐ _____

☐ _____

☐ _____

☐ _____

☐ _____

☐ _____

☐ _____

☐ _____

☐ _____

☐ _____

AGENDA PARA TU ALMA

¡QUE VIVA CRISTO REY!

VIVA
CRISTO
REY.ORG

FECHA: DIA   MES   AÑO

METAS DEL DIA

REZAR EL SANTO ROSARIO DE 15 MISTERIOS.......... ☐

LEER LA SANTA BIBLIA (15 MINUTOS).................... ☐

SACRIFICIOS DIARIOS .... ☐

☐ _____   ☐ _____
☐ _____   ☐ _____
☐ _____   ☐ _____
☐ _____   ☐ _____
☐ _____   ☐ _____
☐ _____   ☐ _____
☐ _____   ☐ _____
☐ _____   ☐ _____
☐ _____   ☐ _____

SUGERENCIAS

Si no sabes como rezar el Santo Rosario, puedes conseguir nuestro libro *"Rosario Para Principiantes"* en el siguiente enlace: www.vcrey.com/rosario-libro

Algunos Sacrificios que puedes hacer incluyen:

- No tomar agua o líquidos durante una comida.
- Abstenerse de carne en viernes (lo cual es requerido por la Santa Madre Iglesia).
- No comer dulces o postres durante un día.
- Bañarse con agua fría.
- No comer carne en Sábado en honor a la Santísima Virgen María.
- Hacer una hora de silencio.
- No comprar o vender en Domingo (lo cual es ademas un mandamiento).
- Ser amable con alguien que te haya lastimado.
- Dar comida al hambriento.
- Dar agua al sediento.
- Visitar a los enfermos, y confortarlos.

NOTAS IMPORTANTES

☐ _____
☐ _____
☐ _____
☐ _____
☐ _____
☐ _____
☐ _____
☐ _____
☐ _____
☐ _____

AGENDA PARA TU ALMA

¡QUE VIVA CRISTO REY!

VIVA CRISTO REY.ORG

FECHA: DIA   MES   AÑO

METAS DEL DIA

REZAR EL SANTO ROSARIO DE 15 MISTERIOS.......... ☐

LEER LA SANTA BIBLIA (15 MINUTOS)..................... ☐

SACRIFICIOS DIARIOS....................................... ☐

☐ _____   ☐ _____
☐ _____   ☐ _____
☐ _____   ☐ _____
☐ _____   ☐ _____
☐ _____   ☐ _____
☐ _____   ☐ _____
☐ _____   ☐ _____
☐ _____   ☐ _____
☐ _____   ☐ _____

SUGERENCIAS

Si no sabes como rezar el Santo Rosario, puedes conseguir nuestro libro *"Rosario Para Principiantes"* en el siguiente enlace: www.vcrey.com/rosario-libro

Algunos Sacrificios que puedes hacer incluyen:

- No tomar agua o líquidos durante una comida.
- Abstenerse de carne en viernes (lo cual es requerido por la Santa Madre Iglesia).
- No comer dulces o postres durante un día.
- Bañarse con agua fría.
- No comer carne en Sábado en honor a la Santísima Virgen Maria.
- Hacer una hora de silencio.
- No comprar o vender en Domingo (lo cual es ademas un mandamiento).
- Ser amable con alguien que te haya lastimado.
- Dar comida al hambriento.
- Dar agua al sediento.
- Visitar a los enfermos, y confortarlos.

NOTAS IMPORTANTES

☐ _____
☐ _____
☐ _____
☐ _____
☐ _____
☐ _____
☐ _____
☐ _____
☐ _____
☐ _____

AGENDA PARA TU ALMA

¡QUE VIVA CRISTO REY!

VIVA CRISTO REY.ORG

FECHA: DIA   MES   AÑO

METAS DEL DIA

REZAR EL SANTO ROSARIO DE 15 MISTERIOS........... ☐

LEER LA SANTA BIBLIA (15 MINUTOS)..................... ☐

SACRIFICIOS DIARIOS .... ☐

☐ _____ ☐ _____
☐ _____ ☐ _____
☐ _____ ☐ _____
☐ _____ ☐ _____
☐ _____ ☐ _____
☐ _____ ☐ _____
☐ _____ ☐ _____
☐ _____ ☐ _____
☐ _____ ☐ _____

SUGERENCIAS

Si no sabes como rezar el Santo Rosario, puedes conseguir nuestro libro *"Rosario Para Principiantes"* en el siguiente enlace: www.vcrey.com/rosario-libro

Algunos Sacrificios que puedes hacer incluyen:

- No tomar agua o líquidos durante una comida.
- Abstenerse de carne en viernes (lo cual es requerido por la Santa Madre Iglesia).
- No comer dulces o postres durante un día.
- Bañarse con agua fría.
- No comer carne en Sábado en honor a la Santísima Virgen Maria.
- Hacer una hora de silencio.
- No comprar o vender en Domingo (lo cual es además un mandamiento).
- Ser amable con alguien que te haya lastimado.
- Dar comida al hambriento.
- Dar agua al sediento.
- Visitar a los enfermos, y confortarlos.

NOTAS IMPORTANTES

☐ _____
☐ _____
☐ _____
☐ _____
☐ _____
☐ _____
☐ _____
☐ _____
☐ _____
☐ _____

AGENDA PARA TU ALMA

¡QUE VIVA CRISTO REY!

VIVA CRISTO REY.ORG

FECHA: DIA   MES   AÑO

METAS DEL DIA

REZAR EL SANTO ROSARIO DE 15 MISTERIOS.......... ☐

LEER LA SANTA BIBLIA (15 MINUTOS).................... ☐

SACRIFICIOS DIARIOS...................................... ☐

☐ _____   ☐ _____
☐ _____   ☐ _____
☐ _____   ☐ _____
☐ _____   ☐ _____
☐ _____   ☐ _____
☐ _____   ☐ _____
☐ _____   ☐ _____
☐ _____   ☐ _____
☐ _____   ☐ _____

SUGERENCIAS

Si no sabes como rezar el Santo Rosario, puedes conseguir nuestro libro *"Rosario Para Principiantes"* en el siguiente enlace: www.vcrey.com/rosario-libro

Algunos Sacrificios que puedes hacer incluyen:

- No tomar agua o líquidos durante una comida.
- Abstenerse de carne en viernes (lo cual es requerido por la Santa Madre Iglesia).
- No comer dulces o postres durante un día.
- Bañarse con agua fría.
- No comer carne en Sábado en honor a la Santísima Virgen Maria.
- Hacer una hora de silencio.
- No comprar o vender en Domingo (lo cual es ademas un mandamiento).
- Ser amable con alguien que te haya lastimado.
- Dar comida al hambriento.
- Dar agua al sediento.
- Visitar a los enfermos, y confortarlos.

NOTAS IMPORTANTES

☐ _____
☐ _____
☐ _____
☐ _____
☐ _____
☐ _____
☐ _____
☐ _____
☐ _____
☐ _____

AGENDA PARA TU ALMA

¡QUE VIVA CRISTO REY!

VIVA CRISTO REY.ORG

FECHA: DIA   MES   AÑO

METAS DEL DIA

REZAR EL SANTO ROSARIO DE 15 MISTERIOS.......... ☐

LEER LA SANTA BIBLIA (15 MINUTOS)................... ☐

SACRIFICIOS DIARIOS... ☐

☐ _____   ☐ _____
☐ _____   ☐ _____
☐ _____   ☐ _____
☐ _____   ☐ _____
☐ _____   ☐ _____
☐ _____   ☐ _____
☐ _____   ☐ _____
☐ _____   ☐ _____
☐ _____   ☐ _____

SUGERENCIAS

Si no sabes como rezar el Santo Rosario, puedes conseguir nuestro libro *"Rosario Para Principiantes"* en el siguiente enlace: www.vcrey.com/rosario-libro

Algunos Sacrificios que puedes hacer incluyen:

- No tomar agua o liquidos durante una comida.
- Abstenerse de carne en viernes (lo cual es requerido por la Santa Madre Iglesia).
- No comer dulces o postres durante un día.
- Bañarse con agua fría.
- No comer carne en Sábado en honor a la Santísima Virgen Maria.
- Hacer una hora de silencio.
- No comprar o vender en Domingo (lo cual es ademas un mandamiento).
- Ser amable con alguien que te haya lastimado.
- Dar comida al hambriento.
- Dar agua al sediento.
- Visitar a los enfermos, y confortarlos.

NOTAS IMPORTANTES

☐ _____
☐ _____
☐ _____
☐ _____
☐ _____
☐ _____
☐ _____
☐ _____
☐ _____
☐ _____
☐ _____

AGENDA PARA TU ALMA

¡QUE VIVA CRISTO REY!

VIVA CRISTO REY.ORG

FECHA: DIA   MES   AÑO

METAS DEL DIA

REZAR EL SANTO ROSARIO DE 15 MISTERIOS.......... ☐

LEER LA SANTA BIBLIA (15 MINUTOS)..................... ☐

SACRIFICIOS DIARIOS.. ☐

☐ _____   ☐ _____
☐ _____   ☐ _____
☐ _____   ☐ _____
☐ _____   ☐ _____
☐ _____   ☐ _____
☐ _____   ☐ _____
☐ _____   ☐ _____
☐ _____   ☐ _____
☐ _____   ☐ _____

SUGERENCIAS

Si no sabes como rezar el Santo Rosario, puedes conseguir nuestro libro *"Rosario Para Principiantes"* en el siguiente enlace: www.vcrey.com/rosario-libro

Algunos Sacrificios que puedes hacer incluyen:

- No tomar agua o líquidos durante una comida.
- Abstenerse de carne en viernes (lo cual es requerido por la Santa Madre Iglesia).
- No comer dulces o postres durante un día.
- Bañarse con agua fría.
- No comer carne en Sábado en honor a la Santísima Virgen Maria.
- Hacer una hora de silencio.
- No comprar o vender en Domingo (lo cual es ademas un mandamiento).
- Ser amable con alguien que te haya lastimado.
- Dar comida al hambriento.
- Dar agua al sediento.
- Visitar a los enfermos, y confortarlos.

NOTAS IMPORTANTES

☐ _____
☐ _____
☐ _____
☐ _____
☐ _____
☐ _____
☐ _____
☐ _____
☐ _____

AGENDA PARA TU ALMA

¡QUE VIVA CRISTO REY!

VIVA CRISTO REY.ORG

FECHA: DIA   MES   AÑO

METAS DEL DIA

REZAR EL SANTO ROSARIO DE 15 MISTERIOS.......... ☐

LEER LA SANTA BIBLIA (15 MINUTOS).................... ☐

SACRIFICIOS DIARIOS .... ☐

☐ _____   ☐ _____

☐ _____   ☐ _____

☐ _____   ☐ _____

☐ _____   ☐ _____

☐ _____   ☐ _____

☐ _____   ☐ _____

☐ _____   ☐ _____

☐ _____   ☐ _____

☐ _____   ☐ _____

SUGERENCIAS

Si no sabes como rezar el Santo Rosario, puedes conseguir nuestro libro *"Rosario Para Principiantes"* en el siguiente enlace: www.vcrey.com/rosario-libro

Algunos Sacrificios que puedes hacer incluyen:

- No tomar agua o líquidos durante una comida.
- Abstenerse de carne en viernes (lo cual es requerido por la Santa Madre Iglesia).
- No comer dulces o postres durante un día.
- Bañarse con agua fría.
- No comer carne en Sábado en honor a la Santísima Virgen Maria.
- Hacer una hora de silencio.
- No comprar o vender en Domingo (lo cual es ademas un mandamiento).
- Ser amable con alguien que te haya lastimado.
- Dar comida al hambriento.
- Dar agua al sediento.
- Visitar a los enfermos, y confortarlos.

NOTAS IMPORTANTES

☐ _____

☐ _____

☐ _____

☐ _____

☐ _____

☐ _____

☐ _____

☐ _____

☐ _____

☐ _____

AGENDA PARA TU ALMA

¡QUE VIVA CRISTO REY!

VIVA CRISTO REY.ORG

FECHA: DIA   MES   AÑO

METAS DEL DIA

REZAR EL SANTO ROSARIO DE 15 MISTERIOS.......... ☐

LEER LA SANTA BIBLIA (15 MINUTOS).................... ☐

SACRIFICIOS DIARIOS....... .... ☐

☐ _____   ☐ _____

☐ _____   ☐ _____

☐ _____   ☐ _____

☐ _____   ☐ _____

☐ _____   ☐ _____

☐ _____   ☐ _____

☐ _____   ☐ _____

☐ _____   ☐ _____

☐ _____   ☐ _____

SUGERENCIAS

Si no sabes como rezar el Santo Rosario, puedes conseguir nuestro libro *"Rosario Para Principiantes"* en el siguiente enlace: www.vcrey.com/rosario-libro

Algunos Sacrificios que puedes hacer incluyen:

- No tomar agua o líquidos durante una comida.
- Abstenerse de carne en viernes (lo cual es requerido por la Santa Madre Iglesia).
- No comer dulces o postres durante un día.
- Bañarse con agua fría.
- No comer carne en Sábado en honor a la Santísima Virgen Maria.
- Hacer una hora de silencio.
- No comprar o vender en Domingo (lo cual es ademas un mandamiento).
- Ser amable con alguien que te haya lastimado.
- Dar comida al hambriento.
- Dar agua al sediento.
- Visitar a los enfermos, y confortarlos.

NOTAS IMPORTANTES

☐ _____

☐ _____

☐ _____

☐ _____

☐ _____

☐ _____

☐ _____

☐ _____

☐ _____

☐ _____

AGENDA PARA TU ALMA

¡QUE VIVA CRISTO REY!

VIVA CRISTO REY.ORG

FECHA: DIA   MES   AÑO

METAS DEL DIA

REZAR EL SANTO ROSARIO DE 15 MISTERIOS.......... ☐

LEER LA SANTA BIBLIA (15 MINUTOS).................... ☐

SACRIFICIOS DIARIOS .... ☐

☐ _____   ☐ _____
☐ _____   ☐ _____
☐ _____   ☐ _____
☐ _____   ☐ _____
☐ _____   ☐ _____
☐ _____   ☐ _____
☐ _____   ☐ _____
☐ _____   ☐ _____

SUGERENCIAS

Si no sabes como rezar el Santo Rosario, puedes conseguir nuestro libro *"Rosario Para Principiantes"* en el siguiente enlace: www.vcrey.com/rosario-libro

Algunos Sacrificios que puedes hacer incluyen:

- No tomar agua o líquidos durante una comida.
- Abstenerse de carne en viernes (lo cual es requerido por la Santa Madre Iglesia).
- No comer dulces o postres durante un día.
- Bañarse con agua fría.
- No comer carne en Sábado en honor a la Santísima Virgen Maria.
- Hacer una hora de silencio.
- No comprar o vender en Domingo (lo cual es ademas un mandamiento).
- Ser amable con alguien que te haya lastimado.
- Dar comida al hambriento.
- Dar agua al sediento.
- Visitar a los enfermos, y confortarlos.

NOTAS IMPORTANTES

☐ _____
☐ _____
☐ _____
☐ _____
☐ _____
☐ _____
☐ _____
☐ _____
☐ _____
☐ _____

AGENDA PARA TU ALMA

¡QUE VIVA CRISTO REY!

VIVA CRISTO REY.ORG

FECHA: DIA   MES   AÑO

METAS DEL DIA

REZAR EL SANTO ROSARIO DE 15 MISTERIOS.......... ☐

LEER LA SANTA BIBLIA (15 MINUTOS).................... ☐

SACRIFICIOS DIARIOS....................................... ☐

☐ _____   ☐ _____
☐ _____   ☐ _____
☐ _____   ☐ _____
☐ _____   ☐ _____
☐ _____   ☐ _____
☐ _____   ☐ _____
☐ _____   ☐ _____
☐ _____   ☐ _____
☐ _____   ☐ _____

SUGERENCIAS

Si no sabes como rezar el Santo Rosario, puedes conseguir nuestro libro *"Rosario Para Principiantes"* en el siguiente enlace: www.vcrey.com/rosario-libro

Algunos Sacrificios que puedes hacer incluyen:

- No tomar agua o líquidos durante una comida.
- Abstenerse de carne en viernes (lo cual es requerido por la Santa Madre Iglesia).
- No comer dulces o postres durante un día.
- Bañarse con agua fría.
- No comer carne en Sábado en honor a la Santísima Virgen María.
- Hacer una hora de silencio.
- No comprar o vender en Domingo (lo cual es además un mandamiento).
- Ser amable con alguien que te haya lastimado.
- Dar comida al hambriento.
- Dar agua al sediento.
- Visitar a los enfermos, y confortarlos.

NOTAS IMPORTANTES

☐ _____
☐ _____
☐ _____
☐ _____
☐ _____
☐ _____
☐ _____
☐ _____
☐ _____

AGENDA PARA TU ALMA

¡QUE VIVA CRISTO REY!

VIVA CRISTO REY.ORG

FECHA: DIA   **MES**   **AÑO**

METAS DEL DIA

REZAR EL SANTO ROSARIO DE 15 MISTERIOS.......... ☐

LEER LA SANTA BIBLIA (15 MINUTOS).................... ☐

SACRIFICIOS DIARIOS .... ☐

☐ _____ ☐ _____
☐ _____ ☐ _____
☐ _____ ☐ _____
☐ _____ ☐ _____
☐ _____ ☐ _____
☐ _____ ☐ _____
☐ _____ ☐ _____
☐ _____ ☐ _____
☐ _____ ☐ _____

SUGERENCIAS

Si no sabes como rezar el Santo Rosario, puedes conseguir nuestro libro "Rosario Para Principiantes" en el siguiente enlace: www.vcrey.com/rosario-libro

Algunos Sacrificios que puedes hacer incluyen:

- No tomar agua o líquidos durante una comida.
- Abstenerse de carne en viernes (lo cual es requerido por la Santa Madre Iglesia).
- No comer dulces o postres durante un día.
- Bañarse con agua fría.
- No comer carne en Sábado en honor a la Santísima Virgen María.
- Hacer una hora de silencio.
- No comprar o vender en Domingo (lo cual es además un mandamiento).
- Ser amable con alguien que te haya lastimado.
- Dar comida al hambriento.
- Dar agua al sediento.
- Visitar a los enfermos, y confortarlos.

NOTAS IMPORTANTES

☐ _____
☐ _____
☐ _____
☐ _____
☐ _____
☐ _____
☐ _____
☐ _____
☐ _____
☐ _____

AGENDA PARA TU ALMA

¡QUE VIVA CRISTO REY!

VIVA CRISTO REY.ORG

FECHA: DIA   MES   AÑO

METAS DEL DIA

REZAR EL SANTO ROSARIO DE 15 MISTERIOS.......... ☐

LEER LA SANTA BIBLIA (15 MINUTOS).................... ☐

SACRIFICIOS DIARIOS...................................... ☐

☐ _____   ☐ _____
☐ _____   ☐ _____
☐ _____   ☐ _____
☐ _____   ☐ _____
☐ _____   ☐ _____
☐ _____   ☐ _____
☐ _____   ☐ _____
☐ _____   ☐ _____
☐ _____   ☐ _____

SUGERENCIAS

Si no sabes como rezar el Santo Rosario, puedes conseguir nuestro libro *"Rosario Para Principiantes"* en el siguiente enlace: www.vcrey.com/rosario-libro

Algunos Sacrificios que puedes hacer incluyen:

- No tomar agua o líquidos durante una comida.
- Abstenerse de carne en viernes (lo cual es requerido por la Santa Madre Iglesia).
- No comer dulces o postres durante un día.
- Bañarse con agua fría.
- No comer carne en Sábado en honor a la Santísima Virgen Maria.
- Hacer una hora de silencio.
- No comprar o vender en Domingo (lo cual es ademas un mandamiento).
- Ser amable con alguien que te haya lastimado.
- Dar comida al hambriento.
- Dar agua al sediento.
- Visitar a los enfermos, y confortarlos.

NOTAS IMPORTANTES

☐ _____
☐ _____
☐ _____
☐ _____
☐ _____
☐ _____
☐ _____
☐ _____
☐ _____
☐ _____

AGENDA PARA TU ALMA

¡QUE VIVA CRISTO REY!

FECHA: DIA   MES   AÑO

METAS DEL DIA

REZAR EL SANTO ROSARIO DE 15 MISTERIOS.......... ☐

LEER LA SANTA BIBLIA (15 MINUTOS)..................... ☐

SACRIFICIOS DIARIOS .... ☐

☐ _____   ☐ _____
☐ _____   ☐ _____
☐ _____   ☐ _____
☐ _____   ☐ _____
☐ _____   ☐ _____
☐ _____   ☐ _____
☐ _____   ☐ _____
☐ _____   ☐ _____
☐ _____   ☐ _____

SUGERENCIAS

Si no sabes como rezar el Santo Rosario, puedes conseguir nuestro libro *"Rosario Para Principiantes"* en el siguiente enlace: www.vcrey.com/rosario-libro

Algunos Sacrificios que puedes hacer incluyen:

- No tomar agua o líquidos durante una comida.
- Abstenerse de carne en viernes (lo cual es requerido por la Santa Madre Iglesia).
- No comer dulces o postres durante un día.
- Bañarse con agua fría.
- No comer carne en Sábado en honor a la Santísima Virgen María.
- Hacer una hora de silencio.
- No comprar o vender en Domingo (lo cual es ademas un mandamiento).
- Ser amable con alguien que te haya lastimado.
- Dar comida al hambriento.
- Dar agua al sediento.
- Visitar a los enfermos, y confortarlos.

NOTAS IMPORTANTES

☐ _____
☐ _____
☐ _____
☐ _____
☐ _____
☐ _____
☐ _____
☐ _____
☐ _____
☐ _____

AGENDA PARA TU ALMA

¡QUE VIVA CRISTO REY!

VIVA CRISTO REY.ORG

FECHA: DIA   MES   AÑO

METAS DEL DIA

REZAR EL SANTO ROSARIO DE 15 MISTERIOS.......... ☐

LEER LA SANTA BIBLIA (15 MINUTOS).................... ☐

SACRIFICIOS DIARIOS........ .... ☐

☐ _____   ☐ _____
☐ _____   ☐ _____
☐ _____   ☐ _____
☐ _____   ☐ _____
☐ _____   ☐ _____
☐ _____   ☐ _____
☐ _____   ☐ _____
☐ _____   ☐ _____

SUGERENCIAS

Si no sabes como rezar el Santo Rosario, puedes conseguir nuestro libro *"Rosario Para Principiantes"* en el siguiente enlace: www.vcrey.com/rosario-libro

Algunos Sacrificios que puedes hacer incluyen:

- No tomar agua o líquidos durante una comida.
- Abstenerse de carne en viernes (lo cual es requerido por la Santa Madre Iglesia).
- No comer dulces o postres durante un día.
- Bañarse con agua fría.
- No comer carne en Sábado en honor a la Santísima Virgen Maria.
- Hacer una hora de silencio.
- No comprar o vender en Domingo (lo cual es ademas un mandamiento).
- Ser amable con alguien que te haya lastimado.
- Dar comida al hambriento.
- Dar agua al sediento.
- Visitar a los enfermos, y confortarlos.

NOTAS IMPORTANTES

☐ _____
☐ _____
☐ _____
☐ _____
☐ _____
☐ _____
☐ _____
☐ _____
☐ _____
☐ _____

AGENDA PARA TU ALMA

¡QUE VIVA CRISTO REY!

VIVA CRISTO REY.ORG

FECHA: DIA   MES   AÑO

METAS DEL DIA

REZAR EL SANTO ROSARIO DE 15 MISTERIOS.......... ☐

LEER LA SANTA BIBLIA (15 MINUTOS)..................... ☐

SACRIFICIOS DIARIOS .... ☐

☐ _____   ☐ _____
☐ _____   ☐ _____
☐ _____   ☐ _____
☐ _____   ☐ _____
☐ _____   ☐ _____
☐ _____   ☐ _____
☐ _____   ☐ _____
☐ _____   ☐ _____

SUGERENCIAS

Si no sabes como rezar el Santo Rosario, puedes conseguir nuestro libro *"Rosario Para Principiantes"* en el siguiente enlace: www.vcrey.com/rosario-libro

Algunos Sacrificios que puedes hacer incluyen:

- No tomar agua o líquidos durante una comida.
- Abstenerse de carne en viernes (lo cual es requerido por la Santa Madre Iglesia).
- No comer dulces o postres durante un día.
- Bañarse con agua fría.
- No comer carne en Sábado en honor a la Santísima Virgen María.
- Hacer una hora de silencio.
- No comprar o vender en Domingo (lo cual es ademas un mandamiento).
- Ser amable con alguien que te haya lastimado.
- Dar comida al hambriento.
- Dar agua al sediento.
- Visitar a los enfermos, y confortarlos.

NOTAS IMPORTANTES

☐ _____
☐ _____
☐ _____
☐ _____
☐ _____
☐ _____
☐ _____
☐ _____
☐ _____
☐ _____

AGENDA PARA TU ALMA

¡QUE VIVA CRISTO REY!

VIVA CRISTO REY.ORG

FECHA: DIA   MES   AÑO

METAS DEL DIA

REZAR EL SANTO ROSARIO DE 15 MISTERIOS.......... ☐

LEER LA SANTA BIBLIA (15 MINUTOS).................... ☐

SACRIFICIOS DIARIOS... ☐

☐ _____   ☐ _____
☐ _____   ☐ _____
☐ _____   ☐ _____
☐ _____   ☐ _____
☐ _____   ☐ _____
☐ _____   ☐ _____
☐ _____   ☐ _____
☐ _____   ☐ _____
☐ _____   ☐ _____

SUGERENCIAS

Si no sabes como rezar el Santo Rosario, puedes conseguir nuestro libro *"Rosario Para Principiantes"* en el siguiente enlace: www.vcrey.com/rosario-libro

Algunos Sacrificios que puedes hacer incluyen:

- No tomar agua o líquidos durante una comida.
- Abstenerse de carne en viernes (lo cual es requerido por la Santa Madre Iglesia).
- No comer dulces o postres durante un día.
- Bañarse con agua fría.
- No comer carne en Sábado en honor a la Santísima Virgen Maria.
- Hacer una hora de silencio.
- No comprar o vender en Domingo (lo cual es ademas un mandamiento).
- Ser amable con alguien que te haya lastimado.
- Dar comida al hambriento.
- Dar agua al sediento.
- Visitar a los enfermos, y confortarlos.

NOTAS IMPORTANTES

☐ _____
☐ _____
☐ _____
☐ _____
☐ _____
☐ _____
☐ _____
☐ _____
☐ _____
☐ _____

AGENDA PARA TU ALMA

¡QUE VIVA CRISTO REY!

VIVA CRISTO REY.ORG

FECHA: DIA   MES   AÑO

METAS DEL DIA

REZAR EL SANTO ROSARIO DE 15 MISTERIOS.......... ☐

LEER LA SANTA BIBLIA (15 MINUTOS)................... ☐

SACRIFICIOS DIARIOS .... ☐

☐ _____   ☐ _____
☐ _____   ☐ _____
☐ _____   ☐ _____
☐ _____   ☐ _____
☐ _____   ☐ _____
☐ _____   ☐ _____
☐ _____   ☐ _____
☐ _____   ☐ _____

SUGERENCIAS

Si no sabes como rezar el Santo Rosario, puedes conseguir nuestro libro *"Rosario Para Principiantes"* en el siguiente enlace: www.vcrey.com/rosario-libro

Algunos Sacrificios que puedes hacer incluyen:

- No tomar agua o líquidos durante una comida.
- Abstenerse de carne en viernes (lo cual es requerido por la Santa Madre Iglesia).
- No comer dulces o postres durante un día.
- Bañarse con agua fría.
- No comer carne en Sábado en honor a la Santísima Virgen María.
- Hacer una hora de silencio.
- No comprar o vender en Domingo (lo cual es ademas un mandamiento).
- Ser amable con alguien que te haya lastimado.
- Dar comida al hambriento.
- Dar agua al sediento.
- Visitar a los enfermos, y confortarlos.

NOTAS IMPORTANTES

☐ _____
☐ _____
☐ _____
☐ _____
☐ _____
☐ _____
☐ _____
☐ _____
☐ _____
☐ _____

AGENDA PARA TU ALMA

¡QUE VIVA CRISTO REY!

VIVA
CRISTO
REY.ORG

FECHA: DIA   MES   AÑO

METAS DEL DIA

REZAR EL SANTO ROSARIO DE 15 MISTERIOS.......... ☐

LEER LA SANTA BIBLIA (15 MINUTOS)................... ☐

SACRIFICIOS DIARIOS...................................... ☐

☐ _____   ☐ _____

☐ _____   ☐ _____

☐ _____   ☐ _____

☐ _____   ☐ _____

☐ _____   ☐ _____

☐ _____   ☐ _____

☐ _____   ☐ _____

☐ _____   ☐ _____

☐ _____   ☐ _____

SUGERENCIAS

Si no sabes como rezar el Santo Rosario, puedes conseguir nuestro libro *"Rosario Para Principiantes"* en el siguiente enlace: www.vcrey.com/rosario-libro

Algunos Sacrificios que puedes hacer incluyen:

- No tomar agua o líquidos durante una comida.
- Abstenerse de carne en viernes (lo cual es requerido por la Santa Madre Iglesia).
- No comer dulces o postres durante un día.
- Bañarse con agua fría.
- No comer carne en Sábado en honor a la Santísima Virgen Maria.
- Hacer una hora de silencio.
- No comprar o vender en Domingo (lo cual es ademas un mandamiento).
- Ser amable con alguien que te haya lastimado.
- Dar comida al hambriento.
- Dar agua al sediento.
- Visitar a los enfermos, y confortarlos.

NOTAS IMPORTANTES

☐ _____
☐ _____
☐ _____
☐ _____
☐ _____
☐ _____
☐ _____
☐ _____
☐ _____
☐ _____
☐ _____

AGENDA PARA TU ALMA

¡QUE VIVA CRISTO REY!

VIVA CRISTO REY.ORG

FECHA: DIA   MES   AÑO

METAS DEL DIA

REZAR EL SANTO ROSARIO DE 15 MISTERIOS.......... ☐

LEER LA SANTA BIBLIA (15 MINUTOS).................... ☐

SACRIFICIOS DIARIOS.. ☐

☐ _____   ☐ _____
☐ _____   ☐ _____
☐ _____   ☐ _____
☐ _____   ☐ _____
☐ _____   ☐ _____
☐ _____   ☐ _____
☐ _____   ☐ _____
☐ _____   ☐ _____
☐ _____   ☐ _____

SUGERENCIAS

Si no sabes como rezar el Santo Rosario, puedes conseguir nuestro libro *"Rosario Para Principiantes"* en el siguiente enlace: www.vcrey.com/rosario-libro

Algunos Sacrificios que puedes hacer incluyen:

- No tomar agua o líquidos durante una comida.
- Abstenerse de carne en viernes (lo cual es requerido por la Santa Madre Iglesia).
- No comer dulces o postres durante un día.
- Bañarse con agua fría.
- No comer carne en Sábado en honor a la Santísima Virgen Maria.
- Hacer una hora de silencio.
- No comprar o vender en Domingo (lo cual es ademas un mandamiento).
- Ser amable con alguien que te haya lastimado.
- Dar comida al hambriento.
- Dar agua al sediento.
- Visitar a los enfermos, y confortarlos.

NOTAS IMPORTANTES

☐ _____
☐ _____
☐ _____
☐ _____
☐ _____
☐ _____
☐ _____
☐ _____
☐ _____
☐ _____
☐ _____

AGENDA PARA TU ALMA

¡QUE VIVA CRISTO REY!

VIVA CRISTO REY.ORG

FECHA: DIA   MES   AÑO

METAS DEL DIA

REZAR EL SANTO ROSARIO DE 15 MISTERIOS.......... ☐

LEER LA SANTA BIBLIA (15 MINUTOS).................... ☐

SACRIFICIOS DIARIOS....... .... ☐

☐ _____   ☐ _____

☐ _____   ☐ _____

☐ _____   ☐ _____

☐ _____   ☐ _____

☐ _____   ☐ _____

☐ _____   ☐ _____

☐ _____   ☐ _____

☐ _____   ☐ _____

☐ _____   ☐ _____

SUGERENCIAS

Si no sabes como rezar el Santo Rosario, puedes conseguir nuestro libro *"Rosario Para Principiantes"* en el siguiente enlace: www.vcrey.com/rosario-libro

Algunos Sacrificios que puedes hacer incluyen:

- No tomar agua o líquidos durante una comida.
- Abstenerse de carne en viernes (lo cual es requerido por la Santa Madre Iglesia).
- No comer dulces o postres durante un día.
- Bañarse con agua fría.
- No comer carne en Sábado en honor a la Santísima Virgen Maria.
- Hacer una hora de silencio.
- No comprar o vender en Domingo (lo cual es ademas un mandamiento).
- Ser amable con alguien que te haya lastimado.
- Dar comida al hambriento.
- Dar agua al sediento.
- Visitar a los enfermos, y confortarlos.

NOTAS IMPORTANTES

☐ _____

☐ _____

☐ _____

☐ _____

☐ _____

☐ _____

☐ _____

☐ _____

☐ _____

☐ _____

AGENDA PARA TU ALMA

¡QUE VIVA CRISTO REY!

VIVA CRISTO REY.ORG

FECHA: DIA   MES   AÑO

METAS DEL DIA

REZAR EL SANTO ROSARIO DE 15 MISTERIOS.......... ☐

LEER LA SANTA BIBLIA (15 MINUTOS).................... ☐

SACRIFICIOS DIARIOS .... ☐

☐ _____   ☐ _____
☐ _____   ☐ _____
☐ _____   ☐ _____
☐ _____   ☐ _____
☐ _____   ☐ _____
☐ _____   ☐ _____
☐ _____   ☐ _____
☐ _____   ☐ _____
☐ _____   ☐ _____

SUGERENCIAS

Si no sabes como rezar el Santo Rosario, puedes conseguir nuestro libro *"Rosario Para Principiantes"* en el siguiente enlace: www.vcrey.com/rosario-libro

Algunos Sacrificios que puedes hacer incluyen:

- No tomar agua o líquidos durante una comida.
- Abstenerse de carne en viernes (lo cual es requerido por la Santa Madre Iglesia).
- No comer dulces o postres durante un día.
- Bañarse con agua fría.
- No comer carne en Sábado en honor a la Santísima Virgen Maria.
- Hacer una hora de silencio.
- No comprar o vender en Domingo (lo cual es ademas un mandamiento).
- Ser amable con alguien que te haya lastimado.
- Dar comida al hambriento.
- Dar agua al sediento.
- Visitar a los enfermos, y confortarlos.

NOTAS IMPORTANTES

☐ _____
☐ _____
☐ _____
☐ _____
☐ _____
☐ _____
☐ _____
☐ _____
☐ _____
☐ _____
☐ _____

AGENDA PARA TU ALMA

¡QUE VIVA CRISTO REY!

VIVA CRISTO REY.ORG

FECHA: DIA   MES   AÑO

METAS DEL DIA

REZAR EL SANTO ROSARIO DE 15 MISTERIOS.......... ☐

LEER LA SANTA BIBLIA (15 MINUTOS)................... ☐

SACRIFICIOS DIARIOS.. ☐

☐ _____   ☐ _____
☐ _____   ☐ _____
☐ _____   ☐ _____
☐ _____   ☐ _____
☐ _____   ☐ _____
☐ _____   ☐ _____
☐ _____   ☐ _____
☐ _____   ☐ _____
☐ _____   ☐ _____

SUGERENCIAS

Si no sabes como rezar el Santo Rosario, puedes conseguir nuestro libro *"Rosario Para Principiantes"* en el siguiente enlace: www.vcrey.com/rosario-libro

Algunos Sacrificios que puedes hacer incluyen:

- No tomar agua o líquidos durante una comida.
- Abstenerse de carne en viernes (lo cual es requerido por la Santa Madre Iglesia).
- No comer dulces o postres durante un día.
- Bañarse con agua fría.
- No comer carne en Sábado en honor a la Santísima Virgen María.
- Hacer una hora de silencio.
- No comprar o vender en Domingo (lo cual es ademas un mandamiento).
- Ser amable con alguien que te haya lastimado.
- Dar comida al hambriento.
- Dar agua al sediento.
- Visitar a los enfermos, y confortarlos.

NOTAS IMPORTANTES

☐ _____
☐ _____
☐ _____
☐ _____
☐ _____
☐ _____
☐ _____
☐ _____
☐ _____
☐ _____

AGENDA PARA TU ALMA

¡QUE VIVA CRISTO REY!

VIVA
CRISTO
REY.ORG

FECHA: DIA   MES   AÑO

METAS DEL DIA

REZAR EL SANTO ROSARIO DE 15 MISTERIOS.......... ☐

LEER LA SANTA BIBLIA (15 MINUTOS)..................... ☐

SACRIFICIOS DIARIOS .... ☐

☐ _____   ☐ _____
☐ _____   ☐ _____
☐ _____   ☐ _____
☐ _____   ☐ _____
☐ _____   ☐ _____
☐ _____   ☐ _____
☐ _____   ☐ _____
☐ _____   ☐ _____
☐ _____   ☐ _____

SUGERENCIAS

Si no sabes como rezar el Santo Rosario, puedes conseguir nuestro libro *"Rosario Para Principiantes"* en el siguiente enlace: www.vcrey.com/rosario-libro

Algunos Sacrificios que puedes hacer incluyen:

- No tomar agua o líquidos durante una comida.
- Abstenerse de carne en viernes (lo cual es requerido por la Santa Madre Iglesia).
- No comer dulces o postres durante un día.
- Bañarse con agua fría.
- No comer carne en Sábado en honor a la Santísima Virgen Maria.
- Hacer una hora de silencio.
- No comprar o vender en Domingo (lo cual es ademas un mandamiento).
- Ser amable con alguien que te haya lastimado.
- Dar comida al hambriento.
- Dar agua al sediento.
- Visitar a los enfermos, y confortarlos.

NOTAS IMPORTANTES

☐ _____
☐ _____
☐ _____
☐ _____
☐ _____
☐ _____
☐ _____
☐ _____
☐ _____
☐ _____

AGENDA PARA TU ALMA

¡QUE VIVA CRISTO REY!

VIVA CRISTO REY.ORG

FECHA: DIA   MES   AÑO

METAS DEL DIA

REZAR EL SANTO ROSARIO DE 15 MISTERIOS.......... ☐

LEER LA SANTA BIBLIA (15 MINUTOS).................... ☐

SACRIFICIOS DIARIOS... ☐

☐ _____   ☐ _____

☐ _____   ☐ _____

☐ _____   ☐ _____

☐ _____   ☐ _____

☐ _____   ☐ _____
☐ _____

☐ _____   ☐ _____

☐ _____   ☐ _____

☐ _____   ☐ _____

SUGERENCIAS

Si no sabes como rezar el Santo Rosario, puedes conseguir nuestro libro *"Rosario Para Principiantes"* en el siguiente enlace: www.vcrey.com/rosario-libro

Algunos Sacrificios que puedes hacer incluyen:

- No tomar agua o líquidos durante una comida.
- Abstenerse de carne en viernes (lo cual es requerido por la Santa Madre Iglesia).
- No comer dulces o postres durante un día.
- Bañarse con agua fría.
- No comer carne en Sábado en honor a la Santísima Virgen María.
- Hacer una hora de silencio.
- No comprar o vender en Domingo (lo cual es ademas un mandamiento).
- Ser amable con alguien que te haya lastimado.
- Dar comida al hambriento.
- Dar agua al sediento.
- Visitar a los enfermos, y confortarlos.

NOTAS IMPORTANTES

☐ _____

☐ _____

☐ _____

☐ _____

☐ _____

☐ _____

☐ _____

☐ _____

☐ _____

☐ _____

AGENDA PARA TU ALMA

¡QUE VIVA CRISTO REY!

VIVA CRISTO REY.ORG

FECHA: DIA   MES   AÑO

METAS DEL DIA

REZAR EL SANTO ROSARIO DE 15 MISTERIOS.......... ☐

LEER LA SANTA BIBLIA (15 MINUTOS).................... ☐

SACRIFICIOS DIARIOS .... ☐

☐ _____   ☐ _____
☐ _____   ☐ _____
☐ _____   ☐ _____
☐ _____   ☐ _____
☐ _____   ☐ _____
☐ _____   ☐ _____
☐ _____   ☐ _____
☐ _____   ☐ _____
☐ _____   ☐ _____

SUGERENCIAS

Si no sabes como rezar el Santo Rosario, puedes conseguir nuestro libro *"Rosario Para Principiantes"* en el siguiente enlace: www.vcrey.com/rosario-libro

Algunos Sacrificios que puedes hacer incluyen:

- No tomar agua o líquidos durante una comida.
- Abstenerse de carne en viernes (lo cual es requerido por la Santa Madre Iglesia).
- No comer dulces o postres durante un día.
- Bañarse con agua fría.
- No comer carne en Sábado en honor a la Santísima Virgen María.
- Hacer una hora de silencio.
- No comprar o vender en Domingo (lo cual es ademas un mandamiento).
- Ser amable con alguien que te haya lastimado.
- Dar comida al hambriento.
- Dar agua al sediento.
- Visitar a los enfermos, y confortarlos.

NOTAS IMPORTANTES

☐ _____
☐ _____
☐ _____
☐ _____
☐ _____
☐ _____
☐ _____
☐ _____
☐ _____
☐ _____

AGENDA PARA TU ALMA

¡QUE VIVA CRISTO REY!

VIVA CRISTO REY.ORG

FECHA: DIA   MES   AÑO

METAS DEL DIA

REZAR EL SANTO ROSARIO DE 15 MISTERIOS.......... ☐

LEER LA SANTA BIBLIA (15 MINUTOS)................... ☐

SACRIFICIOS DIARIOS...................................... ☐

☐ _____   ☐ _____

☐ _____   ☐ _____

☐ _____   ☐ _____

☐ _____   ☐ _____

☐ _____   ☐ _____

☐ _____   ☐ _____

☐ _____   ☐ _____

☐ _____   ☐ _____

☐ _____   ☐ _____

SUGERENCIAS

Si no sabes como rezar el Santo Rosario, puedes conseguir nuestro libro *"Rosario Para Principiantes"* en el siguiente enlace: www.vcrey.com/rosario-libro

Algunos Sacrificios que puedes hacer incluyen:

- No tomar agua o líquidos durante una comida.
- Abstenerse de carne en viernes (lo cual es requerido por la Santa Madre Iglesia).
- No comer dulces o postres durante un día.
- Bañarse con agua fría.
- No comer carne en Sábado en honor a la Santísima Virgen María.
- Hacer una hora de silencio.
- No comprar o vender en Domingo (lo cual es ademas un mandamiento).
- Ser amable con alguien que te haya lastimado.
- Dar comida al hambriento.
- Dar agua al sediento.
- Visitar a los enfermos, y confortarlos.

NOTAS IMPORTANTES

☐ _____

☐ _____

☐ _____

☐ _____

☐ _____

☐ _____

☐ _____

☐ _____

☐ _____

☐ _____

AGENDA PARA TU ALMA

¡QUE VIVA CRISTO REY!

VIVA CRISTO REY.ORG

FECHA: DIA   MES   AÑO

METAS DEL DIA

REZAR EL SANTO ROSARIO DE 15 MISTERIOS.......... ☐

LEER LA SANTA BIBLIA (15 MINUTOS).................... ☐

SACRIFICIOS DIARIOS .... ☐

☐ _____   ☐ _____
☐ _____   ☐ _____
☐ _____   ☐ _____
☐ _____   ☐ _____
☐ _____   ☐ _____
☐ _____   ☐ _____
☐ _____   ☐ _____
☐ _____   ☐ _____

SUGERENCIAS

Si no sabes como rezar el Santo Rosario, puedes conseguir nuestro libro *"Rosario Para Principiantes"* en el siguiente enlace: www.vcrey.com/rosario-libro

Algunos Sacrificios que puedes hacer incluyen:

- No tomar agua o líquidos durante una comida.
- Abstenerse de carne en viernes (lo cual es requerido por la Santa Madre Iglesia).
- No comer dulces o postres durante un día.
- Bañarse con agua fría.
- No comer carne en Sábado en honor a la Santísima Virgen Maria.
- Hacer una hora de silencio.
- No comprar o vender en Domingo (lo cual es ademas un mandamiento).
- Ser amable con alguien que te haya lastimado.
- Dar comida al hambriento.
- Dar agua al sediento.
- Visitar a los enfermos, y confortarlos.

NOTAS IMPORTANTES

☐ _____
☐ _____
☐ _____
☐ _____
☐ _____
☐ _____
☐ _____
☐ _____
☐ _____
☐ _____

AGENDA PARA TU ALMA

¡QUE VIVA CRISTO REY!

VIVA
CRISTO
REY.ORG

FECHA: DIA   MES   AÑO

METAS DEL DIA

REZAR EL SANTO ROSARIO DE 15 MISTERIOS.......... ☐

LEER LA SANTA BIBLIA (15 MINUTOS)................... ☐

SACRIFICIOS DIARIOS...... .... ☐

☐ _____   ☐ _____
☐ _____   ☐ _____
☐ _____   ☐ _____
☐ _____   ☐ _____
☐ _____   ☐ _____
☐ _____   ☐ _____
☐ _____   ☐ _____
☐ _____   ☐ _____
☐ _____   ☐ _____

SUGERENCIAS

Si no sabes como rezar el Santo Rosario, puedes conseguir nuestro libro *"Rosario Para Principiantes"* en el siguiente enlace: www.vcrey.com/rosario-libro

Algunos Sacrificios que puedes hacer incluyen:

- No tomar agua o líquidos durante una comida.
- Abstenerse de carne en viernes (lo cual es requerido por la Santa Madre Iglesia).
- No comer dulces o postres durante un día.
- Bañarse con agua fría.
- No comer carne en Sábado en honor a la Santísima Virgen María.
- Hacer una hora de silencio.
- No comprar o vender en Domingo (lo cual es además un mandamiento).
- Ser amable con alguien que te haya lastimado.
- Dar comida al hambriento.
- Dar agua al sediento.
- Visitar a los enfermos, y confortarlos.

NOTAS IMPORTANTES

☐ _____
☐ _____
☐ _____
☐ _____
☐ _____
☐ _____
☐ _____
☐ _____
☐ _____
☐ _____

AGENDA PARA TU ALMA

¡QUE VIVA CRISTO REY!

VIVA
CRISTO
REY.ORG

FECHA: DIA   MES   AÑO

METAS DEL DIA

REZAR EL SANTO ROSARIO DE 15 MISTERIOS.......... ☐

LEER LA SANTA BIBLIA (15 MINUTOS).................... ☐

SACRIFICIOS DIARIOS .... ☐

☐ _____   ☐ _____

☐ _____   ☐ _____

☐ _____   ☐ _____

☐ _____   ☐ _____

☐ _____   ☐ _____

☐ _____   ☐ _____

☐ _____   ☐ _____

☐ _____   ☐ _____

☐ _____   ☐ _____

SUGERENCIAS

Si no sabes como rezar el Santo Rosario, puedes conseguir nuestro libro *"Rosario Para Principiantes"* en el siguiente enlace: www.vcrey.com/rosario-libro

Algunos Sacrificios que puedes hacer incluyen:

- No tomar agua o líquidos durante una comida.
- Abstenerse de carne en viernes (lo cual es requerido por la Santa Madre Iglesia).
- No comer dulces o postres durante un día.
- Bañarse con agua fría.
- No comer carne en Sábado en honor a la Santísima Virgen Maria.
- Hacer una hora de silencio.
- No comprar o vender en Domingo (lo cual es ademas un mandamiento).
- Ser amable con alguien que te haya lastimado.
- Dar comida al hambriento.
- Dar agua al sediento.
- Visitar a los enfermos, y confortarlos.

NOTAS IMPORTANTES

☐ _____

☐ _____

☐ _____

☐ _____

☐ _____

☐ _____

☐ _____

☐ _____

☐ _____

☐ _____

AGENDA PARA TU ALMA

¡QUE VIVA CRISTO REY!

VIVA
CRISTO
REY.ORG

FECHA: DIA   MES   AÑO

METAS DEL DIA

REZAR EL SANTO ROSARIO DE 15 MISTERIOS.......... ☐

LEER LA SANTA BIBLIA (15 MINUTOS).................... ☐

SACRIFICIOS DIARIOS....................................... ☐

☐ _____   ☐ _____
☐ _____   ☐ _____
☐ _____   ☐ _____
☐ _____   ☐ _____
☐ _____   ☐ _____
☐ _____   ☐ _____
☐ _____   ☐ _____
☐ _____   ☐ _____
☐ _____   ☐ _____

SUGERENCIAS

Si no sabes como rezar el Santo Rosario, puedes conseguir nuestro libro *"Rosario Para Principiantes"* en el siguiente enlace: www.vcrey.com/rosario-libro

Algunos Sacrificios que puedes hacer incluyen:

- No tomar agua o líquidos durante una comida.
- Abstenerse de carne en viernes (lo cual es requerido por la Santa Madre Iglesia).
- No comer dulces o postres durante un día.
- Bañarse con agua fría.
- No comer carne en Sábado en honor a la Santísima Virgen María.
- Hacer una hora de silencio.
- No comprar o vender en Domingo (lo cual es además un mandamiento).
- Ser amable con alguien que te haya lastimado.
- Dar comida al hambriento.
- Dar agua al sediento.
- Visitar a los enfermos, y confortarlos.

NOTAS IMPORTANTES

☐ _____
☐ _____
☐ _____
☐ _____
☐ _____
☐ _____
☐ _____
☐ _____
☐ _____
☐ _____

AGENDA PARA TU ALMA

¡QUE VIVA CRISTO REY!

VIVA CRISTO REY.ORG

FECHA: DIA   MES   AÑO

METAS DEL DIA

REZAR EL SANTO ROSARIO DE 15 MISTERIOS.......... ☐

LEER LA SANTA BIBLIA (15 MINUTOS).................... ☐

SACRIFICIOS DIARIOS.. ☐

☐ _____ ☐ _____
☐ _____ ☐ _____
☐ _____ ☐ _____
☐ _____ ☐ _____
☐ _____ ☐ _____
☐ _____ ☐ _____
☐ _____ ☐ _____
☐ _____ ☐ _____
☐ _____ ☐ _____

SUGERENCIAS

Si no sabes como rezar el Santo Rosario, puedes conseguir nuestro libro *"Rosario Para Principiantes"* en el siguiente enlace: www.vcrey.com/rosario-libro

Algunos Sacrificios que puedes hacer incluyen:

- No tomar agua o líquidos durante una comida.
- Abstenerse de carne en viernes (lo cual es requerido por la Santa Madre Iglesia).
- No comer dulces o postres durante un día.
- Bañarse con agua fría.
- No comer carne en Sábado en honor a la Santísima Virgen María.
- Hacer una hora de silencio.
- No comprar o vender en Domingo (lo cual es ademas un mandamiento).
- Ser amable con alguien que te haya lastimado.
- Dar comida al hambriento.
- Dar agua al sediento.
- Visitar a los enfermos, y confortarlos.

NOTAS IMPORTANTES

☐ _____
☐ _____
☐ _____
☐ _____
☐ _____
☐ _____
☐ _____
☐ _____
☐ _____
☐ _____

AGENDA PARA TU ALMA

¡QUE VIVA CRISTO REY!

VIVA CRISTO REY.ORG

FECHA: DIA   MES   AÑO

METAS DEL DIA

REZAR EL SANTO ROSARIO DE 15 MISTERIOS.......... ☐

LEER LA SANTA BIBLIA (15 MINUTOS).................... ☐

SACRIFICIOS DIARIOS.. ☐

☐ _____   ☐ _____
☐ _____   ☐ _____
☐ _____   ☐ _____
☐ _____   ☐ _____
☐ _____   ☐ _____
☐ _____   ☐ _____
☐ _____   ☐ _____
☐ _____   ☐ _____
☐ _____   ☐ _____

SUGERENCIAS

Si no sabes como rezar el Santo Rosario, puedes conseguir nuestro libro *"Rosario Para Principiantes"* en el siguiente enlace: www.vcrey.com/rosario-libro

Algunos Sacrificios que puedes hacer incluyen:

- No tomar agua o líquidos durante una comida.
- Abstenerse de carne en viernes (lo cual es requerido por la Santa Madre Iglesia).
- No comer dulces o postres durante un día.
- Bañarse con agua fría.
- No comer carne en Sábado en honor a la Santísima Virgen Maria.
- Hacer una hora de silencio.
- No comprar o vender en Domingo (lo cual es ademas un mandamiento).
- Ser amable con alguien que te haya lastimado.
- Dar comida al hambriento.
- Dar agua al sediento.
- Visitar a los enfermos, y confortarlos.

NOTAS IMPORTANTES

☐ _____
☐ _____
☐ _____
☐ _____
☐ _____
☐ _____
☐ _____
☐ _____
☐ _____
☐ _____

AGENDA PARA TU ALMA

¡QUE VIVA CRISTO REY!

VIVA CRISTO REY.ORG

FECHA: DIA   MES   AÑO

METAS DEL DIA

REZAR EL SANTO ROSARIO DE 15 MISTERIOS........... ☐

LEER LA SANTA BIBLIA (15 MINUTOS)..................... ☐

SACRIFICIOS DIARIOS... ☐

☐ _____   ☐ _____
☐ _____   ☐ _____
☐ _____   ☐ _____
☐ _____   ☐ _____
☐ _____   ☐ _____
☐ _____   ☐ _____
☐ _____   ☐ _____
☐ _____   ☐ _____

SUGERENCIAS

Si no sabes como rezar el Santo Rosario, puedes conseguir nuestro libro *"Rosario Para Principiantes"* en el siguiente enlace: www.vcrey.com/rosario-libro

Algunos Sacrificios que puedes hacer incluyen:

- No tomar agua o líquidos durante una comida.
- Abstenerse de carne en viernes (lo cual es requerido por la Santa Madre Iglesia).
- No comer dulces o postres durante un día.
- Bañarse con agua fría.
- No comer carne en Sábado en honor a la Santísima Virgen Maria.
- Hacer una hora de silencio.
- No comprar o vender en Domingo (lo cual es ademas un mandamiento).
- Ser amable con alguien que te haya lastimado.
- Dar comida al hambriento.
- Dar agua al sediento.
- Visitar a los enfermos, y confortarlos.

NOTAS IMPORTANTES

☐ _____
☐ _____
☐ _____
☐ _____
☐ _____
☐ _____
☐ _____
☐ _____
☐ _____
☐ _____

AGENDA PARA TU ALMA

¡QUE VIVA CRISTO REY!

VIVA
CRISTO
REY.ORG

FECHA: DIA   MES   AÑO

METAS DEL DIA

REZAR EL SANTO ROSARIO DE 15 MISTERIOS.......... ☐

LEER LA SANTA BIBLIA (15 MINUTOS)................... ☐

SACRIFICIOS DIARIOS...................................... ☐

☐ _____   ☐ _____

☐ _____   ☐ _____

☐ _____   ☐ _____

☐ _____   ☐ _____

☐ _____   ☐ _____

☐ _____   ☐ _____

☐ _____   ☐ _____

☐ _____   ☐ _____

☐ _____   ☐ _____

SUGERENCIAS

Si no sabes como rezar el Santo Rosario, puedes conseguir nuestro libro *"Rosario Para Principiantes"* en el siguiente enlace: www.vcrey.com/rosario-libro

Algunos Sacrificios que puedes hacer incluyen:

- No tomar agua o líquidos durante una comida.
- Abstenerse de carne en viernes (lo cual es requerido por la Santa Madre Iglesia).
- No comer dulces o postres durante un día.
- Bañarse con agua fría.
- No comer carne en Sábado en honor a la Santísima Virgen Maria.
- Hacer una hora de silencio.
- No comprar o vender en Domingo (lo cual es ademas un mandamiento).
- Ser amable con alguien que te haya lastimado.
- Dar comida al hambriento.
- Dar agua al sediento.
- Visitar a los enfermos, y confortarlos.

NOTAS IMPORTANTES

☐ _____

☐ _____

☐ _____

☐ _____

☐ _____

☐ _____

☐ _____

☐ _____

☐ _____

☐ _____

AGENDA PARA TU ALMA

¡QUE VIVA CRISTO REY!

VIVA CRISTO REY.ORG

FECHA: DIA   MES   AÑO

METAS DEL DIA

REZAR EL SANTO ROSARIO DE 15 MISTERIOS.......... ☐

LEER LA SANTA BIBLIA (15 MINUTOS).................... ☐

SACRIFICIOS DIARIOS .... ☐

☐ _____   ☐ _____
☐ _____   ☐ _____
☐ _____   ☐ _____
☐ _____   ☐ _____
☐ _____   ☐ _____
☐ _____   ☐ _____
☐ _____   ☐ _____
☐ _____   ☐ _____
☐ _____   ☐ _____

SUGERENCIAS

Si no sabes como rezar el Santo Rosario, puedes conseguir nuestro libro *"Rosario Para Principiantes"* en el siguiente enlace: www.vcrey.com/rosario-libro

Algunos Sacrificios que puedes hacer incluyen:

- No tomar agua o líquidos durante una comida.
- Abstenerse de carne en viernes (lo cual es requerido por la Santa Madre Iglesia).
- No comer dulces o postres durante un día.
- Bañarse con agua fría.
- No comer carne en Sábado en honor a la Santísima Virgen Maria.
- Hacer una hora de silencio.
- No comprar o vender en Domingo (lo cual es ademas un mandamiento).
- Ser amable con alguien que te haya lastimado.
- Dar comida al hambriento.
- Dar agua al sediento.
- Visitar a los enfermos, y confortarlos.

NOTAS IMPORTANTES

☐ _____
☐ _____
☐ _____
☐ _____
☐ _____
☐ _____
☐ _____
☐ _____
☐ _____
☐ _____
☐ _____

AGENDA PARA TU ALMA

¡QUE VIVA CRISTO REY!

VIVA CRISTO REY.ORG

FECHA: DIA   MES   AÑO

METAS DEL DIA

REZAR EL SANTO ROSARIO DE 15 MISTERIOS.......... ☐

LEER LA SANTA BIBLIA (15 MINUTOS).................... ☐

SACRIFICIOS DIARIOS....... .... ☐

☐ _____   ☐ _____
☐ _____   ☐ _____
☐ _____   ☐ _____
☐ _____   ☐ _____
☐ _____   ☐ _____
☐ _____   ☐ _____
☐ _____   ☐ _____
☐ _____   ☐ _____
☐ _____   ☐ _____

SUGERENCIAS

Si no sabes como rezar el Santo Rosario, puedes conseguir nuestro libro *"Rosario Para Principiantes"* en el siguiente enlace: www.vcrey.com/rosario-libro

Algunos Sacrificios que puedes hacer incluyen:

- No tomar agua o líquidos durante una comida.
- Abstenerse de carne en viernes (lo cual es requerido por la Santa Madre Iglesia).
- No comer dulces o postres durante un día.
- Bañarse con agua fría.
- No comer carne en Sábado en honor a la Santísima Virgen María.
- Hacer una hora de silencio.
- No comprar o vender en Domingo (lo cual es ademas un mandamiento).
- Ser amable con alguien que te haya lastimado.
- Dar comida al hambriento.
- Dar agua al sediento.
- Visitar a los enfermos, y confortarlos.

NOTAS IMPORTANTES

☐ _____
☐ _____
☐ _____
☐ _____
☐ _____
☐ _____
☐ _____
☐ _____
☐ _____
☐ _____

AGENDA PARA TU ALMA

¡QUE VIVA CRISTO REY!

VIVA CRISTO REY.ORG

FECHA: DIA   MES   AÑO

METAS DEL DIA

REZAR EL SANTO ROSARIO DE 15 MISTERIOS.......... ☐

LEER LA SANTA BIBLIA (15 MINUTOS).................... ☐

SACRIFICIOS DIARIOS .... ☐

☐ _____   ☐ _____
☐ _____   ☐ _____
☐ _____   ☐ _____
☐ _____   ☐ _____
☐ _____   ☐ _____
☐ _____   ☐ _____
☐ _____   ☐ _____
☐ _____   ☐ _____
☐ _____   ☐ _____

SUGERENCIAS

Si no sabes como rezar el Santo Rosario, puedes conseguir nuestro libro *"Rosario Para Principiantes"* en el siguiente enlace: www.vcrey.com/rosario-libro

Algunos Sacrificios que puedes hacer incluyen:

- No tomar agua o líquidos durante una comida.
- Abstenerse de carne en viernes (lo cual es requerido por la Santa Madre Iglesia).
- No comer dulces o postres durante un día.
- Bañarse con agua fría.
- No comer carne en Sábado en honor a la Santísima Virgen Maria.
- Hacer una hora de silencio.
- No comprar o vender en Domingo (lo cual es ademas un mandamiento).
- Ser amable con alguien que te haya lastimado.
- Dar comida al hambriento.
- Dar agua al sediento.
- Visitar a los enfermos, y confortarlos.

NOTAS IMPORTANTES

☐ _____
☐ _____
☐ _____
☐ _____
☐ _____
☐ _____
☐ _____
☐ _____
☐ _____
☐ _____

AGENDA PARA TU ALMA

¡QUE VIVA CRISTO REY!

VIVA
CRISTO
REY.ORG

FECHA: DIA   MES   AÑO

METAS DEL DIA

REZAR EL SANTO ROSARIO DE 15 MISTERIOS.......... ☐

LEER LA SANTA BIBLIA (15 MINUTOS)................... ☐

SACRIFICIOS DIARIOS....................................... ☐

☐ _____   ☐ _____

☐ _____   ☐ _____

☐ _____   ☐ _____

☐ _____   ☐ _____

☐ _____   ☐ _____

☐ _____   ☐ _____

☐ _____   ☐ _____

☐ _____   ☐ _____

☐ _____   ☐ _____

SUGERENCIAS

Si no sabes como rezar el Santo Rosario, puedes conseguir nuestro libro *"Rosario Para Principiantes"* en el siguiente enlace: www.vcrey.com/rosario-libro

Algunos Sacrificios que puedes hacer incluyen:

- No tomar agua o líquidos durante una comida.
- Abstenerse de carne en viernes (lo cual es requerido por la Santa Madre Iglesia).
- No comer dulces o postres durante un día.
- Bañarse con agua fría.
- No comer carne en Sábado en honor a la Santísima Virgen Maria.
- Hacer una hora de silencio.
- No comprar o vender en Domingo (lo cual es ademas un mandamiento).
- Ser amable con alguien que te haya lastimado.
- Dar comida al hambriento.
- Dar agua al sediento.
- Visitar a los enfermos, y confortarlos.

NOTAS IMPORTANTES

☐ _____

☐ _____

☐ _____

☐ _____

☐ _____

☐ _____

☐ _____

☐ _____

☐ _____

☐ _____

AGENDA PARA TU ALMA

¡QUE VIVA CRISTO REY!

VIVA
CRISTO
REY.ORG

FECHA: DIA   MES   AÑO

METAS DEL DIA

REZAR EL SANTO ROSARIO DE 15 MISTERIOS........... ☐

LEER LA SANTA BIBLIA (15 MINUTOS)..................... ☐

SACRIFICIOS DIARIOS... ☐

☐ _____   ☐ _____
☐ _____   ☐ _____
☐ _____   ☐ _____
☐ _____   ☐ _____
☐ _____   ☐ _____
☐ _____   ☐ _____
☐ _____   ☐ _____
☐ _____   ☐ _____
☐ _____   ☐ _____

SUGERENCIAS

Si no sabes como rezar el Santo Rosario, puedes conseguir nuestro libro *"Rosario Para Principiantes"* en el siguiente enlace: www.vcrey.com/rosario-libro

Algunos Sacrificios que puedes hacer incluyen:

- No tomar agua o líquidos durante una comida.
- Abstenerse de carne en viernes (lo cual es requerido por la Santa Madre Iglesia).
- No comer dulces o postres durante un día.
- Bañarse con agua fría.
- No comer carne en Sábado en honor a la Santísima Virgen María.
- Hacer una hora de silencio.
- No comprar o vender en Domingo (lo cual es además un mandamiento).
- Ser amable con alguien que te haya lastimado.
- Dar comida al hambriento.
- Dar agua al sediento.
- Visitar a los enfermos, y confortarlos.

NOTAS IMPORTANTES

☐ _____
☐ _____
☐ _____
☐ _____
☐ _____
☐ _____
☐ _____
☐ _____
☐ _____
☐ _____

AGENDA PARA TU ALMA

¡QUE VIVA CRISTO REY!

VIVA
CRISTO
REY.ORG

FECHA: DIA   MES   AÑO

METAS DEL DIA

REZAR EL SANTO ROSARIO DE 15 MISTERIOS.......... ☐

LEER LA SANTA BIBLIA (15 MINUTOS)..................... ☐

SACRIFICIOS DIARIOS....... .... ☐

☐ _____ ☐ _____

☐ _____ ☐ _____

☐ _____ ☐ _____

☐ _____ ☐ _____

☐ _____ ☐ _____

☐ _____ ☐ _____

☐ _____ ☐ _____

☐ _____ ☐ _____

☐ _____ ☐ _____

SUGERENCIAS

Si no sabes como rezar el Santo Rosario, puedes conseguir nuestro libro *"Rosario Para Principiantes"* en el siguiente enlace: www.vcrey.com/rosario-libro

Algunos Sacrificios que puedes hacer incluyen:

- No tomar agua o líquidos durante una comida.
- Abstenerse de carne en viernes (lo cual es requerido por la Santa Madre Iglesia).
- No comer dulces o postres durante un día.
- Bañarse con agua fría.
- No comer carne en Sábado en honor a la Santísima Virgen Maria.
- Hacer una hora de silencio.
- No comprar o vender en Domingo (lo cual es ademas un mandamiento).
- Ser amable con alguien que te haya lastimado.
- Dar comida al hambriento.
- Dar agua al sediento.
- Visitar a los enfermos, y confortarlos.

NOTAS IMPORTANTES

☐ _____

☐ _____

☐ _____

☐ _____

☐ _____

☐ _____

☐ _____

☐ _____

☐ _____

☐ _____

AGENDA PARA TU ALMA

¡QUE VIVA CRISTO REY!

VIVA
CRISTO
REY.ORG

FECHA: DIA   MES   AÑO

METAS DEL DIA

REZAR EL SANTO ROSARIO DE 15 MISTERIOS.......... ☐

LEER LA SANTA BIBLIA (15 MINUTOS).................... ☐

SACRIFICIOS DIARIOS.. ☐

☐ _____   ☐ _____
☐ _____   ☐ _____
☐ _____   ☐ _____
☐ _____   ☐ _____
☐ _____   ☐ _____
☐ _____   ☐ _____
☐ _____   ☐ _____
☐ _____   ☐ _____
☐ _____   ☐ _____

SUGERENCIAS

Si no sabes como rezar el Santo Rosario, puedes conseguir nuestro libro *"Rosario Para Principiantes"* en el siguiente enlace: www.vcrey.com/rosario-libro

Algunos Sacrificios que puedes hacer incluyen:

- No tomar agua o líquidos durante una comida.
- Abstenerse de carne en viernes (lo cual es requerido por la Santa Madre Iglesia).
- No comer dulces o postres durante un día.
- Bañarse con agua fría.
- No comer carne en Sábado en honor a la Santísima Virgen Maria.
- Hacer una hora de silencio.
- No comprar o vender en Domingo (lo cual es ademas un mandamiento).
- Ser amable con alguien que te haya lastimado.
- Dar comida al hambriento.
- Dar agua al sediento.
- Visitar a los enfermos, y confortarlos.

NOTAS IMPORTANTES

☐ _____
☐ _____
☐ _____
☐ _____
☐ _____
☐ _____
☐ _____
☐ _____
☐ _____
☐ _____
☐ _____

AGENDA PARA TU ALMA

¡QUE VIVA CRISTO REY!

VIVA CRISTO REY.ORG

FECHA: DIA   MES   AÑO

METAS DEL DIA

REZAR EL SANTO ROSARIO DE 15 MISTERIOS.......... ☐

LEER LA SANTA BIBLIA (15 MINUTOS)................... ☐

SACRIFICIOS DIARIOS...................................... ☐

☐ _____   ☐ _____

☐ _____   ☐ _____

☐ _____   ☐ _____

☐ _____   ☐ _____

☐ _____   ☐ _____

☐ _____   ☐ _____

☐ _____   ☐ _____

☐ _____   ☐ _____

SUGERENCIAS

Si no sabes como rezar el Santo Rosario, puedes conseguir nuestro libro *"Rosario Para Principiantes"* en el siguiente enlace: www.vcrey.com/rosario-libro

Algunos Sacrificios que puedes hacer incluyen:

- No tomar agua o líquidos durante una comida.
- Abstenerse de carne en viernes (lo cual es requerido por la Santa Madre Iglesia).
- No comer dulces o postres durante un día.
- Bañarse con agua fría.
- No comer carne en Sábado en honor a la Santísima Virgen Maria.
- Hacer una hora de silencio.
- No comprar o vender en Domingo (lo cual es ademas un mandamiento).
- Ser amable con alguien que te haya lastimado.
- Dar comida al hambriento.
- Dar agua al sediento.
- Visitar a los enfermos, y confortarlos.

NOTAS IMPORTANTES

☐ _____

☐ _____

☐ _____

☐ _____

☐ _____

☐ _____

☐ _____

☐ _____

☐ _____

☐ _____

AGENDA PARA TU ALMA

¡QUE VIVA CRISTO REY!

VIVA CRISTO REY.ORG

FECHA: DIA   MES   AÑO

METAS DEL DIA

REZAR EL SANTO ROSARIO DE 15 MISTERIOS.......... ☐

LEER LA SANTA BIBLIA (15 MINUTOS)................... ☐

SACRIFICIOS DIARIOS .... ☐

☐ _____   ☐ _____
☐ _____   ☐ _____
☐ _____   ☐ _____
☐ _____   ☐ _____
☐ _____   ☐ _____
☐ _____   ☐ _____
☐ _____   ☐ _____
☐ _____   ☐ _____

SUGERENCIAS

Si no sabes como rezar el Santo Rosario, puedes conseguir nuestro libro *"Rosario Para Principiantes"* en el siguiente enlace: www.vcrey.com/rosario-libro

Algunos Sacrificios que puedes hacer incluyen:

- No tomar agua o líquidos durante una comida.
- Abstenerse de carne en viernes (lo cual es requerido por la Santa Madre Iglesia).
- No comer dulces o postres durante un día.
- Bañarse con agua fría.
- No comer carne en Sábado en honor a la Santísima Virgen Maria.
- Hacer una hora de silencio.
- No comprar o vender en Domingo (lo cual es ademas un mandamiento).
- Ser amable con alguien que te haya lastimado.
- Dar comida al hambriento.
- Dar agua al sediento.
- Visitar a los enfermos, y confortarlos.

NOTAS IMPORTANTES

☐ _____
☐ _____
☐ _____
☐ _____
☐ _____
☐ _____
☐ _____
☐ _____
☐ _____
☐ _____
☐ _____

AGENDA PARA TU ALMA

¡QUE VIVA CRISTO REY!

VIVA CRISTO REY.ORG

FECHA: DIA   MES   AÑO

METAS DEL DIA

REZAR EL SANTO ROSARIO DE 15 MISTERIOS.......... ☐

LEER LA SANTA BIBLIA (15 MINUTOS).................... ☐

SACRIFICIOS DIARIOS.. ☐

☐ _____   ☐ _____
☐ _____   ☐ _____
☐ _____   ☐ _____
☐ _____   ☐ _____
☐ _____   ☐ _____
☐ _____   ☐ _____
☐ _____   ☐ _____
☐ _____   ☐ _____
☐ _____   ☐ _____

SUGERENCIAS

Si no sabes como rezar el Santo Rosario, puedes conseguir nuestro libro *"Rosario Para Principiantes"* en el siguiente enlace: www.vcrey.com/rosario-libro

Algunos Sacrificios que puedes hacer incluyen:

- No tomar agua o líquidos durante una comida.
- Abstenerse de carne en viernes (lo cual es requerido por la Santa Madre Iglesia).
- No comer dulces o postres durante un día.
- Bañarse con agua fría.
- No comer carne en Sábado en honor a la Santísima Virgen Maria.
- Hacer una hora de silencio.
- No comprar o vender en Domingo (lo cual es ademas un mandamiento).
- Ser amable con alguien que te haya lastimado.
- Dar comida al hambriento.
- Dar agua al sediento.
- Visitar a los enfermos, y confortarlos.

NOTAS IMPORTANTES

☐ _____
☐ _____
☐ _____
☐ _____
☐ _____
☐ _____
☐ _____
☐ _____
☐ _____
☐ _____

AGENDA PARA TU ALMA

¡QUE VIVA CRISTO REY!

VIVA CRISTO REY.ORG

FECHA: DIA   MES   AÑO

METAS DEL DIA

REZAR EL SANTO ROSARIO DE 15 MISTERIOS.......... ☐

LEER LA SANTA BIBLIA (15 MINUTOS)..................... ☐

SACRIFICIOS DIARIOS .... ☐

☐ _____ ☐ _____
☐ _____ ☐ _____
☐ _____ ☐ _____
☐ _____ ☐ _____
☐ _____ ☐ _____
☐ _____ ☐ _____
☐ _____ ☐ _____
☐ _____ ☐ _____

SUGERENCIAS

Si no sabes como rezar el Santo Rosario, puedes conseguir nuestro libro *"Rosario Para Principiantes"* en el siguiente enlace: www.vcrey.com/rosario-libro

Algunos Sacrificios que puedes hacer incluyen:

- No tomar agua o líquidos durante una comida.
- Abstenerse de carne en viernes (lo cual es requerido por la Santa Madre Iglesia).
- No comer dulces o postres durante un día.
- Bañarse con agua fría.
- No comer carne en Sábado en honor a la Santísima Virgen María.
- Hacer una hora de silencio.
- No comprar o vender en Domingo (lo cual es ademas un mandamiento).
- Ser amable con alguien que te haya lastimado.
- Dar comida al hambriento.
- Dar agua al sediento.
- Visitar a los enfermos, y confortarlos.

NOTAS IMPORTANTES

☐ _____
☐ _____
☐ _____
☐ _____
☐ _____
☐ _____
☐ _____
☐ _____
☐ _____
☐ _____

AGENDA PARA TU ALMA

¡QUE VIVA CRISTO REY!

VIVA CRISTO REY.ORG

FECHA: DIA   MES   AÑO

METAS DEL DIA

REZAR EL SANTO ROSARIO DE 15 MISTERIOS.......... ☐

LEER LA SANTA BIBLIA (15 MINUTOS)................... ☐

SACRIFICIOS DIARIOS...................................... ☐

☐ _____   ☐ _____
☐ _____   ☐ _____
☐ _____   ☐ _____
☐ _____   ☐ _____
☐ _____   ☐ _____
☐ _____   ☐ _____
☐ _____   ☐ _____
☐ _____   ☐ _____
☐ _____   ☐ _____

SUGERENCIAS

Si no sabes como rezar el Santo Rosario, puedes conseguir nuestro libro *"Rosario Para Principiantes"* en el siguiente enlace: www.vcrey.com/rosario-libro

Algunos Sacrificios que puedes hacer incluyen:

- No tomar agua o líquidos durante una comida.
- Abstenerse de carne en viernes (lo cual es requerido por la Santa Madre Iglesia).
- No comer dulces o postres durante un día.
- Bañarse con agua fría.
- No comer carne en Sábado en honor a la Santísima Virgen Maria.
- Hacer una hora de silencio.
- No comprar o vender en Domingo (lo cual es ademas un mandamiento).
- Ser amable con alguien que te haya lastimado.
- Dar comida al hambriento.
- Dar agua al sediento.
- Visitar a los enfermos, y confortarlos.

NOTAS IMPORTANTES

☐ _____
☐ _____
☐ _____
☐ _____
☐ _____
☐ _____
☐ _____
☐ _____
☐ _____
☐ _____

AGENDA PARA TU ALMA

¡QUE VIVA CRISTO REY!

VIVA CRISTO REY.ORG

FECHA: DIA   MES   AÑO

METAS DEL DIA

REZAR EL SANTO ROSARIO DE 15 MISTERIOS.......... ☐

LEER LA SANTA BIBLIA (15 MINUTOS)................... ☐

SACRIFICIOS DIARIOS .... ☐

☐ _____   ☐ _____
☐ _____   ☐ _____
☐ _____   ☐ _____
☐ _____   ☐ _____
☐ _____   ☐ _____
☐ _____   ☐ _____
☐ _____   ☐ _____
☐ _____   ☐ _____
☐ _____   ☐ _____

SUGERENCIAS

Si no sabes como rezar el Santo Rosario, puedes conseguir nuestro libro *"Rosario Para Principiantes"* en el siguiente enlace: www.vcrey.com/rosario-libro

Algunos Sacrificios que puedes hacer incluyen:

- No tomar agua o líquidos durante una comida.
- Abstenerse de carne en viernes (lo cual es requerido por la Santa Madre Iglesia).
- No comer dulces o postres durante un día.
- Bañarse con agua fría.
- No comer carne en Sábado en honor a la Santísima Virgen Maria.
- Hacer una hora de silencio.
- No comprar o vender en Domingo (lo cual es además un mandamiento).
- Ser amable con alguien que te haya lastimado.
- Dar comida al hambriento.
- Dar agua al sediento.
- Visitar a los enfermos, y confortarlos.

NOTAS IMPORTANTES

☐ _____
☐ _____
☐ _____
☐ _____
☐ _____
☐ _____
☐ _____
☐ _____
☐ _____
☐ _____

AGENDA PARA TU ALMA

¡QUE VIVA CRISTO REY!

VIVA CRISTO REY.ORG

FECHA: DIA   MES   AÑO

METAS DEL DIA

REZAR EL SANTO ROSARIO DE 15 MISTERIOS.......... ☐

LEER LA SANTA BIBLIA (15 MINUTOS).................... ☐

SACRIFICIOS DIARIOS.. ☐

☐ _____   ☐ _____
☐ _____   ☐ _____
☐ _____   ☐ _____
☐ _____   ☐ _____
☐ _____   ☐ _____
☐ _____   ☐ _____
☐ _____   ☐ _____
☐ _____   ☐ _____
☐ _____   ☐ _____

SUGERENCIAS

Si no sabes como rezar el Santo Rosario, puedes conseguir nuestro libro *"Rosario Para Principiantes"* en el siguiente enlace: www.vcrey.com/rosario-libro

Algunos Sacrificios que puedes hacer incluyen:

- No tomar agua o líquidos durante una comida.
- Abstenerse de carne en viernes (lo cual es requerido por la Santa Madre Iglesia).
- No comer dulces o postres durante un día.
- Bañarse con agua fría.
- No comer carne en Sábado en honor a la Santísima Virgen Maria.
- Hacer una hora de silencio.
- No comprar o vender en Domingo (lo cual es ademas un mandamiento).
- Ser amable con alguien que te haya lastimado.
- Dar comida al hambriento.
- Dar agua al sediento.
- Visitar a los enfermos, y confortarlos.

NOTAS IMPORTANTES

☐ _____
☐ _____
☐ _____
☐ _____
☐ _____
☐ _____
☐ _____
☐ _____
☐ _____
☐ _____

AGENDA PARA TU ALMA

¡QUE VIVA CRISTO REY!

VIVA CRISTO REY.ORG

FECHA: DIA   MES   AÑO

METAS DEL DIA

REZAR EL SANTO ROSARIO DE 15 MISTERIOS.......... ☐

LEER LA SANTA BIBLIA (15 MINUTOS).................... ☐

SACRIFICIOS DIARIOS... ☐

☐ _____   ☐ _____
☐ _____   ☐ _____
☐ _____   ☐ _____
☐ _____   ☐ _____
☐ _____   ☐ _____
☐ _____   ☐ _____
☐ _____   ☐ _____
☐ _____   ☐ _____

SUGERENCIAS

Si no sabes como rezar el Santo Rosario, puedes conseguir nuestro libro *"Rosario Para Principiantes"* en el siguiente enlace: www.vcrey.com/rosario-libro

Algunos Sacrificios que puedes hacer incluyen:

- No tomar agua o liquidos durante una comida.
- Abstenerse de carne en viernes (lo cual es requerido por la Santa Madre Iglesia).
- No comer dulces o postres durante un día.
- Bañarse con agua fría.
- No comer carne en Sábado en honor a la Santísima Virgen Maria.
- Hacer una hora de silencio.
- No comprar o vender en Domingo (lo cual es ademas un mandamiento).
- Ser amable con alguien que te haya lastimado.
- Dar comida al hambriento.
- Dar agua al sediento.
- Visitar a los enfermos, y confortarlos.

NOTAS IMPORTANTES

☐ _____
☐ _____
☐ _____
☐ _____
☐ _____
☐ _____
☐ _____
☐ _____
☐ _____
☐ _____

AGENDA PARA TU ALMA

¡QUE VIVA CRISTO REY!

VIVA
CRISTO
REY.ORG

FECHA: DIA   MES   AÑO

METAS DEL DIA

REZAR EL SANTO ROSARIO DE 15 MISTERIOS.......... ☐

LEER LA SANTA BIBLIA (15 MINUTOS).................... ☐

SACRIFICIOS DIARIOS....................................... ☐

☐ _____   ☐ _____

☐ _____   ☐ _____

☐ _____   ☐ _____

☐ _____   ☐ _____

☐ _____   ☐ _____

☐ _____   ☐ _____

☐ _____   ☐ _____

☐ _____   ☐ _____

☐ _____   ☐ _____

SUGERENCIAS

Si no sabes como rezar el Santo Rosario, puedes conseguir nuestro libro *"Rosario Para Principiantes"* en el siguiente enlace: www.vcrey.com/rosario-libro

Algunos Sacrificios que puedes hacer incluyen:

- No tomar agua o líquidos durante una comida.
- Abstenerse de carne en viernes (lo cual es requerido por la Santa Madre Iglesia).
- No comer dulces o postres durante un día.
- Bañarse con agua fría.
- No comer carne en Sábado en honor a la Santísima Virgen Maria.
- Hacer una hora de silencio.
- No comprar o vender en Domingo (lo cual es ademas un mandamiento).
- Ser amable con alguien que te haya lastimado.
- Dar comida al hambriento.
- Dar agua al sediento.
- Visitar a los enfermos, y confortarlos.

NOTAS IMPORTANTES

☐ _____

☐ _____

☐ _____

☐ _____

☐ _____

☐ _____

☐ _____

☐ _____

☐ _____

☐ _____

AGENDA PARA TU ALMA

¡QUE VIVA CRISTO REY!

VIVA CRISTO REY.ORG

FECHA: DIA   MES   AÑO

METAS DEL DIA

REZAR EL SANTO ROSARIO DE 15 MISTERIOS.......... ☐

LEER LA SANTA BIBLIA (15 MINUTOS).................... ☐

SACRIFICIOS DIARIOS.. ☐

☐ _____ ☐ _____
☐ _____ ☐ _____
☐ _____ ☐ _____
☐ _____ ☐ _____
☐ _____ ☐ _____
☐ _____ ☐ _____
☐ _____ ☐ _____
☐ _____ ☐ _____

SUGERENCIAS

Si no sabes como rezar el Santo Rosario, puedes conseguir nuestro libro *"Rosario Para Principiantes"* en el siguiente enlace: www.vcrey.com/rosario-libro

Algunos Sacrificios que puedes hacer incluyen:

- No tomar agua o liquidos durante una comida.
- Abstenerse de carne en viernes (lo cual es requerido por la Santa Madre Iglesia).
- No comer dulces o postres durante un día.
- Bañarse con agua fría.
- No comer carne en Sábado en honor a la Santísima Virgen Maria.
- Hacer una hora de silencio.
- No comprar o vender en Domingo (lo cual es ademas un mandamiento).
- Ser amable con alguien que te haya lastimado.
- Dar comida al hambriento.
- Dar agua al sediento.
- Visitar a los enfermos, y confortarlos.

NOTAS IMPORTANTES

☐ _____
☐ _____
☐ _____
☐ _____
☐ _____
☐ _____
☐ _____
☐ _____
☐ _____
☐ _____
☐ _____

AGENDA PARA TU ALMA

¡QUE VIVA CRISTO REY!

VIVA CRISTO REY.ORG

FECHA: DIA   MES   AÑO

METAS DEL DIA

REZAR EL SANTO ROSARIO DE 15 MISTERIOS.......... ☐

LEER LA SANTA BIBLIA (15 MINUTOS)..................... ☐

SACRIFICIOS DIARIOS.. ☐

☐ _____   ☐ _____
☐ _____   ☐ _____
☐ _____   ☐ _____
☐ _____   ☐ _____
☐ _____   ☐ _____
☐ _____   ☐ _____
☐ _____   ☐ _____
☐ _____   ☐ _____
☐ _____   ☐ _____

SUGERENCIAS

Si no sabes como rezar el Santo Rosario, puedes conseguir nuestro libro *"Rosario Para Principiantes"* en el siguiente enlace: www.vcrey.com/rosario-libro

Algunos Sacrificios que puedes hacer incluyen:

- No tomar agua o líquidos durante una comida.
- Abstenerse de carne en viernes (lo cual es requerido por la Santa Madre Iglesia).
- No comer dulces o postres durante un día.
- Bañarse con agua fría.
- No comer carne en Sábado en honor a la Santísima Virgen Maria.
- Hacer una hora de silencio.
- No comprar o vender en Domingo (lo cual es ademas un mandamiento).
- Ser amable con alguien que te haya lastimado.
- Dar comida al hambriento.
- Dar agua al sediento.
- Visitar a los enfermos, y confortarlos.

NOTAS IMPORTANTES

☐ _____
☐ _____
☐ _____
☐ _____
☐ _____
☐ _____
☐ _____
☐ _____
☐ _____
☐ _____
☐ _____

AGENDA PARA TU ALMA

¡QUE VIVA CRISTO REY!

VIVA
CRISTO
REY.ORG

FECHA: DIA   MES   AÑO

METAS DEL DIA

REZAR EL SANTO ROSARIO DE 15 MISTERIOS .... ☐

LEER LA SANTA BIBLIA (15 MINUTOS) .... ☐

SACRIFICIOS DIARIOS .... ☐

☐ _____   ☐ _____

☐ _____   ☐ _____

☐ _____   ☐ _____

☐ _____   ☐ _____
☐ _____   ☐ _____

☐ _____   ☐ _____

☐ _____   ☐ _____

SUGERENCIAS

Si no sabes como rezar el Santo Rosario, puedes conseguir nuestro libro *"Rosario Para Principiantes"* en el siguiente enlace: www.vcrey.com/rosario-libro

Algunos Sacrificios que puedes hacer incluyen:

- No tomar agua o líquidos durante una comida.
- Abstenerse de carne en viernes (lo cual es requerido por la Santa Madre Iglesia).
- No comer dulces o postres durante un día.
- Bañarse con agua fría.
- No comer carne en Sábado en honor a la Santísima Virgen Maria.
- Hacer una hora de silencio.
- No comprar o vender en Domingo (lo cual es ademas un mandamiento).
- Ser amable con alguien que te haya lastimado.
- Dar comida al hambriento.
- Dar agua al sediento.
- Visitar a los enfermos, y confortarlos.

NOTAS IMPORTANTES

☐ _____

☐ _____

☐ _____

☐ _____

☐ _____

☐ _____

☐ _____

☐ _____

☐ _____

☐ _____

AGENDA PARA TU ALMA

¡QUE VIVA CRISTO REY!

VIVA
CRISTO
REY.ORG

FECHA: DIA   MES   AÑO

METAS DEL DIA

REZAR EL SANTO ROSARIO DE 15 MISTERIOS.......... ☐

LEER LA SANTA BIBLIA (15 MINUTOS)................... ☐

SACRIFICIOS DIARIOS..................................... ☐

☐ _____   ☐ _____
☐ _____   ☐ _____
☐ _____   ☐ _____
☐ _____   ☐ _____
☐ _____   ☐ _____
☐ _____   ☐ _____
☐ _____   ☐ _____
☐ _____   ☐ _____
☐ _____   ☐ _____

SUGERENCIAS

Si no sabes como rezar el Santo Rosario, puedes conseguir nuestro libro *"Rosario Para Principiantes"* en el siguiente enlace: www.vcrey.com/rosario-libro

Algunos Sacrificios que puedes hacer incluyen:

- No tomar agua o líquidos durante una comida.
- Abstenerse de carne en viernes (lo cual es requerido por la Santa Madre Iglesia).
- No comer dulces o postres durante un día.
- Bañarse con agua fría.
- No comer carne en Sábado en honor a la Santísima Virgen Maria.
- Hacer una hora de silencio.
- No comprar o vender en Domingo (lo cual es ademas un mandamiento).
- Ser amable con alguien que te haya lastimado.
- Dar comida al hambriento.
- Dar agua al sediento.
- Visitar a los enfermos, y confortarlos.

NOTAS IMPORTANTES

☐ _____
☐ _____
☐ _____
☐ _____
☐ _____
☐ _____
☐ _____
☐ _____
☐ _____
☐ _____

AGENDA PARA TU ALMA

¡QUE VIVA CRISTO REY!

VIVA CRISTO REY.ORG

FECHA: DIA   MES   AÑO

METAS DEL DIA

REZAR EL SANTO ROSARIO DE 15 MISTERIOS.......... ☐

LEER LA SANTA BIBLIA (15 MINUTOS).................... ☐

SACRIFICIOS DIARIOS .... ☐

☐ _____   ☐ _____
☐ _____   ☐ _____
☐ _____   ☐ _____
☐ _____   ☐ _____
☐ _____   ☐ _____
☐ _____   ☐ _____
☐ _____   ☐ _____
☐ _____   ☐ _____
☐ _____   ☐ _____

SUGERENCIAS

Si no sabes como rezar el Santo Rosario, puedes conseguir nuestro libro *"Rosario Para Principiantes"* en el siguiente enlace: www.vcrey.com/rosario-libro

Algunos Sacrificios que puedes hacer incluyen:

- No tomar agua o líquidos durante una comida.
- Abstenerse de carne en viernes (lo cual es requerido por la Santa Madre Iglesia).
- No comer dulces o postres durante un día.
- Bañarse con agua fría.
- No comer carne en Sábado en honor a la Santísima Virgen Maria.
- Hacer una hora de silencio.
- No comprar o vender en Domingo (lo cual es ademas un mandamiento).
- Ser amable con alguien que te haya lastimado.
- Dar comida al hambriento.
- Dar agua al sediento.
- Visitar a los enfermos, y confortarlos.

NOTAS IMPORTANTES

☐ _____
☐ _____
☐ _____
☐ _____
☐ _____
☐ _____
☐ _____
☐ _____
☐ _____
☐ _____

AGENDA PARA TU ALMA

¡QUE VIVA CRISTO REY!

VIVA CRISTO REY.ORG

FECHA: DIA   MES   AÑO

METAS DEL DIA

REZAR EL SANTO ROSARIO DE 15 MISTERIOS.......... ☐

LEER LA SANTA BIBLIA (15 MINUTOS).................... ☐

SACRIFICIOS DIARIOS....... .... ☐

☐ _____   ☐ _____

☐ _____   ☐ _____

☐ _____   ☐ _____

☐ _____   ☐ _____

☐ _____   ☐ _____

☐ _____   ☐ _____

☐ _____   ☐ _____

☐ _____   ☐ _____

☐ _____   ☐ _____

SUGERENCIAS

Si no sabes como rezar el Santo Rosario, puedes conseguir nuestro libro *"Rosario Para Principiantes"* en el siguiente enlace: www.vcrey.com/rosario-libro

Algunos Sacrificios que puedes hacer incluyen:

- No tomar agua o líquidos durante una comida.
- Abstenerse de carne en viernes (lo cual es requerido por la Santa Madre Iglesia).
- No comer dulces o postres durante un día.
- Bañarse con agua fría.
- No comer carne en Sábado en honor a la Santísima Virgen María.
- Hacer una hora de silencio.
- No comprar o vender en Domingo (lo cual es ademas un mandamiento).
- Ser amable con alguien que te haya lastimado.
- Dar comida al hambriento.
- Dar agua al sediento.
- Visitar a los enfermos, y confortarlos.

NOTAS IMPORTANTES

☐ _____

☐ _____

☐ _____

☐ _____

☐ _____

☐ _____

☐ _____

☐ _____

☐ _____

☐ _____

AGENDA PARA TU ALMA

¡QUE VIVA CRISTO REY!

VIVA
CRISTO
REY.ORG

FECHA: DIA   MES   AÑO

METAS DEL DIA

REZAR EL SANTO ROSARIO DE 15 MISTERIOS.......... ☐

LEER LA SANTA BIBLIA (15 MINUTOS).................... ☐

SACRIFICIOS DIARIOS .... ☐

☐ _____   ☐ _____
☐ _____   ☐ _____
☐ _____   ☐ _____
☐ _____   ☐ _____
☐ _____   ☐ _____
☐ _____   ☐ _____
☐ _____   ☐ _____
☐ _____   ☐ _____
☐ _____   ☐ _____

SUGERENCIAS

Si no sabes como rezar el Santo Rosario, puedes conseguir nuestro libro *"Rosario Para Principiantes"* en el siguiente enlace: www.vcrey.com/rosario-libro

Algunos Sacrificios que puedes hacer incluyen:

- No tomar agua o liquidos durante una comida.
- Abstenerse de carne en viernes (lo cual es requerido por la Santa Madre Iglesia).
- No comer dulces o postres durante un día.
- Bañarse con agua fría.
- No comer carne en Sábado en honor a la Santísima Virgen Maria.
- Hacer una hora de silencio.
- No comprar o vender en Domingo (lo cual es ademas un mandamiento).
- Ser amable con alguien que te haya lastimado.
- Dar comida al hambriento.
- Dar agua al sediento.
- Visitar a los enfermos, y confortarlos.

NOTAS IMPORTANTES

☐ _____
☐ _____
☐ _____
☐ _____
☐ _____
☐ _____
☐ _____
☐ _____
☐ _____
☐ _____

AGENDA PARA TU ALMA

¡QUE VIVA CRISTO REY!

VIVA CRISTO REY.ORG

FECHA: DIA   MES   AÑO

METAS DEL DIA

REZAR EL SANTO ROSARIO DE 15 MISTERIOS.......... ☐

LEER LA SANTA BIBLIA (15 MINUTOS)................... ☐

SACRIFICIOS DIARIOS...................................... ☐

☐ _____ ☐ _____
☐ _____ ☐ _____
☐ _____ ☐ _____
☐ _____ ☐ _____
☐ _____ ☐ _____
☐ _____ ☐ _____
☐ _____ ☐ _____
☐ _____ ☐ _____
☐ _____ ☐ _____

SUGERENCIAS

Si no sabes como rezar el Santo Rosario, puedes conseguir nuestro libro *"Rosario Para Principiantes"* en el siguiente enlace: www.vcrey.com/rosario-libro

Algunos Sacrificios que puedes hacer incluyen:

- No tomar agua o líquidos durante una comida.
- Abstenerse de carne en viernes (lo cual es requerido por la Santa Madre Iglesia).
- No comer dulces o postres durante un día.
- Bañarse con agua fría.
- No comer carne en Sábado en honor a la Santísima Virgen María.
- Hacer una hora de silencio.
- No comprar o vender en Domingo (lo cual es ademas un mandamiento).
- Ser amable con alguien que te haya lastimado.
- Dar comida al hambriento.
- Dar agua al sediento.
- Visitar a los enfermos, y confortarlos.

NOTAS IMPORTANTES

☐ _____
☐ _____
☐ _____
☐ _____
☐ _____
☐ _____
☐ _____
☐ _____
☐ _____
☐ _____

AGENDA PARA TU ALMA

¡QUE VIVA CRISTO REY!

VIVA CRISTO REY.ORG

FECHA: DIA   MES   AÑO

METAS DEL DIA

REZAR EL SANTO ROSARIO DE 15 MISTERIOS.......... ☐

LEER LA SANTA BIBLIA (15 MINUTOS)................... ☐

SACRIFICIOS DIARIOS .... ☐

☐ _____   ☐ _____
☐ _____   ☐ _____
☐ _____   ☐ _____
☐ _____   ☐ _____
☐ _____   ☐ _____
☐ _____   ☐ _____
☐ _____   ☐ _____
☐ _____   ☐ _____
☐ _____   ☐ _____

SUGERENCIAS

Si no sabes como rezar el Santo Rosario, puedes conseguir nuestro libro *"Rosario Para Principiantes"* en el siguiente enlace: www.vcrey.com/rosario-libro

Algunos Sacrificios que puedes hacer incluyen:

- No tomar agua o líquidos durante una comida.
- Abstenerse de carne en viernes (lo cual es requerido por la Santa Madre Iglesia).
- No comer dulces o postres durante un día.
- Bañarse con agua fría.
- No comer carne en Sábado en honor a la Santísima Virgen Maria.
- Hacer una hora de silencio.
- No comprar o vender en Domingo (lo cual es ademas un mandamiento).
- Ser amable con alguien que te haya lastimado.
- Dar comida al hambriento.
- Dar agua al sediento.
- Visitar a los enfermos, y confortarlos.

NOTAS IMPORTANTES

☐ _____
☐ _____
☐ _____
☐ _____
☐ _____
☐ _____
☐ _____
☐ _____
☐ _____
☐ _____

AGENDA PARA TU ALMA

¡QUE VIVA CRISTO REY!

VIVA CRISTO REY.ORG

FECHA: DIA   MES   AÑO

METAS DEL DIA

REZAR EL SANTO ROSARIO DE 15 MISTERIOS.......... ☐

LEER LA SANTA BIBLIA (15 MINUTOS)................... ☐

SACRIFICIOS DIARIOS....................................... ☐

☐ _____   ☐ _____
☐ _____   ☐ _____
☐ _____   ☐ _____
☐ _____   ☐ _____
☐ _____   ☐ _____
☐ _____   ☐ _____
☐ _____   ☐ _____
☐ _____   ☐ _____

SUGERENCIAS

Si no sabes como rezar el Santo Rosario, puedes conseguir nuestro libro *"Rosario Para Principiantes"* en el siguiente enlace: www.vcrey.com/rosario-libro

Algunos Sacrificios que puedes hacer incluyen:

- No tomar agua o líquidos durante una comida.
- Abstenerse de carne en viernes (lo cual es requerido por la Santa Madre Iglesia).
- No comer dulces o postres durante un día.
- Bañarse con agua fría.
- No comer carne en Sábado en honor a la Santísima Virgen Maria.
- Hacer una hora de silencio.
- No comprar o vender en Domingo (lo cual es ademas un mandamiento).
- Ser amable con alguien que te haya lastimado.
- Dar comida al hambriento.
- Dar agua al sediento.
- Visitar a los enfermos, y confortarlos.

NOTAS IMPORTANTES

☐ _____
☐ _____
☐ _____
☐ _____
☐ _____
☐ _____
☐ _____
☐ _____
☐ _____
☐ _____

AGENDA PARA TU ALMA

¡QUE VIVA CRISTO REY!

VIVA CRISTO REY.ORG

FECHA: DIA   MES   AÑO

METAS DEL DIA

REZAR EL SANTO ROSARIO DE 15 MISTERIOS.......... ☐

LEER LA SANTA BIBLIA (15 MINUTOS)................... ☐

SACRIFICIOS DIARIOS .... ☐

☐ _____   ☐ _____
☐ _____   ☐ _____
☐ _____   ☐ _____
☐ _____   ☐ _____
☐ _____   ☐ _____
☐ _____   ☐ _____
☐ _____   ☐ _____
☐ _____   ☐ _____

SUGERENCIAS

Si no sabes como rezar el Santo Rosario, puedes conseguir nuestro libro *"Rosario Para Principiantes"* en el siguiente enlace: www.vcrey.com/rosario-libro

Algunos Sacrificios que puedes hacer incluyen:

- No tomar agua o líquidos durante una comida.
- Abstenerse de carne en viernes (lo cual es requerido por la Santa Madre Iglesia).
- No comer dulces o postres durante un día.
- Bañarse con agua fría.
- No comer carne en Sábado en honor a la Santísima Virgen Maria.
- Hacer una hora de silencio.
- No comprar o vender en Domingo (lo cual es ademas un mandamiento).
- Ser amable con alguien que te haya lastimado.
- Dar comida al hambriento.
- Dar agua al sediento.
- Visitar a los enfermos, y confortarlos.

NOTAS IMPORTANTES

☐ _____
☐ _____
☐ _____
☐ _____
☐ _____
☐ _____
☐ _____
☐ _____
☐ _____
☐ _____

AGENDA PARA TU ALMA

¡QUE VIVA CRISTO REY!

VIVA CRISTO REY.ORG

FECHA: DIA   MES   AÑO

METAS DEL DIA

REZAR EL SANTO ROSARIO DE 15 MISTERIOS.......... ☐

LEER LA SANTA BIBLIA (15 MINUTOS)................... ☐

SACRIFICIOS DIARIOS................................... ☐

☐ _____   ☐ _____
☐ _____   ☐ _____
☐ _____   ☐ _____
☐ _____   ☐ _____
☐ _____   ☐ _____
☐ _____   ☐ _____
☐ _____   ☐ _____
☐ _____   ☐ _____

SUGERENCIAS

Si no sabes como rezar el Santo Rosario, puedes conseguir nuestro libro *"Rosario Para Principiantes"* en el siguiente enlace: www.vcrey.com/rosario-libro

Algunos Sacrificios que puedes hacer incluyen:

- No tomar agua o líquidos durante una comida.
- Abstenerse de carne en viernes (lo cual es requerido por la Santa Madre Iglesia).
- No comer dulces o postres durante un día.
- Bañarse con agua fría.
- No comer carne en Sábado en honor a la Santísima Virgen Maria.
- Hacer una hora de silencio.
- No comprar o vender en Domingo (lo cual es ademas un mandamiento).
- Ser amable con alguien que te haya lastimado.
- Dar comida al hambriento.
- Dar agua al sediento.
- Visitar a los enfermos, y confortarlos.

NOTAS IMPORTANTES

☐ _____
☐ _____
☐ _____
☐ _____
☐ _____
☐ _____
☐ _____
☐ _____
☐ _____

AGENDA PARA TU ALMA

¡QUE VIVA CRISTO REY!

VIVA CRISTO REY.ORG

FECHA: DIA   MES   AÑO

METAS DEL DIA

REZAR EL SANTO ROSARIO DE 15 MISTERIOS.......... ☐

LEER LA SANTA BIBLIA (15 MINUTOS).................... ☐

SACRIFICIOS DIARIOS .... ☐

☐ _____   ☐ _____
☐ _____   ☐ _____
☐ _____   ☐ _____
☐ _____   ☐ _____
☐ _____   ☐ _____
☐ _____   ☐ _____
☐ _____   ☐ _____
☐ _____   ☐ _____

SUGERENCIAS

Si no sabes como rezar el Santo Rosario, puedes conseguir nuestro libro *"Rosario Para Principiantes"* en el siguiente enlace: www.vcrey.com/rosario-libro

Algunos Sacrificios que puedes hacer incluyen:

- No tomar agua o liquidos durante una comida.
- Abstenerse de carne en viernes (lo cual es requerido por la Santa Madre Iglesia).
- No comer dulces o postres durante un día.
- Bañarse con agua fría.
- No comer carne en Sábado en honor a la Santísima Virgen Maria.
- Hacer una hora de silencio.
- No comprar o vender en Domingo (lo cual es ademas un mandamiento).
- Ser amable con alguien que te haya lastimado.
- Dar comida al hambriento.
- Dar agua al sediento.
- Visitar a los enfermos, y confortarlos.

NOTAS IMPORTANTES

☐ _____
☐ _____
☐ _____
☐ _____
☐ _____
☐ _____
☐ _____
☐ _____
☐ _____
☐ _____

AGENDA PARA TU ALMA

¡QUE VIVA CRISTO REY!

VIVA
CRISTO
REY.ORG

FECHA: DIA   MES   AÑO

METAS DEL DIA

REZAR EL SANTO ROSARIO DE 15 MISTERIOS.......... ☐

LEER LA SANTA BIBLIA (15 MINUTOS)................... ☐

SACRIFICIOS DIARIOS...................................... ☐

☐ _____   ☐ _____
☐ _____   ☐ _____
☐ _____   ☐ _____
☐ _____   ☐ _____
☐ _____   ☐ _____
☐ _____   ☐ _____
☐ _____   ☐ _____
☐ _____   ☐ _____
☐ _____   ☐ _____

SUGERENCIAS

Si no sabes como rezar el Santo Rosario, puedes conseguir nuestro libro *"Rosario Para Principiantes"* en el siguiente enlace: www.vcrey.com/rosario-libro

Algunos Sacrificios que puedes hacer incluyen:

- No tomar agua o líquidos durante una comida.
- Abstenerse de carne en viernes (lo cual es requerido por la Santa Madre Iglesia).
- No comer dulces o postres durante un día.
- Bañarse con agua fría.
- No comer carne en Sábado en honor a la Santísima Virgen Maria.
- Hacer una hora de silencio.
- No comprar o vender en Domingo (lo cual es ademas un mandamiento).
- Ser amable con alguien que te haya lastimado.
- Dar comida al hambriento.
- Dar agua al sediento.
- Visitar a los enfermos, y confortarlos.

NOTAS IMPORTANTES

☐ _____
☐ _____
☐ _____
☐ _____
☐ _____
☐ _____
☐ _____
☐ _____
☐ _____

AGENDA PARA TU ALMA

¡QUE VIVA CRISTO REY!

VIVA
CRISTO
REY.ORG

FECHA: DIA   MES   AÑO

METAS DEL DIA

REZAR EL SANTO ROSARIO DE 15 MISTERIOS.......... ☐

LEER LA SANTA BIBLIA (15 MINUTOS).................... ☐

SACRIFICIOS DIARIOS .... ☐

☐ _____ ☐ _____
☐ _____ ☐ _____
☐ _____ ☐ _____
☐ _____ ☐ _____
☐ _____ ☐ _____
☐ _____ ☐ _____
☐ _____ ☐ _____
☐ _____ ☐ _____

SUGERENCIAS

Si no sabes como rezar el Santo Rosario, puedes conseguir nuestro libro *"Rosario Para Principiantes"* en el siguiente enlace: www.vcrey.com/rosario-libro

Algunos Sacrificios que puedes hacer incluyen:

- No tomar agua o líquidos durante una comida.
- Abstenerse de carne en viernes (lo cual es requerido por la Santa Madre Iglesia).
- No comer dulces o postres durante un día.
- Bañarse con agua fría.
- No comer carne en Sábado en honor a la Santísima Virgen Maria.
- Hacer una hora de silencio.
- No comprar o vender en Domingo (lo cual es ademas un mandamiento).
- Ser amable con alguien que te haya lastimado.
- Dar comida al hambriento.
- Dar agua al sediento.
- Visitar a los enfermos, y confortarlos.

NOTAS IMPORTANTES

☐ _____
☐ _____
☐ _____
☐ _____
☐ _____
☐ _____
☐ _____
☐ _____
☐ _____
☐ _____
☐ _____

AGENDA PARA TU ALMA

¡QUE VIVA CRISTO REY!

VIVA CRISTO REY.ORG

FECHA: DIA   MES   AÑO

METAS DEL DIA

REZAR EL SANTO ROSARIO DE 15 MISTERIOS.......... ☐

LEER LA SANTA BIBLIA (15 MINUTOS)................... ☐

SACRIFICIOS DIARIOS....................................... ☐

☐ _____ ☐ _____

☐ _____ ☐ _____

☐ _____ ☐ _____

☐ _____ ☐ _____

☐ _____ ☐ _____

☐ _____ ☐ _____

☐ _____ ☐ _____

☐ _____ ☐ _____

SUGERENCIAS

Si no sabes como rezar el Santo Rosario, puedes conseguir nuestro libro *"Rosario Para Principiantes"* en el siguiente enlace: www.vcrey.com/rosario-libro

Algunos Sacrificios que puedes hacer incluyen:

- No tomar agua o líquidos durante una comida.
- Abstenerse de carne en viernes (lo cual es requerido por la Santa Madre Iglesia).
- No comer dulces o postres durante un día.
- Bañarse con agua fría.
- No comer carne en Sábado en honor a la Santísima Virgen Maria.
- Hacer una hora de silencio.
- No comprar o vender en Domingo (lo cual es ademas un mandamiento).
- Ser amable con alguien que te haya lastimado.
- Dar comida al hambriento.
- Dar agua al sediento.
- Visitar a los enfermos, y confortarlos.

NOTAS IMPORTANTES

☐ _____

☐ _____

☐ _____

☐ _____

☐ _____

☐ _____

☐ _____

☐ _____

☐ _____

☐ _____

AGENDA PARA TU ALMA

¡QUE VIVA CRISTO REY!

VIVA CRISTO REY.ORG

FECHA: DIA   MES   AÑO

METAS DEL DIA

REZAR EL SANTO ROSARIO DE 15 MISTERIOS.......... ☐

LEER LA SANTA BIBLIA (15 MINUTOS)..................... ☐

SACRIFICIOS DIARIOS .... ☐

☐ _____   ☐ _____
☐ _____   ☐ _____
☐ _____   ☐ _____
☐ _____   ☐ _____
☐ _____   ☐ _____
☐ _____   ☐ _____
☐ _____   ☐ _____
☐ _____   ☐ _____

SUGERENCIAS

Si no sabes como rezar el Santo Rosario, puedes conseguir nuestro libro *"Rosario Para Principiantes"* en el siguiente enlace: www.vcrey.com/rosario-libro

Algunos Sacrificios que puedes hacer incluyen:

- No tomar agua o líquidos durante una comida.
- Abstenerse de carne en viernes (lo cual es requerido por la Santa Madre Iglesia).
- No comer dulces o postres durante un día.
- Bañarse con agua fría.
- No comer carne en Sábado en honor a la Santísima Virgen Maria.
- Hacer una hora de silencio.
- No comprar o vender en Domingo (lo cual es ademas un mandamiento).
- Ser amable con alguien que te haya lastimado.
- Dar comida al hambriento.
- Dar agua al sediento.
- Visitar a los enfermos, y confortarlos.

NOTAS IMPORTANTES

☐ _____
☐ _____
☐ _____
☐ _____
☐ _____
☐ _____
☐ _____
☐ _____
☐ _____
☐ _____
☐ _____

AGENDA PARA TU ALMA

¡QUE VIVA CRISTO REY!

VIVA
CRISTO
REY.ORG

FECHA: DIA **MES** **AÑO**

METAS DEL DIA

REZAR EL SANTO ROSARIO DE 15 MISTERIOS.......... ☐

LEER LA SANTA BIBLIA (15 MINUTOS)................... ☐

SACRIFICIOS DIARIOS...................................... ☐

☐ _____ ☐ _____
☐ _____ ☐ _____
☐ _____ ☐ _____
☐ _____ ☐ _____
☐ _____ ☐ _____
☐ _____ ☐ _____
☐ _____ ☐ _____
☐ _____ ☐ _____

SUGERENCIAS

Si no sabes como rezar el Santo Rosario, puedes conseguir nuestro libro *"Rosario Para Principiantes"* en el siguiente enlace: www.vcrey.com/rosario-libro

Algunos Sacrificios que puedes hacer incluyen:

- No tomar agua o líquidos durante una comida.
- Abstenerse de carne en viernes (lo cual es requerido por la Santa Madre Iglesia).
- No comer dulces o postres durante un día.
- Bañarse con agua fría.
- No comer carne en Sábado en honor a la Santísima Virgen Maria.
- Hacer una hora de silencio.
- No comprar o vender en Domingo (lo cual es ademas un mandamiento).
- Ser amable con alguien que te haya lastimado.
- Dar comida al hambriento.
- Dar agua al sediento.
- Visitar a los enfermos, y confortarlos.

NOTAS IMPORTANTES

☐ _____
☐ _____
☐ _____
☐ _____
☐ _____
☐ _____
☐ _____
☐ _____
☐ _____
☐ _____

AGENDA PARA TU ALMA

¡QUE VIVA CRISTO REY!

VIVA CRISTO REY.ORG

FECHA: DIA   MES   AÑO

METAS DEL DIA

REZAR EL SANTO ROSARIO DE 15 MISTERIOS.......... ☐

LEER LA SANTA BIBLIA (15 MINUTOS).................... ☐

SACRIFICIOS DIARIOS .... ☐

☐ _____   ☐ _____
☐ _____   ☐ _____
☐ _____   ☐ _____
☐ _____   ☐ _____
☐ _____   ☐ _____
☐ _____   ☐ _____
☐ _____   ☐ _____
☐ _____   ☐ _____
☐ _____   ☐ _____

SUGERENCIAS

Si no sabes como rezar el Santo Rosario, puedes conseguir nuestro libro *"Rosario Para Principiantes"* en el siguiente enlace: www.vcrey.com/rosario-libro

Algunos Sacrificios que puedes hacer incluyen:

- No tomar agua o liquidos durante una comida.
- Abstenerse de carne en viernes (lo cual es requerido por la Santa Madre Iglesia).
- No comer dulces o postres durante un día.
- Bañarse con agua fría.
- No comer carne en Sábado en honor a la Santísima Virgen Maria.
- Hacer una hora de silencio.
- No comprar o vender en Domingo (lo cual es ademas un mandamiento).
- Ser amable con alguien que te haya lastimado.
- Dar comida al hambriento.
- Dar agua al sediento.
- Visitar a los enfermos, y confortarlos.

NOTAS IMPORTANTES

☐ _____
☐ _____
☐ _____
☐ _____
☐ _____
☐ _____
☐ _____
☐ _____
☐ _____
☐ _____
☐ _____

AGENDA PARA TU ALMA

¡QUE VIVA CRISTO REY!

VIVA CRISTO REY.ORG

FECHA: DIA   MES   AÑO

METAS DEL DIA

REZAR EL SANTO ROSARIO DE 15 MISTERIOS.......... ☐

LEER LA SANTA BIBLIA (15 MINUTOS).................... ☐

SACRIFICIOS DIARIOS...................................... ☐

☐ _____   ☐ _____

☐ _____   ☐ _____

☐ _____   ☐ _____

☐ _____   ☐ _____

☐ _____   ☐ _____

☐ _____   ☐ _____

☐ _____   ☐ _____

☐ _____   ☐ _____

☐ _____   ☐ _____

SUGERENCIAS

Si no sabes como rezar el Santo Rosario, puedes conseguir nuestro libro *"Rosario Para Principiantes"* en el siguiente enlace: www.vcrey.com/rosario-libro

Algunos Sacrificios que puedes hacer incluyen:

- No tomar agua o líquidos durante una comida.
- Abstenerse de carne en viernes (lo cual es requerido por la Santa Madre Iglesia).
- No comer dulces o postres durante un día.
- Bañarse con agua fría.
- No comer carne en Sábado en honor a la Santísima Virgen Maria.
- Hacer una hora de silencio.
- No comprar o vender en Domingo (lo cual es ademas un mandamiento).
- Ser amable con alguien que te haya lastimado.
- Dar comida al hambriento.
- Dar agua al sediento.
- Visitar a los enfermos, y confortarlos.

NOTAS IMPORTANTES

☐ _____

☐ _____

☐ _____

☐ _____

☐ _____

☐ _____

☐ _____

☐ _____

☐ _____

☐ _____

AGENDA PARA TU ALMA

¡QUE VIVA CRISTO REY!

VIVA CRISTO REY.ORG

FECHA: DIA   MES   AÑO

METAS DEL DIA

REZAR EL SANTO ROSARIO DE 15 MISTERIOS.......... ☐

LEER LA SANTA BIBLIA (15 MINUTOS)..................... ☐

SACRIFICIOS DIARIOS.. ☐

☐ _____   ☐ _____
☐ _____   ☐ _____
☐ _____   ☐ _____
☐ _____   ☐ _____
☐ _____   ☐ _____
☐ _____   ☐ _____
☐ _____   ☐ _____
☐ _____   ☐ _____
☐ _____   ☐ _____

SUGERENCIAS

Si no sabes como rezar el Santo Rosario, puedes conseguir nuestro libro *"Rosario Para Principiantes"* en el siguiente enlace: www.vcrey.com/rosario-libro

Algunos Sacrificios que puedes hacer incluyen:

- No tomar agua o líquidos durante una comida.
- Abstenerse de carne en viernes (lo cual es requerido por la Santa Madre Iglesia).
- No comer dulces o postres durante un día.
- Bañarse con agua fría.
- No comer carne en Sábado en honor a la Santísima Virgen Maria.
- Hacer una hora de silencio.
- No comprar o vender en Domingo (lo cual es ademas un mandamiento).
- Ser amable con alguien que te haya lastimado.
- Dar comida al hambriento.
- Dar agua al sediento.
- Visitar a los enfermos, y confortarlos.

NOTAS IMPORTANTES

☐ _____
☐ _____
☐ _____
☐ _____
☐ _____
☐ _____
☐ _____
☐ _____
☐ _____
☐ _____

AGENDA PARA TU ALMA

¡QUE VIVA CRISTO REY!

VIVA CRISTO REY.ORG

FECHA: DIA   MES   AÑO

METAS DEL DIA

REZAR EL SANTO ROSARIO DE 15 MISTERIOS.......... ☐

LEER LA SANTA BIBLIA (15 MINUTOS).................... ☐

SACRIFICIOS DIARIOS.. ☐

☐ _____   ☐ _____
☐ _____   ☐ _____
☐ _____   ☐ _____
☐ _____   ☐ _____
☐ _____   ☐ _____
☐ _____   ☐ _____
☐ _____   ☐ _____
☐ _____   ☐ _____
☐ _____   ☐ _____

SUGERENCIAS

Si no sabes como rezar el Santo Rosario, puedes conseguir nuestro libro *"Rosario Para Principiantes"* en el siguiente enlace: www.vcrey.com/rosario-libro

Algunos Sacrificios que puedes hacer incluyen:

- No tomar agua o líquidos durante una comida.
- Abstenerse de carne en viernes (lo cual es requerido por la Santa Madre Iglesia).
- No comer dulces o postres durante un día.
- Bañarse con agua fría.
- No comer carne en Sábado en honor a la Santísima Virgen María.
- Hacer una hora de silencio.
- No comprar o vender en Domingo (lo cual es ademas un mandamiento).
- Ser amable con alguien que te haya lastimado.
- Dar comida al hambriento.
- Dar agua al sediento.
- Visitar a los enfermos, y confortarlos.

NOTAS IMPORTANTES

☐ _____
☐ _____
☐ _____
☐ _____
☐ _____
☐ _____
☐ _____
☐ _____
☐ _____
☐ _____

AGENDA PARA TU ALMA

¡QUE VIVA CRISTO REY!

VIVA CRISTO REY.ORG

FECHA: DIA   MES   AÑO

METAS DEL DIA

REZAR EL SANTO ROSARIO DE 15 MISTERIOS.......... ☐

LEER LA SANTA BIBLIA (15 MINUTOS).................... ☐

SACRIFICIOS DIARIOS .... ☐

☐ _____   ☐ _____

☐ _____   ☐ _____

☐ _____   ☐ _____

☐ _____   ☐ _____

☐ _____   ☐ _____

☐ _____   ☐ _____

☐ _____   ☐ _____

☐ _____   ☐ _____

SUGERENCIAS

Si no sabes como rezar el Santo Rosario, puedes conseguir nuestro libro *"Rosario Para Principiantes"* en el siguiente enlace: www.vcrey.com/rosario-libro

Algunos Sacrificios que puedes hacer incluyen:

- No tomar agua o líquidos durante una comida.
- Abstenerse de carne en viernes (lo cual es requerido por la Santa Madre Iglesia).
- No comer dulces o postres durante un día.
- Bañarse con agua fría.
- No comer carne en Sábado en honor a la Santísima Virgen Maria.
- Hacer una hora de silencio.
- No comprar o vender en Domingo (lo cual es ademas un mandamiento).
- Ser amable con alguien que te haya lastimado.
- Dar comida al hambriento.
- Dar agua al sediento.
- Visitar a los enfermos, y confortarlos.

NOTAS IMPORTANTES

☐ _____

☐ _____

☐ _____

☐ _____

☐ _____

☐ _____

☐ _____

☐ _____

☐ _____

☐ _____

AGENDA PARA TU ALMA

¡QUE VIVA CRISTO REY!

VIVA CRISTO REY.ORG

FECHA: DIA   MES   AÑO

METAS DEL DIA

REZAR EL SANTO ROSARIO DE 15 MISTERIOS.......... ☐

LEER LA SANTA BIBLIA (15 MINUTOS).................... ☐

SACRIFICIOS DIARIOS...................................... ☐

☐ _____   ☐ _____
☐ _____   ☐ _____
☐ _____   ☐ _____
☐ _____   ☐ _____
☐ _____   ☐ _____
☐ _____   ☐ _____
☐ _____   ☐ _____
☐ _____   ☐ _____
☐ _____   ☐ _____

SUGERENCIAS

Si no sabes como rezar el Santo Rosario, puedes conseguir nuestro libro *"Rosario Para Principiantes"* en el siguiente enlace: www.vcrey.com/rosario-libro

Algunos Sacrificios que puedes hacer incluyen:

- No tomar agua o líquidos durante una comida.
- Abstenerse de carne en viernes (lo cual es requerido por la Santa Madre Iglesia).
- No comer dulces o postres durante un día.
- Bañarse con agua fría.
- No comer carne en Sábado en honor a la Santísima Virgen María.
- Hacer una hora de silencio.
- No comprar o vender en Domingo (lo cual es además un mandamiento).
- Ser amable con alguien que te haya lastimado.
- Dar comida al hambriento.
- Dar agua al sediento.
- Visitar a los enfermos, y confortarlos.

NOTAS IMPORTANTES

☐ _____
☐ _____
☐ _____
☐ _____
☐ _____
☐ _____
☐ _____
☐ _____
☐ _____
☐ _____

AGENDA PARA TU ALMA

¡QUE VIVA CRISTO REY!

VIVA CRISTO REY.ORG

FECHA: DIA   MES   AÑO

METAS DEL DIA

REZAR EL SANTO ROSARIO DE 15 MISTERIOS.......... ☐

LEER LA SANTA BIBLIA (15 MINUTOS)..................... ☐

SACRIFICIOS DIARIOS .... ☐

☐ _____   ☐ _____
☐ _____   ☐ _____
☐ _____   ☐ _____
☐ _____   ☐ _____
☐ _____   ☐ _____
☐ _____   ☐ _____
☐ _____   ☐ _____
☐ _____   ☐ _____

SUGERENCIAS

Si no sabes como rezar el Santo Rosario, puedes conseguir nuestro libro *"Rosario Para Principiantes"* en el siguiente enlace: www.vcrey.com/rosario-libro

Algunos Sacrificios que puedes hacer incluyen:

- No tomar agua o líquidos durante una comida.
- Abstenerse de carne en viernes (lo cual es requerido por la Santa Madre Iglesia).
- No comer dulces o postres durante un día.
- Bañarse con agua fría.
- No comer carne en Sábado en honor a la Santísima Virgen María.
- Hacer una hora de silencio.
- No comprar o vender en Domingo (lo cual es además un mandamiento).
- Ser amable con alguien que te haya lastimado.
- Dar comida al hambriento.
- Dar agua al sediento.
- Visitar a los enfermos, y confortarlos.

NOTAS IMPORTANTES

☐ _____
☐ _____
☐ _____
☐ _____
☐ _____
☐ _____
☐ _____
☐ _____
☐ _____
☐ _____

AGENDA PARA TU ALMA

¡QUE VIVA CRISTO REY!

VIVA
CRISTO
REY.ORG

FECHA: DIA   MES   AÑO

METAS DEL DIA

REZAR EL SANTO ROSARIO DE 15 MISTERIOS.......... ☐

LEER LA SANTA BIBLIA (15 MINUTOS).................... ☐

SACRIFICIOS DIARIOS...................................... ☐

☐ _____   ☐ _____
☐ _____   ☐ _____
☐ _____   ☐ _____
☐ _____   ☐ _____
☐ _____   ☐ _____
☐ _____   ☐ _____
☐ _____   ☐ _____
☐ _____   ☐ _____
☐ _____   ☐ _____

SUGERENCIAS

Si no sabes como rezar el Santo Rosario, puedes
conseguir nuestro libro *"Rosario Para Principiantes"*
en el siguiente enlace: www.vcrey.com/rosario-libro

Algunos Sacrificios que puedes hacer incluyen:

- No tomar agua o líquidos durante una comida.
- Abstenerse de carne en viernes (lo cual es
  requerido por la Santa Madre Iglesia).
- No comer dulces o postres durante un día.
- Bañarse con agua fría.
- No comer carne en Sábado en honor a la
  Santísima Virgen Maria.
- Hacer una hora de silencio.
- No comprar o vender en Domingo (lo cual es
  además un mandamiento).
- Ser amable con alguien que te haya lastimado.
- Dar comida al hambriento.
- Dar agua al sediento.
- Visitar a los enfermos, y confortarlos.

NOTAS IMPORTANTES

☐ _____
☐ _____
☐ _____
☐ _____
☐ _____
☐ _____
☐ _____
☐ _____
☐ _____
☐ _____

AGENDA PARA TU ALMA

¡QUE VIVA CRISTO REY!

VIVA CRISTO REY.ORG

FECHA: DIA   MES   AÑO

METAS DEL DIA

REZAR EL SANTO ROSARIO DE 15 MISTERIOS.......... ☐

LEER LA SANTA BIBLIA (15 MINUTOS).................... ☐

SACRIFICIOS DIARIOS... ☐

☐ _____   ☐ _____
☐ _____   ☐ _____
☐ _____   ☐ _____
☐ _____   ☐ _____
☐ _____   ☐ _____
☐ _____   ☐ _____
☐ _____   ☐ _____
☐ _____   ☐ _____

SUGERENCIAS

Si no sabes como rezar el Santo Rosario, puedes conseguir nuestro libro *"Rosario Para Principiantes"* en el siguiente enlace: www.vcrey.com/rosario-libro

Algunos Sacrificios que puedes hacer incluyen:

- No tomar agua o líquidos durante una comida.
- Abstenerse de carne en viernes (lo cual es requerido por la Santa Madre Iglesia).
- No comer dulces o postres durante un día.
- Bañarse con agua fría.
- No comer carne en Sábado en honor a la Santísima Virgen Maria.
- Hacer una hora de silencio.
- No comprar o vender en Domingo (lo cual es ademas un mandamiento).
- Ser amable con alguien que te haya lastimado.
- Dar comida al hambriento.
- Dar agua al sediento.
- Visitar a los enfermos, y confortarlos.

NOTAS IMPORTANTES

☐ _____
☐ _____
☐ _____
☐ _____
☐ _____
☐ _____
☐ _____
☐ _____
☐ _____
☐ _____

AGENDA PARA TU ALMA

¡QUE VIVA CRISTO REY!

FECHA: DIA   MES   AÑO

METAS DEL DIA

REZAR EL SANTO ROSARIO DE 15 MISTERIOS.......... ☐

LEER LA SANTA BIBLIA (15 MINUTOS).................. ☐

SACRIFICIOS DIARIOS...................................... ☐

☐ _____   ☐ _____
☐ _____   ☐ _____
☐ _____   ☐ _____
☐ _____   ☐ _____
☐ _____   ☐ _____
☐ _____   ☐ _____
☐ _____   ☐ _____
☐ _____   ☐ _____
☐ _____   ☐ _____

SUGERENCIAS

Si no sabes como rezar el Santo Rosario, puedes conseguir nuestro libro *"Rosario Para Principiantes"* en el siguiente enlace: www.vcrey.com/rosario-libro

Algunos Sacrificios que puedes hacer incluyen:

- No tomar agua o líquidos durante una comida.
- Abstenerse de carne en viernes (lo cual es requerido por la Santa Madre Iglesia).
- No comer dulces o postres durante un día.
- Bañarse con agua fría.
- No comer carne en Sábado en honor a la Santísima Virgen Maria.
- Hacer una hora de silencio.
- No comprar o vender en Domingo (lo cual es ademas un mandamiento).
- Ser amable con alguien que te haya lastimado.
- Dar comida al hambriento.
- Dar agua al sediento.
- Visitar a los enfermos, y confortarlos.

NOTAS IMPORTANTES

☐ _____
☐ _____
☐ _____
☐ _____
☐ _____
☐ _____
☐ _____
☐ _____
☐ _____
☐ _____
☐ _____

AGENDA PARA TU ALMA

¡QUE VIVA CRISTO REY!

VIVA CRISTO REY.ORG

FECHA: DIA   MES   AÑO

METAS DEL DIA

REZAR EL SANTO ROSARIO DE 15 MISTERIOS.......... ☐

LEER LA SANTA BIBLIA (15 MINUTOS).................... ☐

SACRIFICIOS DIARIOS .... ☐

☐ _____ ☐ _____

☐ _____ ☐ _____

☐ _____ ☐ _____

☐ _____ ☐ _____

☐ _____ ☐ _____

☐ _____ ☐ _____

☐ _____ ☐ _____

☐ _____ ☐ _____

☐ _____ ☐ _____

SUGERENCIAS

Si no sabes como rezar el Santo Rosario, puedes conseguir nuestro libro *"Rosario Para Principiantes"* en el siguiente enlace: www.vcrey.com/rosario-libro

Algunos Sacrificios que puedes hacer incluyen:

- No tomar agua o líquidos durante una comida.
- Abstenerse de carne en viernes (lo cual es requerido por la Santa Madre Iglesia).
- No comer dulces o postres durante un día.
- Bañarse con agua fría.
- No comer carne en Sábado en honor a la Santísima Virgen Maria.
- Hacer una hora de silencio.
- No comprar o vender en Domingo (lo cual es ademas un mandamiento).
- Ser amable con alguien que te haya lastimado.
- Dar comida al hambriento.
- Dar agua al sediento.
- Visitar a los enfermos, y confortarlos.

NOTAS IMPORTANTES

☐ _____

☐ _____

☐ _____

☐ _____

☐ _____

☐ _____

☐ _____

☐ _____

☐ _____

☐ _____

AGENDA PARA TU ALMA

¡QUE VIVA CRISTO REY!

VIVA CRISTO REY.ORG

FECHA: DIA   MES   AÑO

METAS DEL DIA

REZAR EL SANTO ROSARIO DE 15 MISTERIOS.......... ☐

LEER LA SANTA BIBLIA (15 MINUTOS)..................... ☐

SACRIFICIOS DIARIOS.. ☐

☐ _____   ☐ _____
☐ _____   ☐ _____
☐ _____   ☐ _____
☐ _____   ☐ _____
☐ _____   ☐ _____
☐ _____   ☐ _____
☐ _____   ☐ _____
☐ _____   ☐ _____

SUGERENCIAS

Si no sabes como rezar el Santo Rosario, puedes conseguir nuestro libro *"Rosario Para Principiantes"* en el siguiente enlace: www.vcrey.com/rosario-libro

Algunos Sacrificios que puedes hacer incluyen:

- No tomar agua o líquidos durante una comida.
- Abstenerse de carne en viernes (lo cual es requerido por la Santa Madre Iglesia).
- No comer dulces o postres durante un día.
- Bañarse con agua fría.
- No comer carne en Sábado en honor a la Santísima Virgen Maria.
- Hacer una hora de silencio.
- No comprar o vender en Domingo (lo cual es ademas un mandamiento).
- Ser amable con alguien que te haya lastimado.
- Dar comida al hambriento.
- Dar agua al sediento.
- Visitar a los enfermos, y confortarlos.

NOTAS IMPORTANTES

☐ _____
☐ _____
☐ _____
☐ _____
☐ _____
☐ _____
☐ _____
☐ _____
☐ _____
☐ _____

AGENDA PARA TU ALMA

¡QUE VIVA CRISTO REY!

VIVA CRISTO REY.ORG

FECHA: DIA   MES   AÑO

METAS DEL DIA

REZAR EL SANTO ROSARIO DE 15 MISTERIOS.......... ☐

LEER LA SANTA BIBLIA (15 MINUTOS).................... ☐

SACRIFICIOS DIARIOS .... ☐

☐ _____   ☐ _____
☐ _____   ☐ _____
☐ _____   ☐ _____
☐ _____   ☐ _____
☐ _____   ☐ _____
☐ _____   ☐ _____
☐ _____   ☐ _____
☐ _____   ☐ _____
☐ _____   ☐ _____

SUGERENCIAS

Si no sabes como rezar el Santo Rosario, puedes conseguir nuestro libro *"Rosario Para Principiantes"* en el siguiente enlace: www.vcrey.com/rosario-libro

Algunos Sacrificios que puedes hacer incluyen:

- No tomar agua o líquidos durante una comida.
- Abstenerse de carne en viernes (lo cual es requerido por la Santa Madre Iglesia).
- No comer dulces o postres durante un día.
- Bañarse con agua fría.
- No comer carne en Sábado en honor a la Santísima Virgen Maria.
- Hacer una hora de silencio.
- No comprar o vender en Domingo (lo cual es ademas un mandamiento).
- Ser amable con alguien que te haya lastimado.
- Dar comida al hambriento.
- Dar agua al sediento.
- Visitar a los enfermos, y confortarlos.

NOTAS IMPORTANTES

☐ _____
☐ _____
☐ _____
☐ _____
☐ _____
☐ _____
☐ _____
☐ _____
☐ _____
☐ _____

AGENDA PARA TU ALMA

¡QUE VIVA CRISTO REY!

VIVA
CRISTO
REY.ORG

FECHA: DIA   MES   AÑO

METAS DEL DIA

REZAR EL SANTO ROSARIO DE 15 MISTERIOS.......... ☐

LEER LA SANTA BIBLIA (15 MINUTOS).................... ☐

SACRIFICIOS DIARIOS........ .... ☐

☐ _____   ☐ _____
☐ _____   ☐ _____
☐ _____   ☐ _____
☐ _____   ☐ _____
☐ _____   ☐ _____
☐ _____   ☐ _____
☐ _____   ☐ _____
☐ _____   ☐ _____

SUGERENCIAS

Si no sabes como rezar el Santo Rosario, puedes conseguir nuestro libro *"Rosario Para Principiantes"* en el siguiente enlace: www.vcrey.com/rosario-libro

Algunos Sacrificios que puedes hacer incluyen:

- No tomar agua o líquidos durante una comida.
- Abstenerse de carne en viernes (lo cual es requerido por la Santa Madre Iglesia).
- No comer dulces o postres durante un día.
- Bañarse con agua fría.
- No comer carne en Sábado en honor a la Santísima Virgen Maria.
- Hacer una hora de silencio.
- No comprar o vender en Domingo (lo cual es ademas un mandamiento).
- Ser amable con alguien que te haya lastimado.
- Dar comida al hambriento.
- Dar agua al sediento.
- Visitar a los enfermos, y confortarlos.

NOTAS IMPORTANTES

☐ _____
☐ _____
☐ _____
☐ _____
☐ _____
☐ _____
☐ _____
☐ _____
☐ _____
☐ _____

AGENDA PARA TU ALMA

¡QUE VIVA CRISTO REY!

VIVA
CRISTO
REY.ORG

FECHA: DIA   MES   AÑO

METAS DEL DIA

REZAR EL SANTO ROSARIO DE 15 MISTERIOS.......... ☐

LEER LA SANTA BIBLIA (15 MINUTOS).................... ☐

SACRIFICIOS DIARIOS...................................... ☐

☐ _____   ☐ _____
☐ _____   ☐ _____
☐ _____   ☐ _____
☐ _____   ☐ _____
☐ _____   ☐ _____
☐ _____   ☐ _____
☐ _____   ☐ _____
☐ _____   ☐ _____

SUGERENCIAS

Si no sabes como rezar el Santo Rosario, puedes conseguir nuestro libro *"Rosario Para Principiantes"* en el siguiente enlace: www.vcrey.com/rosario-libro

Algunos Sacrificios que puedes hacer incluyen:

- No tomar agua o líquidos durante una comida.
- Abstenerse de carne en viernes (lo cual es requerido por la Santa Madre Iglesia).
- No comer dulces o postres durante un día.
- Bañarse con agua fría.
- No comer carne en Sábado en honor a la Santísima Virgen María.
- Hacer una hora de silencio.
- No comprar o vender en Domingo (lo cual es además un mandamiento).
- Ser amable con alguien que te haya lastimado.
- Dar comida al hambriento.
- Dar agua al sediento.
- Visitar a los enfermos, y confortarlos.

NOTAS IMPORTANTES

☐ _____
☐ _____
☐ _____
☐ _____
☐ _____
☐ _____
☐ _____
☐ _____
☐ _____
☐ _____

AGENDA PARA TU ALMA

¡QUE VIVA CRISTO REY!

VIVA
CRISTO
REY.ORG

FECHA: DIA   MES   AÑO

METAS DEL DIA

REZAR EL SANTO ROSARIO DE 15 MISTERIOS.......... ☐

LEER LA SANTA BIBLIA (15 MINUTOS).................... ☐

SACRIFICIOS DIARIOS.. ☐

☐ _____   ☐ _____

☐ _____   ☐ _____

☐ _____   ☐ _____

☐ _____   ☐ _____

☐ _____   ☐ _____

☐ _____   ☐ _____

☐ _____   ☐ _____

☐ _____   ☐ _____

SUGERENCIAS

Si no sabes como rezar el Santo Rosario, puedes conseguir nuestro libro *"Rosario Para Principiantes"* en el siguiente enlace: www.vcrey.com/rosario-libro

Algunos Sacrificios que puedes hacer incluyen:

- No tomar agua o líquidos durante una comida.
- Abstenerse de carne en viernes (lo cual es requerido por la Santa Madre Iglesia).
- No comer dulces o postres durante un día.
- Bañarse con agua fría.
- No comer carne en Sábado en honor a la Santísima Virgen Maria.
- Hacer una hora de silencio.
- No comprar o vender en Domingo (lo cual es ademas un mandamiento).
- Ser amable con alguien que te haya lastimado.
- Dar comida al hambriento.
- Dar agua al sediento.
- Visitar a los enfermos, y confortarlos.

NOTAS IMPORTANTES

☐ _____

☐ _____

☐ _____

☐ _____

☐ _____

☐ _____

☐ _____

☐ _____

☐ _____

☐ _____

AGENDA PARA TU ALMA

¡QUE VIVA CRISTO REY!

VIVA
CRISTO
REY.ORG

FECHA: DIA   MES   AÑO

METAS DEL DIA

REZAR EL SANTO ROSARIO DE 15 MISTERIOS.......... ☐

LEER LA SANTA BIBLIA (15 MINUTOS).................... ☐

SACRIFICIOS DIARIOS.. ☐

☐ _____   ☐ _____
☐ _____   ☐ _____
☐ _____   ☐ _____
☐ _____   ☐ _____
☐ _____   ☐ _____
☐ _____   ☐ _____
☐ _____   ☐ _____
☐ _____   ☐ _____
☐ _____   ☐ _____

SUGERENCIAS

Si no sabes como rezar el Santo Rosario, puedes conseguir nuestro libro *"Rosario Para Principiantes"* en el siguiente enlace: www.vcrey.com/rosario-libro

Algunos Sacrificios que puedes hacer incluyen:

- No tomar agua o líquidos durante una comida.
- Abstenerse de carne en viernes (lo cual es requerido por la Santa Madre Iglesia).
- No comer dulces o postres durante un día.
- Bañarse con agua fría.
- No comer carne en Sábado en honor a la Santísima Virgen Maria.
- Hacer una hora de silencio.
- No comprar o vender en Domingo (lo cual es ademas un mandamiento).
- Ser amable con alguien que te haya lastimado.
- Dar comida al hambriento.
- Dar agua al sediento.
- Visitar a los enfermos, y confortarlos.

NOTAS IMPORTANTES

☐ _____
☐ _____
☐ _____
☐ _____
☐ _____
☐ _____
☐ _____
☐ _____
☐ _____
☐ _____

AGENDA PARA TU ALMA

¡QUE VIVA CRISTO REY!

VIVA CRISTO REY.ORG

FECHA: DIA   MES   AÑO

METAS DEL DIA

REZAR EL SANTO ROSARIO DE 15 MISTERIOS.......... ☐

LEER LA SANTA BIBLIA (15 MINUTOS).................... ☐

SACRIFICIOS DIARIOS........ .... ☐

☐ _____   ☐ _____
☐ _____   ☐ _____
☐ _____   ☐ _____
☐ _____   ☐ _____
☐ _____   ☐ _____
☐ _____   ☐ _____
☐ _____   ☐ _____
☐ _____   ☐ _____
☐ _____   ☐ _____

SUGERENCIAS

Si no sabes como rezar el Santo Rosario, puedes conseguir nuestro libro *"Rosario Para Principiantes"* en el siguiente enlace: www.vcrey.com/rosario-libro

Algunos Sacrificios que puedes hacer incluyen:

- No tomar agua o líquidos durante una comida.
- Abstenerse de carne en viernes (lo cual es requerido por la Santa Madre Iglesia).
- No comer dulces o postres durante un día.
- Bañarse con agua fría.
- No comer carne en Sábado en honor a la Santísima Virgen Maria.
- Hacer una hora de silencio.
- No comprar o vender en Domingo (lo cual es ademas un mandamiento).
- Ser amable con alguien que te haya lastimado.
- Dar comida al hambriento.
- Dar agua al sediento.
- Visitar a los enfermos, y confortarlos.

NOTAS IMPORTANTES

☐ _____
☐ _____
☐ _____
☐ _____
☐ _____
☐ _____
☐ _____
☐ _____
☐ _____
☐ _____

AGENDA PARA TU ALMA

¡QUE VIVA CRISTO REY!

VIVA CRISTO REY.ORG

FECHA: DIA   MES   AÑO

METAS DEL DIA

REZAR EL SANTO ROSARIO DE 15 MISTERIOS.......... ☐

LEER LA SANTA BIBLIA (15 MINUTOS).................... ☐

SACRIFICIOS DIARIOS .... ☐

☐ _____   ☐ _____
☐ _____   ☐ _____
☐ _____   ☐ _____
☐ _____   ☐ _____
☐ _____   ☐ _____
☐ _____   ☐ _____
☐ _____   ☐ _____
☐ _____   ☐ _____
☐ _____   ☐ _____

SUGERENCIAS

Si no sabes como rezar el Santo Rosario, puedes conseguir nuestro libro *"Rosario Para Principiantes"* en el siguiente enlace: www.vcrey.com/rosario-libro

Algunos Sacrificios que puedes hacer incluyen:

- No tomar agua o líquidos durante una comida.
- Abstenerse de carne en viernes (lo cual es requerido por la Santa Madre Iglesia).
- No comer dulces o postres durante un día.
- Bañarse con agua fría.
- No comer carne en Sábado en honor a la Santísima Virgen María.
- Hacer una hora de silencio.
- No comprar o vender en Domingo (lo cual es además un mandamiento).
- Ser amable con alguien que te haya lastimado.
- Dar comida al hambriento.
- Dar agua al sediento.
- Visitar a los enfermos, y confortarlos.

NOTAS IMPORTANTES

☐ _____
☐ _____
☐ _____
☐ _____
☐ _____
☐ _____
☐ _____
☐ _____
☐ _____
☐ _____

AGENDA PARA TU ALMA

¡QUE VIVA CRISTO REY!

VIVA CRISTO REY.ORG

FECHA: DIA   MES   AÑO

METAS DEL DIA

REZAR EL SANTO ROSARIO DE 15 MISTERIOS.......... ☐

LEER LA SANTA BIBLIA (15 MINUTOS).................... ☐

SACRIFICIOS DIARIOS....................................... ☐

☐ _____   ☐ _____
☐ _____   ☐ _____
☐ _____   ☐ _____
☐ _____   ☐ _____
☐ _____   ☐ _____
☐ _____   ☐ _____
☐ _____   ☐ _____
☐ _____   ☐ _____
☐ _____   ☐ _____

SUGERENCIAS

Si no sabes como rezar el Santo Rosario, puedes conseguir nuestro libro *"Rosario Para Principiantes"* en el siguiente enlace: www.vcrey.com/rosario-libro

Algunos Sacrificios que puedes hacer incluyen:

- No tomar agua o líquidos durante una comida.
- Abstenerse de carne en viernes (lo cual es requerido por la Santa Madre Iglesia).
- No comer dulces o postres durante un día.
- Bañarse con agua fría.
- No comer carne en Sábado en honor a la Santísima Virgen Maria.
- Hacer una hora de silencio.
- No comprar o vender en Domingo (lo cual es ademas un mandamiento).
- Ser amable con alguien que te haya lastimado.
- Dar comida al hambriento.
- Dar agua al sediento.
- Visitar a los enfermos, y confortarlos.

NOTAS IMPORTANTES

☐ _____
☐ _____
☐ _____
☐ _____
☐ _____
☐ _____
☐ _____
☐ _____
☐ _____

AGENDA PARA TU ALMA

¡QUE VIVA CRISTO REY!

VIVA CRISTO REY.ORG

FECHA: DIA   MES   AÑO

METAS DEL DIA

REZAR EL SANTO ROSARIO DE 15 MISTERIOS.......... ☐

LEER LA SANTA BIBLIA (15 MINUTOS)................... ☐

SACRIFICIOS DIARIOS .... ☐

☐ _____   ☐ _____
☐ _____   ☐ _____
☐ _____   ☐ _____
☐ _____   ☐ _____
☐ _____   ☐ _____
☐ _____   ☐ _____
☐ _____   ☐ _____
☐ _____   ☐ _____
☐ _____   ☐ _____

SUGERENCIAS

Si no sabes como rezar el Santo Rosario, puedes conseguir nuestro libro *"Rosario Para Principiantes"* en el siguiente enlace: www.vcrey.com/rosario-libro

Algunos Sacrificios que puedes hacer incluyen:

- No tomar agua o líquidos durante una comida.
- Abstenerse de carne en viernes (lo cual es requerido por la Santa Madre Iglesia).
- No comer dulces o postres durante un día.
- Bañarse con agua fría.
- No comer carne en Sábado en honor a la Santísima Virgen Maria.
- Hacer una hora de silencio.
- No comprar o vender en Domingo (lo cual es ademas un mandamiento).
- Ser amable con alguien que te haya lastimado.
- Dar comida al hambriento.
- Dar agua al sediento.
- Visitar a los enfermos, y confortarlos.

NOTAS IMPORTANTES

☐ _____
☐ _____
☐ _____
☐ _____
☐ _____
☐ _____
☐ _____
☐ _____
☐ _____
☐ _____
☐ _____

AGENDA PARA TU ALMA

¡QUE VIVA CRISTO REY!

VIVA CRISTO REY.ORG

FECHA: DIA   MES   AÑO

METAS DEL DIA

REZAR EL SANTO ROSARIO DE 15 MISTERIOS.......... ☐

LEER LA SANTA BIBLIA (15 MINUTOS)..................... ☐

SACRIFICIOS DIARIOS........ .... ☐

☐ _____   ☐ _____
☐ _____   ☐ _____
☐ _____   ☐ _____
☐ _____   ☐ _____
☐ _____   ☐ _____
☐ _____   ☐ _____
☐ _____   ☐ _____
☐ _____   ☐ _____
☐ _____   ☐ _____

SUGERENCIAS

Si no sabes como rezar el Santo Rosario, puedes conseguir nuestro libro *"Rosario Para Principiantes"* en el siguiente enlace: www.vcrey.com/rosario-libro

Algunos Sacrificios que puedes hacer incluyen:

- No tomar agua o líquidos durante una comida.
- Abstenerse de carne en viernes (lo cual es requerido por la Santa Madre Iglesia).
- No comer dulces o postres durante un día.
- Bañarse con agua fría.
- No comer carne en Sábado en honor a la Santísima Virgen Maria.
- Hacer una hora de silencio.
- No comprar o vender en Domingo (lo cual es ademas un mandamiento).
- Ser amable con alguien que te haya lastimado.
- Dar comida al hambriento.
- Dar agua al sediento.
- Visitar a los enfermos, y confortarlos.

NOTAS IMPORTANTES

☐ _____
☐ _____
☐ _____
☐ _____
☐ _____
☐ _____
☐ _____
☐ _____
☐ _____
☐ _____

AGENDA PARA TU ALMA

¡QUE VIVA CRISTO REY!

VIVA
CRISTO
REY.ORG

FECHA: DIA   MES   AÑO

METAS DEL DIA

REZAR EL SANTO ROSARIO DE 15 MISTERIOS........... ☐

LEER LA SANTA BIBLIA (15 MINUTOS)..................... ☐

SACRIFICIOS DIARIOS .... ☐

☐ _____   ☐ _____
☐ _____   ☐ _____
☐ _____   ☐ _____
☐ _____   ☐ _____
☐ _____   ☐ _____
☐ _____   ☐ _____
☐ _____   ☐ _____
☐ _____   ☐ _____
☐ _____   ☐ _____

SUGERENCIAS

Si no sabes como rezar el Santo Rosario, puedes conseguir nuestro libro *"Rosario Para Principiantes"* en el siguiente enlace: www.vcrey.com/rosario-libro

Algunos Sacrificios que puedes hacer incluyen:

- No tomar agua o líquidos durante una comida.
- Abstenerse de carne en viernes (lo cual es requerido por la Santa Madre Iglesia).
- No comer dulces o postres durante un día.
- Bañarse con agua fría.
- No comer carne en Sábado en honor a la Santísima Virgen Maria.
- Hacer una hora de silencio.
- No comprar o vender en Domingo (lo cual es ademas un mandamiento).
- Ser amable con alguien que te haya lastimado.
- Dar comida al hambriento.
- Dar agua al sediento.
- Visitar a los enfermos, y confortarlos.

NOTAS IMPORTANTES

☐ _____
☐ _____
☐ _____
☐ _____
☐ _____
☐ _____
☐ _____
☐ _____
☐ _____
☐ _____
☐ _____

AGENDA PARA TU ALMA

¡QUE VIVA CRISTO REY!

VIVA CRISTO REY.ORG

FECHA: DIA   MES   AÑO

METAS DEL DIA

REZAR EL SANTO ROSARIO DE 15 MISTERIOS.......... ☐

LEER LA SANTA BIBLIA (15 MINUTOS).................... ☐

SACRIFICIOS DIARIOS....................................... ☐

☐ _____   ☐ _____
☐ _____   ☐ _____
☐ _____   ☐ _____
☐ _____   ☐ _____
☐ _____   ☐ _____
☐ _____   ☐ _____
☐ _____   ☐ _____
☐ _____   ☐ _____
☐ _____   ☐ _____

SUGERENCIAS

Si no sabes como rezar el Santo Rosario, puedes conseguir nuestro libro *"Rosario Para Principiantes"* en el siguiente enlace: www.vcrey.com/rosario-libro

Algunos Sacrificios que puedes hacer incluyen:

- No tomar agua o líquidos durante una comida.
- Abstenerse de carne en viernes (lo cual es requerido por la Santa Madre Iglesia).
- No comer dulces o postres durante un día.
- Bañarse con agua fría.
- No comer carne en Sábado en honor a la Santísima Virgen Maria.
- Hacer una hora de silencio.
- No comprar o vender en Domingo (lo cual es ademas un mandamiento).
- Ser amable con alguien que te haya lastimado.
- Dar comida al hambriento.
- Dar agua al sediento.
- Visitar a los enfermos, y confortarlos.

NOTAS IMPORTANTES

☐ _____
☐ _____
☐ _____
☐ _____
☐ _____
☐ _____
☐ _____
☐ _____
☐ _____
☐ _____

AGENDA PARA TU ALMA

¡QUE VIVA CRISTO REY!

VIVA CRISTO REY.ORG

FECHA: DIA   MES   AÑO

METAS DEL DIA

REZAR EL SANTO ROSARIO DE 15 MISTERIOS.......... ☐

LEER LA SANTA BIBLIA (15 MINUTOS)................... ☐

SACRIFICIOS DIARIOS .... ☐

☐ _____   ☐ _____
☐ _____   ☐ _____
☐ _____   ☐ _____
☐ _____   ☐ _____
☐ _____   ☐ _____
☐ _____   ☐ _____
☐ _____   ☐ _____
☐ _____   ☐ _____
☐ _____   ☐ _____

SUGERENCIAS

Si no sabes como rezar el Santo Rosario, puedes conseguir nuestro libro *"Rosario Para Principiantes"* en el siguiente enlace: www.vcrey.com/rosario-libro

Algunos Sacrificios que puedes hacer incluyen:

- No tomar agua o líquidos durante una comida.
- Abstenerse de carne en viernes (lo cual es requerido por la Santa Madre Iglesia).
- No comer dulces o postres durante un día.
- Bañarse con agua fría.
- No comer carne en Sábado en honor a la Santísima Virgen Maria.
- Hacer una hora de silencio.
- No comprar o vender en Domingo (lo cual es ademas un mandamiento).
- Ser amable con alguien que te haya lastimado.
- Dar comida al hambriento.
- Dar agua al sediento.
- Visitar a los enfermos, y confortarlos.

NOTAS IMPORTANTES

☐ _____
☐ _____
☐ _____
☐ _____
☐ _____
☐ _____
☐ _____
☐ _____
☐ _____
☐ _____
☐ _____

AGENDA PARA TU ALMA

¡QUE VIVA CRISTO REY!

FECHA: DIA   MES   AÑO

METAS DEL DIA

REZAR EL SANTO ROSARIO DE 15 MISTERIOS.......... ☐

LEER LA SANTA BIBLIA (15 MINUTOS)................... ☐

SACRIFICIOS DIARIOS....................................... ☐

☐ _____   ☐ _____
☐ _____   ☐ _____
☐ _____   ☐ _____
☐ _____   ☐ _____
☐ _____   ☐ _____
☐ _____   ☐ _____
☐ _____   ☐ _____
☐ _____   ☐ _____
☐ _____   ☐ _____

SUGERENCIAS

Si no sabes como rezar el Santo Rosario, puedes conseguir nuestro libro *"Rosario Para Principiantes"* en el siguiente enlace: www.vcrey.com/rosario-libro

Algunos Sacrificios que puedes hacer incluyen:

- No tomar agua o líquidos durante una comida.
- Abstenerse de carne en viernes (lo cual es requerido por la Santa Madre Iglesia).
- No comer dulces o postres durante un día.
- Bañarse con agua fría.
- No comer carne en Sábado en honor a la Santísima Virgen María.
- Hacer una hora de silencio.
- No comprar o vender en Domingo (lo cual es ademas un mandamiento).
- Ser amable con alguien que te haya lastimado.
- Dar comida al hambriento.
- Dar agua al sediento.
- Visitar a los enfermos, y confortarlos.

NOTAS IMPORTANTES

☐ _____
☐ _____
☐ _____
☐ _____
☐ _____
☐ _____
☐ _____
☐ _____
☐ _____

AGENDA PARA TU ALMA

¡QUE VIVA CRISTO REY!

VIVA CRISTO REY.ORG

FECHA: DIA   MES   AÑO

METAS DEL DIA

REZAR EL SANTO ROSARIO DE 15 MISTERIOS.......... ☐

LEER LA SANTA BIBLIA (15 MINUTOS).................... ☐

SACRIFICIOS DIARIOS .... ☐

☐ _____   ☐ _____
☐ _____   ☐ _____
☐ _____   ☐ _____
☐ _____   ☐ _____
☐ _____   ☐ _____
☐ _____   ☐ _____
☐ _____   ☐ _____
☐ _____   ☐ _____

SUGERENCIAS

Si no sabes como rezar el Santo Rosario, puedes conseguir nuestro libro *"Rosario Para Principiantes"* en el siguiente enlace: www.vcrey.com/rosario-libro

Algunos Sacrificios que puedes hacer incluyen:

- No tomar agua o líquidos durante una comida.
- Abstenerse de carne en viernes (lo cual es requerido por la Santa Madre Iglesia).
- No comer dulces o postres durante un día.
- Bañarse con agua fría.
- No comer carne en Sábado en honor a la Santísima Virgen Maria.
- Hacer una hora de silencio.
- No comprar o vender en Domingo (lo cual es ademas un mandamiento).
- Ser amable con alguien que te haya lastimado.
- Dar comida al hambriento.
- Dar agua al sediento.
- Visitar a los enfermos, y confortarlos.

NOTAS IMPORTANTES

☐ _____
☐ _____
☐ _____
☐ _____
☐ _____
☐ _____
☐ _____
☐ _____
☐ _____
☐ _____
☐ _____

AGENDA PARA TU ALMA

¡QUE VIVA CRISTO REY!

VIVA CRISTO REY.ORG

FECHA: DIA   MES   AÑO

METAS DEL DIA

REZAR EL SANTO ROSARIO DE 15 MISTERIOS.......... ☐

LEER LA SANTA BIBLIA (15 MINUTOS).................... ☐

SACRIFICIOS DIARIOS.. ☐

☐ _____   ☐ _____
☐ _____   ☐ _____
☐ _____   ☐ _____
☐ _____   ☐ _____
☐ _____   ☐ _____
☐ _____   ☐ _____
☐ _____   ☐ _____
☐ _____   ☐ _____
☐ _____   ☐ _____

SUGERENCIAS

Si no sabes como rezar el Santo Rosario, puedes conseguir nuestro libro *"Rosario Para Principiantes"* en el siguiente enlace: www.vcrey.com/rosario-libro

Algunos Sacrificios que puedes hacer incluyen:

- No tomar agua o líquidos durante una comida.
- Abstenerse de carne en viernes (lo cual es requerido por la Santa Madre Iglesia).
- No comer dulces o postres durante un día.
- Bañarse con agua fría.
- No comer carne en Sábado en honor a la Santísima Virgen María.
- Hacer una hora de silencio.
- No comprar o vender en Domingo (lo cual es ademas un mandamiento).
- Ser amable con alguien que te haya lastimado.
- Dar comida al hambriento.
- Dar agua al sediento.
- Visitar a los enfermos, y confortarlos.

NOTAS IMPORTANTES

☐ _____
☐ _____
☐ _____
☐ _____
☐ _____
☐ _____
☐ _____
☐ _____
☐ _____
☐ _____

AGENDA PARA TU ALMA

¡QUE VIVA CRISTO REY!

VIVA CRISTO REY.ORG

FECHA: DIA   MES   AÑO

METAS DEL DIA

REZAR EL SANTO ROSARIO DE 15 MISTERIOS.......... ☐

LEER LA SANTA BIBLIA (15 MINUTOS).................... ☐

SACRIFICIOS DIARIOS .... ☐

☐ _____   ☐ _____

☐ _____   ☐ _____

☐ _____   ☐ _____

☐ _____   ☐ _____

☐ _____   ☐ _____

☐ _____   ☐ _____

☐ _____   ☐ _____

☐ _____   ☐ _____

☐ _____   ☐ _____

SUGERENCIAS

Si no sabes como rezar el Santo Rosario, puedes conseguir nuestro libro *"Rosario Para Principiantes"* en el siguiente enlace: www.vcrey.com/rosario-libro

Algunos Sacrificios que puedes hacer incluyen:

- No tomar agua o líquidos durante una comida.
- Abstenerse de carne en viernes (lo cual es requerido por la Santa Madre Iglesia).
- No comer dulces o postres durante un día.
- Bañarse con agua fría.
- No comer carne en Sábado en honor a la Santísima Virgen Maria.
- Hacer una hora de silencio.
- No comprar o vender en Domingo (lo cual es ademas un mandamiento).
- Ser amable con alguien que te haya lastimado.
- Dar comida al hambriento.
- Dar agua al sediento.
- Visitar a los enfermos, y confortarlos.

NOTAS IMPORTANTES

☐ _____

☐ _____

☐ _____

☐ _____

☐ _____

☐ _____

☐ _____

☐ _____

☐ _____

☐ _____

AGENDA PARA TU ALMA

¡QUE VIVA CRISTO REY!

VIVA
CRISTO
REY.ORG

FECHA: DIA   MES   AÑO

METAS DEL DIA

REZAR EL SANTO ROSARIO DE 15 MISTERIOS.......... ☐

LEER LA SANTA BIBLIA (15 MINUTOS).................... ☐

SACRIFICIOS DIARIOS.. ☐

☐ _____   ☐ _____
☐ _____   ☐ _____
☐ _____   ☐ _____
☐ _____   ☐ _____
☐ _____   ☐ _____
☐ _____   ☐ _____
☐ _____   ☐ _____
☐ _____   ☐ _____
☐ _____   ☐ _____

SUGERENCIAS

Si no sabes como rezar el Santo Rosario, puedes conseguir nuestro libro *"Rosario Para Principiantes"* en el siguiente enlace: www.vcrey.com/rosario-libro

Algunos Sacrificios que puedes hacer incluyen:

- No tomar agua o líquidos durante una comida.
- Abstenerse de carne en viernes (lo cual es requerido por la Santa Madre Iglesia).
- No comer dulces o postres durante un día.
- Bañarse con agua fría.
- No comer carne en Sábado en honor a la Santísima Virgen Maria.
- Hacer una hora de silencio.
- No comprar o vender en Domingo (lo cual es ademas un mandamiento).
- Ser amable con alguien que te haya lastimado.
- Dar comida al hambriento.
- Dar agua al sediento.
- Visitar a los enfermos, y confortarlos.

NOTAS IMPORTANTES

☐ _____
☐ _____
☐ _____
☐ _____
☐ _____
☐ _____
☐ _____
☐ _____
☐ _____

AGENDA PARA TU ALMA

¡QUE VIVA CRISTO REY!

VIVA CRISTO REY.ORG

FECHA: DIA   MES   AÑO

METAS DEL DIA

REZAR EL SANTO ROSARIO DE 15 MISTERIOS.......... ☐

LEER LA SANTA BIBLIA (15 MINUTOS).................... ☐

SACRIFICIOS DIARIOS.. ☐

☐ _____   ☐ _____

☐ _____   ☐ _____

☐ _____   ☐ _____

☐ _____   ☐ _____

☐ _____   ☐ _____

☐ _____   ☐ _____

☐ _____   ☐ _____

☐ _____   ☐ _____

☐ _____   ☐ _____

SUGERENCIAS

Si no sabes como rezar el Santo Rosario, puedes conseguir nuestro libro *"Rosario Para Principiantes"* en el siguiente enlace: www.vcrey.com/rosario-libro

Algunos Sacrificios que puedes hacer incluyen:

- No tomar agua o líquidos durante una comida.
- Abstenerse de carne en viernes (lo cual es requerido por la Santa Madre Iglesia).
- No comer dulces o postres durante un día.
- Bañarse con agua fría.
- No comer carne en Sábado en honor a la Santísima Virgen Maria.
- Hacer una hora de silencio.
- No comprar o vender en Domingo (lo cual es ademas un mandamiento).
- Ser amable con alguien que te haya lastimado.
- Dar comida al hambriento.
- Dar agua al sediento.
- Visitar a los enfermos, y confortarlos.

NOTAS IMPORTANTES

☐ _____

☐ _____

☐ _____

☐ _____

☐ _____

☐ _____

☐ _____

☐ _____

☐ _____

☐ _____

☐ _____

AGENDA PARA TU ALMA

¡QUE VIVA CRISTO REY!

VIVA
CRISTO
REY.ORG

FECHA: DIA   MES   AÑO

METAS DEL DIA

REZAR EL SANTO ROSARIO DE 15 MISTERIOS.......... ☐

LEER LA SANTA BIBLIA (15 MINUTOS)................... ☐

SACRIFICIOS DIARIOS.. ☐

☐ _____   ☐ _____
☐ _____   ☐ _____
☐ _____   ☐ _____
☐ _____   ☐ _____
☐ _____   ☐ _____
☐ _____   ☐ _____
☐ _____   ☐ _____
☐ _____   ☐ _____
☐ _____   ☐ _____

SUGERENCIAS

Si no sabes como rezar el Santo Rosario, puedes conseguir nuestro libro *"Rosario Para Principiantes"* en el siguiente enlace: www.vcrey.com/rosario-libro

Algunos Sacrificios que puedes hacer incluyen:

- No tomar agua o líquidos durante una comida.
- Abstenerse de carne en viernes (lo cual es requerido por la Santa Madre Iglesia).
- No comer dulces o postres durante un día.
- Bañarse con agua fría.
- No comer carne en Sábado en honor a la Santísima Virgen María.
- Hacer una hora de silencio.
- No comprar o vender en Domingo (lo cual es además un mandamiento).
- Ser amable con alguien que te haya lastimado.
- Dar comida al hambriento.
- Dar agua al sediento.
- Visitar a los enfermos, y confortarlos.

NOTAS IMPORTANTES

☐ _____
☐ _____
☐ _____
☐ _____
☐ _____
☐ _____
☐ _____
☐ _____
☐ _____
☐ _____

AGENDA PARA TU ALMA

¡QUE VIVA CRISTO REY!

**VIVA
CRISTO
REY.ORG**

FECHA: DIA   MES   AÑO

METAS DEL DIA

REZAR EL SANTO ROSARIO DE 15 MISTERIOS.......... ☐

LEER LA SANTA BIBLIA (15 MINUTOS).................... ☐

SACRIFICIOS DIARIOS .... ☐

☐ _____   ☐ _____
☐ _____   ☐ _____
☐ _____   ☐ _____
☐ _____   ☐ _____
☐ _____   ☐ _____
☐ _____   ☐ _____
☐ _____   ☐ _____
☐ _____   ☐ _____
☐ _____   ☐ _____

SUGERENCIAS

Si no sabes como rezar el Santo Rosario, puedes conseguir nuestro libro *"Rosario Para Principiantes"* en el siguiente enlace: www.vcrey.com/rosario-libro

Algunos Sacrificios que puedes hacer incluyen:

- No tomar agua o líquidos durante una comida.
- Abstenerse de carne en viernes (lo cual es requerido por la Santa Madre Iglesia).
- No comer dulces o postres durante un día.
- Bañarse con agua fría.
- No comer carne en Sábado en honor a la Santísima Virgen María.
- Hacer una hora de silencio.
- No comprar o vender en Domingo (lo cual es ademas un mandamiento).
- Ser amable con alguien que te haya lastimado.
- Dar comida al hambriento.
- Dar agua al sediento.
- Visitar a los enfermos, y confortarlos.

NOTAS IMPORTANTES

☐ _____
☐ _____
☐ _____
☐ _____
☐ _____
☐ _____
☐ _____
☐ _____
☐ _____
☐ _____
☐ _____

AGENDA PARA TU ALMA

¡QUE VIVA CRISTO REY!

VIVA CRISTO REY.ORG

FECHA: DIA   MES   AÑO

METAS DEL DIA

REZAR EL SANTO ROSARIO DE 15 MISTERIOS.......... ☐

LEER LA SANTA BIBLIA (15 MINUTOS).................... ☐

SACRIFICIOS DIARIOS... ☐

☐ _____   ☐ _____
☐ _____   ☐ _____
☐ _____   ☐ _____
☐ _____   ☐ _____
☐ _____   ☐ _____
☐ _____   ☐ _____
☐ _____   ☐ _____
☐ _____   ☐ _____
☐ _____   ☐ _____

SUGERENCIAS

Si no sabes como rezar el Santo Rosario, puedes conseguir nuestro libro *"Rosario Para Principiantes"* en el siguiente enlace: www.vcrey.com/rosario-libro

Algunos Sacrificios que puedes hacer incluyen:

- No tomar agua o líquidos durante una comida.
- Abstenerse de carne en viernes (lo cual es requerido por la Santa Madre Iglesia).
- No comer dulces o postres durante un día.
- Bañarse con agua fría.
- No comer carne en Sábado en honor a la Santísima Virgen Maria.
- Hacer una hora de silencio.
- No comprar o vender en Domingo (lo cual es ademas un mandamiento).
- Ser amable con alguien que te haya lastimado.
- Dar comida al hambriento.
- Dar agua al sediento.
- Visitar a los enfermos, y confortarlos.

NOTAS IMPORTANTES

☐ _____
☐ _____
☐ _____
☐ _____
☐ _____
☐ _____
☐ _____
☐ _____
☐ _____
☐ _____

AGENDA PARA TU ALMA

¡QUE VIVA CRISTO REY!

VIVA CRISTO REY.ORG

FECHA: DIA   MES   AÑO

METAS DEL DIA

REZAR EL SANTO ROSARIO DE 15 MISTERIOS.......... ☐

LEER LA SANTA BIBLIA (15 MINUTOS).................... ☐

SACRIFICIOS DIARIOS .... ☐

☐ _____   ☐ _____
☐ _____   ☐ _____
☐ _____   ☐ _____
☐ _____   ☐ _____
☐ _____   ☐ _____
☐ _____   ☐ _____
☐ _____   ☐ _____
☐ _____   ☐ _____
☐ _____   ☐ _____

SUGERENCIAS

Si no sabes como rezar el Santo Rosario, puedes conseguir nuestro libro *"Rosario Para Principiantes"* en el siguiente enlace: www.vcrey.com/rosario-libro

Algunos Sacrificios que puedes hacer incluyen:

- No tomar agua o líquidos durante una comida.
- Abstenerse de carne en viernes (lo cual es requerido por la Santa Madre Iglesia).
- No comer dulces o postres durante un día.
- Bañarse con agua fría.
- No comer carne en Sábado en honor a la Santísima Virgen Maria.
- Hacer una hora de silencio.
- No comprar o vender en Domingo (lo cual es ademas un mandamiento).
- Ser amable con alguien que te haya lastimado.
- Dar comida al hambriento.
- Dar agua al sediento.
- Visitar a los enfermos, y confortarlos.

NOTAS IMPORTANTES

☐ _____
☐ _____
☐ _____
☐ _____
☐ _____
☐ _____
☐ _____
☐ _____
☐ _____
☐ _____

AGENDA PARA TU ALMA

¡QUE VIVA CRISTO REY!

VIVA CRISTO REY.ORG

FECHA: DIA   MES   AÑO

METAS DEL DIA

REZAR EL SANTO ROSARIO DE 15 MISTERIOS.......... ☐

LEER LA SANTA BIBLIA (15 MINUTOS)................... ☐

SACRIFICIOS DIARIOS.. ☐

☐ _____   ☐ _____
☐ _____   ☐ _____
☐ _____   ☐ _____
☐ _____   ☐ _____
☐ _____   ☐ _____
☐ _____   ☐ _____
☐ _____   ☐ _____
☐ _____   ☐ _____
☐ _____   ☐ _____

SUGERENCIAS

Si no sabes como rezar el Santo Rosario, puedes conseguir nuestro libro *"Rosario Para Principiantes"* en el siguiente enlace: www.vcrey.com/rosario-libro

Algunos Sacrificios que puedes hacer incluyen:

- No tomar agua o líquidos durante una comida.
- Abstenerse de carne en viernes (lo cual es requerido por la Santa Madre Iglesia).
- No comer dulces o postres durante un día.
- Bañarse con agua fría.
- No comer carne en Sábado en honor a la Santísima Virgen Maria.
- Hacer una hora de silencio.
- No comprar o vender en Domingo (lo cual es ademas un mandamiento).
- Ser amable con alguien que te haya lastimado.
- Dar comida al hambriento.
- Dar agua al sediento.
- Visitar a los enfermos, y confortarlos.

NOTAS IMPORTANTES

☐ _____
☐ _____
☐ _____
☐ _____
☐ _____
☐ _____
☐ _____
☐ _____
☐ _____
☐ _____

AGENDA PARA TU ALMA

¡QUE VIVA CRISTO REY!

VIVA CRISTO REY.ORG

FECHA: DIA   MES   AÑO

METAS DEL DIA

REZAR EL SANTO ROSARIO DE 15 MISTERIOS .... ☐

LEER LA SANTA BIBLIA (15 MINUTOS) .... ☐

SACRIFICIOS DIARIOS .... ☐

☐ _____   ☐ _____

☐ _____   ☐ _____

☐ _____   ☐ _____

☐ _____   ☐ _____

☐ _____   ☐ _____
☐   ☐

☐ _____   ☐ _____

☐ _____   ☐ _____

☐ _____   ☐ _____

SUGERENCIAS

Si no sabes como rezar el Santo Rosario, puedes conseguir nuestro libro *"Rosario Para Principiantes"* en el siguiente enlace: www.vcrey.com/rosario-libro

Algunos Sacrificios que puedes hacer incluyen:

- No tomar agua o líquidos durante una comida.
- Abstenerse de carne en viernes (lo cual es requerido por la Santa Madre Iglesia).
- No comer dulces o postres durante un día.
- Bañarse con agua fría.
- No comer carne en Sábado en honor a la Santísima Virgen Maria.
- Hacer una hora de silencio.
- No comprar o vender en Domingo (lo cual es ademas un mandamiento).
- Ser amable con alguien que te haya lastimado.
- Dar comida al hambriento.
- Dar agua al sediento.
- Visitar a los enfermos, y confortarlos.

NOTAS IMPORTANTES

☐ _____

☐ _____

☐ _____

☐ _____

☐ _____

☐ _____

☐ _____

☐ _____

☐ _____

☐ _____

AGENDA PARA TU ALMA

¡QUE VIVA CRISTO REY!

VIVA CRISTO REY.ORG

FECHA: DIA   MES   AÑO

METAS DEL DIA

REZAR EL SANTO ROSARIO DE 15 MISTERIOS.......... ☐

LEER LA SANTA BIBLIA (15 MINUTOS)................... ☐

SACRIFICIOS DIARIOS....................................... ☐

☐ _____   ☐ _____
☐ _____   ☐ _____
☐ _____   ☐ _____
☐ _____   ☐ _____
☐ _____   ☐ _____
☐ _____   ☐ _____
☐ _____   ☐ _____
☐ _____   ☐ _____
☐ _____   ☐ _____

SUGERENCIAS

Si no sabes como rezar el Santo Rosario, puedes conseguir nuestro libro *"Rosario Para Principiantes"* en el siguiente enlace: www.vcrey.com/rosario-libro

Algunos Sacrificios que puedes hacer incluyen:

- No tomar agua o líquidos durante una comida.
- Abstenerse de carne en viernes (lo cual es requerido por la Santa Madre Iglesia).
- No comer dulces o postres durante un día.
- Bañarse con agua fría.
- No comer carne en Sábado en honor a la Santísima Virgen Maria.
- Hacer una hora de silencio.
- No comprar o vender en Domingo (lo cual es ademas un mandamiento).
- Ser amable con alguien que te haya lastimado.
- Dar comida al hambriento.
- Dar agua al sediento.
- Visitar a los enfermos, y confortarlos.

NOTAS IMPORTANTES

☐ _____
☐ _____
☐ _____
☐ _____
☐ _____
☐ _____
☐ _____
☐ _____
☐ _____

AGENDA PARA TU ALMA

¡QUE VIVA CRISTO REY!

VIVA CRISTO REY.ORG

FECHA: DIA   MES   AÑO

METAS DEL DIA

REZAR EL SANTO ROSARIO DE 15 MISTERIOS.......... ☐

LEER LA SANTA BIBLIA (15 MINUTOS)................... ☐

SACRIFICIOS DIARIOS .... ☐

☐ _____   ☐ _____
☐ _____   ☐ _____
☐ _____   ☐ _____
☐ _____   ☐ _____
☐ _____   ☐ _____
☐ _____   ☐ _____
☐ _____   ☐ _____
☐ _____   ☐ _____
☐ _____   ☐ _____

SUGERENCIAS

Si no sabes como rezar el Santo Rosario, puedes conseguir nuestro libro *"Rosario Para Principiantes"* en el siguiente enlace: www.vcrey.com/rosario-libro

Algunos Sacrificios que puedes hacer incluyen:

- No tomar agua o líquidos durante una comida.
- Abstenerse de carne en viernes (lo cual es requerido por la Santa Madre Iglesia).
- No comer dulces o postres durante un día.
- Bañarse con agua fría.
- No comer carne en Sábado en honor a la Santísima Virgen Maria.
- Hacer una hora de silencio.
- No comprar o vender en Domingo (lo cual es además un mandamiento).
- Ser amable con alguien que te haya lastimado.
- Dar comida al hambriento.
- Dar agua al sediento.
- Visitar a los enfermos, y confortarlos.

NOTAS IMPORTANTES

☐ _____
☐ _____
☐ _____
☐ _____
☐ _____
☐ _____
☐ _____
☐ _____
☐ _____
☐ _____
☐ _____

AGENDA PARA TU ALMA

¡QUE VIVA CRISTO REY!

VIVA
CRISTO
REY.ORG

FECHA: DIA   MES   AÑO

METAS DEL DIA

REZAR EL SANTO ROSARIO DE 15 MISTERIOS.......... ☐

LEER LA SANTA BIBLIA (15 MINUTOS).................... ☐

SACRIFICIOS DIARIOS....................................... ☐

☐ _____   ☐ _____
☐ _____   ☐ _____
☐ _____   ☐ _____
☐ _____   ☐ _____
☐ _____   ☐ _____
☐ _____   ☐ _____
☐ _____   ☐ _____
☐ _____   ☐ _____
☐ _____   ☐ _____

SUGERENCIAS

Si no sabes como rezar el Santo Rosario, puedes conseguir nuestro libro *"Rosario Para Principiantes"* en el siguiente enlace: www.vcrey.com/rosario-libro

Algunos Sacrificios que puedes hacer incluyen:

- No tomar agua o líquidos durante una comida.
- Abstenerse de carne en viernes (lo cual es requerido por la Santa Madre Iglesia).
- No comer dulces o postres durante un día.
- Bañarse con agua fría.
- No comer carne en Sábado en honor a la Santísima Virgen Maria.
- Hacer una hora de silencio.
- No comprar o vender en Domingo (lo cual es ademas un mandamiento).
- Ser amable con alguien que te haya lastimado.
- Dar comida al hambriento.
- Dar agua al sediento.
- Visitar a los enfermos, y confortarlos.

NOTAS IMPORTANTES

☐ _____
☐ _____
☐ _____
☐ _____
☐ _____
☐ _____
☐ _____
☐ _____
☐ _____
☐ _____

AGENDA PARA TU ALMA

¡QUE VIVA CRISTO REY!

VIVA CRISTO REY.ORG

FECHA: DIA   MES   AÑO

METAS DEL DIA

REZAR EL SANTO ROSARIO DE 15 MISTERIOS.......... ☐

LEER LA SANTA BIBLIA (15 MINUTOS)................... ☐

SACRIFICIOS DIARIOS... ☐

☐ _____   ☐ _____
☐ _____   ☐ _____
☐ _____   ☐ _____
☐ _____   ☐ _____
☐ _____   ☐ _____
☐ _____   ☐ _____
☐ _____   ☐ _____
☐ _____   ☐ _____
☐ _____   ☐ _____

SUGERENCIAS

Si no sabes como rezar el Santo Rosario, puedes conseguir nuestro libro *"Rosario Para Principiantes"* en el siguiente enlace: www.vcrey.com/rosario-libro

Algunos Sacrificios que puedes hacer incluyen:

- No tomar agua o líquidos durante una comida.
- Abstenerse de carne en viernes (lo cual es requerido por la Santa Madre Iglesia).
- No comer dulces o postres durante un día.
- Bañarse con agua fría.
- No comer carne en Sábado en honor a la Santísima Virgen Maria.
- Hacer una hora de silencio.
- No comprar o vender en Domingo (lo cual es ademas un mandamiento).
- Ser amable con alguien que te haya lastimado.
- Dar comida al hambriento.
- Dar agua al sediento.
- Visitar a los enfermos, y confortarlos.

NOTAS IMPORTANTES

☐ _____
☐ _____
☐ _____
☐ _____
☐ _____
☐ _____
☐ _____
☐ _____
☐ _____
☐ _____

AGENDA PARA TU ALMA

¡QUE VIVA CRISTO REY!

FECHA: DIA   MES   AÑO

METAS DEL DIA

REZAR EL SANTO ROSARIO DE 15 MISTERIOS.......... ☐

LEER LA SANTA BIBLIA (15 MINUTOS).................... ☐

SACRIFICIOS DIARIOS.. ☐

☐ _____ ☐ _____
☐ _____ ☐ _____
☐ _____ ☐ _____
☐ _____ ☐ _____
☐ _____ ☐ _____
☐ _____ ☐ _____
☐ _____ ☐ _____
☐ _____ ☐ _____
☐ _____ ☐ _____

SUGERENCIAS

Si no sabes como rezar el Santo Rosario, puedes conseguir nuestro libro *"Rosario Para Principiantes"* en el siguiente enlace: www.vcrey.com/rosario-libro

Algunos Sacrificios que puedes hacer incluyen:

- No tomar agua o líquidos durante una comida.
- Abstenerse de carne en viernes (lo cual es requerido por la Santa Madre Iglesia).
- No comer dulces o postres durante un día.
- Bañarse con agua fría.
- No comer carne en Sábado en honor a la Santísima Virgen Maria.
- Hacer una hora de silencio.
- No comprar o vender en Domingo (lo cual es ademas un mandamiento).
- Ser amable con alguien que te haya lastimado.
- Dar comida al hambriento.
- Dar agua al sediento.
- Visitar a los enfermos, y confortarlos.

NOTAS IMPORTANTES

☐ _____
☐ _____
☐ _____
☐ _____
☐ _____
☐ _____
☐ _____
☐ _____
☐ _____
☐ _____

AGENDA PARA TU ALMA

¡QUE VIVA CRISTO REY!

VIVA
CRISTO
REY.ORG

FECHA: DIA   MES   AÑO

METAS DEL DIA

REZAR EL SANTO ROSARIO DE 15 MISTERIOS.......... ☐

LEER LA SANTA BIBLIA (15 MINUTOS)..................... ☐

SACRIFICIOS DIARIOS... ☐

☐ _____   ☐ _____
☐ _____   ☐ _____
☐ _____   ☐ _____
☐ _____   ☐ _____
☐ _____   ☐ _____
☐ _____   ☐ _____
☐ _____   ☐ _____
☐ _____   ☐ _____
☐ _____   ☐ _____

SUGERENCIAS

Si no sabes como rezar el Santo Rosario, puedes conseguir nuestro libro *"Rosario Para Principiantes"* en el siguiente enlace: www.vcrey.com/rosario-libro

Algunos Sacrificios que puedes hacer incluyen:

- No tomar agua o líquidos durante una comida.
- Abstenerse de carne en viernes (lo cual es requerido por la Santa Madre Iglesia).
- No comer dulces o postres durante un día.
- Bañarse con agua fría.
- No comer carne en Sábado en honor a la Santísima Virgen Maria.
- Hacer una hora de silencio.
- No comprar o vender en Domingo (lo cual es ademas un mandamiento).
- Ser amable con alguien que te haya lastimado.
- Dar comida al hambriento.
- Dar agua al sediento.
- Visitar a los enfermos, y confortarlos.

NOTAS IMPORTANTES

☐ _____
☐ _____
☐ _____
☐ _____
☐ _____
☐ _____
☐ _____
☐ _____
☐ _____
☐ _____

AGENDA PARA TU ALMA

¡QUE VIVA CRISTO REY!

VIVA CRISTO REY.ORG

FECHA: DIA   MES   AÑO

METAS DEL DIA

REZAR EL SANTO ROSARIO DE 15 MISTERIOS.......... ☐

LEER LA SANTA BIBLIA (15 MINUTOS)................... ☐

SACRIFICIOS DIARIOS....................................... ☐

☐ _____   ☐ _____

☐ _____   ☐ _____

☐ _____   ☐ _____

☐ _____   ☐ _____

☐ _____   ☐ _____
☐ _____   ☐ _____

☐ _____   ☐ _____

☐ _____   ☐ _____

☐ _____   ☐ _____

SUGERENCIAS

Si no sabes como rezar el Santo Rosario, puedes conseguir nuestro libro *"Rosario Para Principiantes"* en el siguiente enlace: www.vcrey.com/rosario-libro

Algunos Sacrificios que puedes hacer incluyen:

- No tomar agua o líquidos durante una comida.
- Abstenerse de carne en viernes (lo cual es requerido por la Santa Madre Iglesia).
- No comer dulces o postres durante un día.
- Bañarse con agua fría.
- No comer carne en Sábado en honor a la Santísima Virgen María.
- Hacer una hora de silencio.
- No comprar o vender en Domingo (lo cual es ademas un mandamiento).
- Ser amable con alguien que te haya lastimado.
- Dar comida al hambriento.
- Dar agua al sediento.
- Visitar a los enfermos, y confortarlos.

NOTAS IMPORTANTES

☐ _____

☐ _____

☐ _____

☐ _____

☐ _____

☐ _____

☐ _____

☐ _____

☐ _____

☐ _____

AGENDA PARA TU ALMA

¡QUE VIVA CRISTO REY!

VIVA CRISTO REY.ORG

FECHA: DIA   MES   AÑO

METAS DEL DIA

REZAR EL SANTO ROSARIO DE 15 MISTERIOS.......... ☐

LEER LA SANTA BIBLIA (15 MINUTOS)..................... ☐

SACRIFICIOS DIARIOS .... ☐

☐ _____   ☐ _____
☐ _____   ☐ _____
☐ _____   ☐ _____
☐ _____   ☐ _____
☐ _____   ☐ _____
☐ _____   ☐ _____
☐ _____   ☐ _____
☐ _____   ☐ _____
☐ _____   ☐ _____

SUGERENCIAS

Si no sabes como rezar el Santo Rosario, puedes conseguir nuestro libro *"Rosario Para Principiantes"* en el siguiente enlace: www.vcrey.com/rosario-libro

Algunos Sacrificios que puedes hacer incluyen:

- No tomar agua o líquidos durante una comida.
- Abstenerse de carne en viernes (lo cual es requerido por la Santa Madre Iglesia).
- No comer dulces o postres durante un día.
- Bañarse con agua fría.
- No comer carne en Sábado en honor a la Santísima Virgen Maria.
- Hacer una hora de silencio.
- No comprar o vender en Domingo (lo cual es ademas un mandamiento).
- Ser amable con alguien que te haya lastimado.
- Dar comida al hambriento.
- Dar agua al sediento.
- Visitar a los enfermos, y confortarlos.

NOTAS IMPORTANTES

☐ _____
☐ _____
☐ _____
☐ _____
☐ _____
☐ _____
☐ _____
☐ _____
☐ _____
☐ _____

AGENDA PARA TU ALMA

¡QUE VIVA CRISTO REY!

VIVA
CRISTO
REY.ORG

FECHA: DIA   MES   AÑO

METAS DEL DIA

REZAR EL SANTO ROSARIO DE 15 MISTERIOS.......... ☐

LEER LA SANTA BIBLIA (15 MINUTOS)................... ☐

SACRIFICIOS DIARIOS....................................... ☐

☐ _____   ☐ _____
☐ _____   ☐ _____
☐ _____   ☐ _____
☐ _____   ☐ _____
☐ _____   ☐ _____
☐ _____   ☐ _____
☐ _____   ☐ _____
☐ _____   ☐ _____
☐ _____   ☐ _____

SUGERENCIAS

Si no sabes como rezar el Santo Rosario, puedes conseguir nuestro libro *"Rosario Para Principiantes"* en el siguiente enlace: www.vcrey.com/rosario-libro

Algunos Sacrificios que puedes hacer incluyen:

- No tomar agua o líquidos durante una comida.
- Abstenerse de carne en viernes (lo cual es requerido por la Santa Madre Iglesia).
- No comer dulces o postres durante un día.
- Bañarse con agua fría.
- No comer carne en Sábado en honor a la Santísima Virgen María.
- Hacer una hora de silencio.
- No comprar o vender en Domingo (lo cual es ademas un mandamiento).
- Ser amable con alguien que te haya lastimado.
- Dar comida al hambriento.
- Dar agua al sediento.
- Visitar a los enfermos, y confortarlos.

NOTAS IMPORTANTES

☐ _____
☐ _____
☐ _____
☐ _____
☐ _____
☐ _____
☐ _____
☐ _____
☐ _____
☐ _____

AGENDA PARA TU ALMA

¡QUE VIVA CRISTO REY!

VIVA
CRISTO
REY.ORG

FECHA: DIA   MES   AÑO

METAS DEL DIA

REZAR EL SANTO ROSARIO DE 15 MISTERIOS.......... ☐

LEER LA SANTA BIBLIA (15 MINUTOS)..................... ☐

SACRIFICIOS DIARIOS .... ☐

☐ _____   ☐ _____
☐ _____   ☐ _____
☐ _____   ☐ _____
☐ _____   ☐ _____
☐ _____   ☐ _____
☐ _____   ☐ _____
☐ _____   ☐ _____
☐ _____   ☐ _____
☐ _____   ☐ _____

SUGERENCIAS

Si no sabes como rezar el Santo Rosario, puedes conseguir nuestro libro *"Rosario Para Principiantes"* en el siguiente enlace: www.vcrey.com/rosario-libro

Algunos Sacrificios que puedes hacer incluyen:

- No tomar agua o líquidos durante una comida.
- Abstenerse de carne en viernes (lo cual es requerido por la Santa Madre Iglesia).
- No comer dulces o postres durante un día.
- Bañarse con agua fría.
- No comer carne en Sábado en honor a la Santísima Virgen María.
- Hacer una hora de silencio.
- No comprar o vender en Domingo (lo cual es además un mandamiento).
- Ser amable con alguien que te haya lastimado.
- Dar comida al hambriento.
- Dar agua al sediento.
- Visitar a los enfermos, y confortarlos.

NOTAS IMPORTANTES

☐ _____
☐ _____
☐ _____
☐ _____
☐ _____
☐ _____
☐ _____
☐ _____
☐ _____
☐ _____
☐ _____
☐ _____

AGENDA PARA TU ALMA

¡QUE VIVA CRISTO REY!

VIVA CRISTO REY.ORG

FECHA: DIA   MES   AÑO

METAS DEL DIA

REZAR EL SANTO ROSARIO DE 15 MISTERIOS.......... ☐

LEER LA SANTA BIBLIA (15 MINUTOS)................... ☐

SACRIFICIOS DIARIOS...................................... ☐

☐ _____   ☐ _____
☐ _____   ☐ _____
☐ _____   ☐ _____
☐ _____   ☐ _____
☐ _____   ☐ _____
☐ _____   ☐ _____
☐ _____   ☐ _____
☐ _____   ☐ _____
☐ _____   ☐ _____

SUGERENCIAS

Si no sabes como rezar el Santo Rosario, puedes conseguir nuestro libro *"Rosario Para Principiantes"* en el siguiente enlace: www.vcrey.com/rosario-libro

Algunos Sacrificios que puedes hacer incluyen:

- No tomar agua o líquidos durante una comida.
- Abstenerse de carne en viernes (lo cual es requerido por la Santa Madre Iglesia).
- No comer dulces o postres durante un día.
- Bañarse con agua fría.
- No comer carne en Sábado en honor a la Santísima Virgen Maria.
- Hacer una hora de silencio.
- No comprar o vender en Domingo (lo cual es ademas un mandamiento).
- Ser amable con alguien que te haya lastimado.
- Dar comida al hambriento.
- Dar agua al sediento.
- Visitar a los enfermos, y confortarlos.

NOTAS IMPORTANTES

☐ _____
☐ _____
☐ _____
☐ _____
☐ _____
☐ _____
☐ _____
☐ _____
☐ _____
☐ _____

AGENDA PARA TU ALMA

¡QUE VIVA CRISTO REY!

VIVA CRISTO REY.ORG

FECHA: DIA   MES   AÑO

METAS DEL DIA

REZAR EL SANTO ROSARIO DE 15 MISTERIOS........... ☐

LEER LA SANTA BIBLIA (15 MINUTOS).................... ☐

SACRIFICIOS DIARIOS... ☐

☐ _____   ☐ _____
☐ _____   ☐ _____
☐ _____   ☐ _____
☐ _____   ☐ _____
☐ _____   ☐ _____
☐ _____   ☐ _____
☐ _____   ☐ _____
☐ _____   ☐ _____

SUGERENCIAS

Si no sabes como rezar el Santo Rosario, puedes conseguir nuestro libro *"Rosario Para Principiantes"* en el siguiente enlace: www.vcrey.com/rosario-libro

Algunos Sacrificios que puedes hacer incluyen:

- No tomar agua o líquidos durante una comida.
- Abstenerse de carne en viernes (lo cual es requerido por la Santa Madre Iglesia).
- No comer dulces o postres durante un día.
- Bañarse con agua fría.
- No comer carne en Sábado en honor a la Santísima Virgen Maria.
- Hacer una hora de silencio.
- No comprar o vender en Domingo (lo cual es ademas un mandamiento).
- Ser amable con alguien que te haya lastimado.
- Dar comida al hambriento.
- Dar agua al sediento.
- Visitar a los enfermos, y confortarlos.

NOTAS IMPORTANTES

☐ _____
☐ _____
☐ _____
☐ _____
☐ _____
☐ _____
☐ _____
☐ _____
☐ _____
☐ _____
☐ _____

AGENDA PARA TU ALMA

¡QUE VIVA CRISTO REY!

VIVA CRISTO REY.ORG

FECHA: DIA   MES   AÑO

METAS DEL DIA

REZAR EL SANTO ROSARIO DE 15 MISTERIOS.......... ☐

LEER LA SANTA BIBLIA (15 MINUTOS)................... ☐

SACRIFICIOS DIARIOS.................................... ☐

☐ _____ ☐ _____
☐ _____ ☐ _____
☐ _____ ☐ _____
☐ _____ ☐ _____
☐ _____ ☐ _____
☐ _____ ☐ _____
☐ _____ ☐ _____
☐ _____ ☐ _____
☐ _____ ☐ _____

SUGERENCIAS

Si no sabes como rezar el Santo Rosario, puedes conseguir nuestro libro *"Rosario Para Principiantes"* en el siguiente enlace: www.vcrey.com/rosario-libro

Algunos Sacrificios que puedes hacer incluyen:

- No tomar agua o líquidos durante una comida.
- Abstenerse de carne en viernes (lo cual es requerido por la Santa Madre Iglesia).
- No comer dulces o postres durante un día.
- Bañarse con agua fría.
- No comer carne en Sábado en honor a la Santísima Virgen Maria.
- Hacer una hora de silencio.
- No comprar o vender en Domingo (lo cual es ademas un mandamiento).
- Ser amable con alguien que te haya lastimado.
- Dar comida al hambriento.
- Dar agua al sediento.
- Visitar a los enfermos, y confortarlos.

NOTAS IMPORTANTES

☐ _____
☐ _____
☐ _____
☐ _____
☐ _____
☐ _____
☐ _____
☐ _____
☐ _____
☐ _____

AGENDA PARA TU ALMA

¡QUE VIVA CRISTO REY!

VIVA CRISTO REY.ORG

FECHA: DIA   MES   AÑO

METAS DEL DIA

REZAR EL SANTO ROSARIO DE 15 MISTERIOS.......... ☐

LEER LA SANTA BIBLIA (15 MINUTOS)..................... ☐

SACRIFICIOS DIARIOS .... ☐

☐ _____   ☐ _____
☐ _____   ☐ _____
☐ _____   ☐ _____
☐ _____   ☐ _____
☐ _____   ☐ _____
☐ _____   ☐ _____
☐ _____   ☐ _____
☐ _____   ☐ _____
☐ _____   ☐ _____

SUGERENCIAS

Si no sabes como rezar el Santo Rosario, puedes conseguir nuestro libro *"Rosario Para Principiantes"* en el siguiente enlace: www.vcrey.com/rosario-libro

Algunos Sacrificios que puedes hacer incluyen:

- No tomar agua o líquidos durante una comida.
- Abstenerse de carne en viernes (lo cual es requerido por la Santa Madre Iglesia).
- No comer dulces o postres durante un día.
- Bañarse con agua fría.
- No comer carne en Sábado en honor a la Santísima Virgen Maria.
- Hacer una hora de silencio.
- No comprar o vender en Domingo (lo cual es ademas un mandamiento).
- Ser amable con alguien que te haya lastimado.
- Dar comida al hambriento.
- Dar agua al sediento.
- Visitar a los enfermos, y confortarlos.

NOTAS IMPORTANTES

☐ _____
☐ _____
☐ _____
☐ _____
☐ _____
☐ _____
☐ _____
☐ _____
☐ _____
☐ _____

AGENDA PARA TU ALMA

¡QUE VIVA CRISTO REY!

VIVA
CRISTO
REY.ORG

FECHA: DIA   MES   AÑO

METAS DEL DIA

REZAR EL SANTO ROSARIO DE 15 MISTERIOS.......... ☐

LEER LA SANTA BIBLIA (15 MINUTOS).................... ☐

SACRIFICIOS DIARIOS....................................... ☐

☐ _____   ☐ _____
☐ _____   ☐ _____
☐ _____   ☐ _____
☐ _____   ☐ _____
☐ _____   ☐ _____
☐ _____   ☐ _____
☐ _____   ☐ _____
☐ _____   ☐ _____
☐ _____   ☐ _____

SUGERENCIAS

Si no sabes como rezar el Santo Rosario, puedes conseguir nuestro libro *"Rosario Para Principiantes"* en el siguiente enlace: www.vcrey.com/rosario-libro

Algunos Sacrificios que puedes hacer incluyen:

- No tomar agua o líquidos durante una comida.
- Abstenerse de carne en viernes (lo cual es requerido por la Santa Madre Iglesia).
- No comer dulces o postres durante un día.
- Bañarse con agua fría.
- No comer carne en Sábado en honor a la Santísima Virgen Maria.
- Hacer una hora de silencio.
- No comprar o vender en Domingo (lo cual es ademas un mandamiento).
- Ser amable con alguien que te haya lastimado.
- Dar comida al hambriento.
- Dar agua al sediento.
- Visitar a los enfermos, y confortarlos.

NOTAS IMPORTANTES

☐ _____
☐ _____
☐ _____
☐ _____
☐ _____
☐ _____
☐ _____
☐ _____
☐ _____
☐ _____

AGENDA PARA TU ALMA

¡QUE VIVA CRISTO REY!

VIVA CRISTO REY.ORG

FECHA: DIA   MES   AÑO

METAS DEL DIA

REZAR EL SANTO ROSARIO DE 15 MISTERIOS .... ☐

LEER LA SANTA BIBLIA (15 MINUTOS) .... ☐

SACRIFICIOS DIARIOS .... ☐

☐ _____   ☐ _____
☐ _____   ☐ _____
☐ _____   ☐ _____
☐ _____   ☐ _____
☐ _____   ☐ _____
☐ _____   ☐ _____
☐ _____   ☐ _____
☐ _____   ☐ _____

SUGERENCIAS

Si no sabes como rezar el Santo Rosario, puedes conseguir nuestro libro *"Rosario Para Principiantes"* en el siguiente enlace: www.vcrey.com/rosario-libro

Algunos Sacrificios que puedes hacer incluyen:

- No tomar agua o líquidos durante una comida.
- Abstenerse de carne en viernes (lo cual es requerido por la Santa Madre Iglesia).
- No comer dulces o postres durante un día.
- Bañarse con agua fría.
- No comer carne en Sábado en honor a la Santísima Virgen Maria.
- Hacer una hora de silencio.
- No comprar o vender en Domingo (lo cual es ademas un mandamiento).
- Ser amable con alguien que te haya lastimado.
- Dar comida al hambriento.
- Dar agua al sediento.
- Visitar a los enfermos, y confortarlos.

NOTAS IMPORTANTES

☐ _____
☐ _____
☐ _____
☐ _____
☐ _____
☐ _____
☐ _____
☐ _____
☐ _____
☐ _____
☐ _____

AGENDA PARA TU ALMA

¡QUE VIVA CRISTO REY!

VIVA
CRISTO
REY.ORG

FECHA: DIA   MES   AÑO

METAS DEL DIA

REZAR EL SANTO ROSARIO DE 15 MISTERIOS.......... ☐

LEER LA SANTA BIBLIA (15 MINUTOS).................... ☐

SACRIFICIOS DIARIOS.. ☐

☐ _____   ☐ _____
☐ _____   ☐ _____
☐ _____   ☐ _____
☐ _____   ☐ _____
☐ _____   ☐ _____
☐ _____   ☐ _____
☐ _____   ☐ _____
☐ _____   ☐ _____
☐ _____   ☐ _____

SUGERENCIAS

Si no sabes como rezar el Santo Rosario, puedes conseguir nuestro libro *"Rosario Para Principiantes"* en el siguiente enlace: www.vcrey.com/rosario-libro

Algunos Sacrificios que puedes hacer incluyen:

- No tomar agua o líquidos durante una comida.
- Abstenerse de carne en viernes (lo cual es requerido por la Santa Madre Iglesia).
- No comer dulces o postres durante un día.
- Bañarse con agua fría.
- No comer carne en Sábado en honor a la Santísima Virgen Maria.
- Hacer una hora de silencio.
- No comprar o vender en Domingo (lo cual es además un mandamiento).
- Ser amable con alguien que te haya lastimado.
- Dar comida al hambriento.
- Dar agua al sediento.
- Visitar a los enfermos, y confortarlos.

NOTAS IMPORTANTES

☐ _____
☐ _____
☐ _____
☐ _____
☐ _____
☐ _____
☐ _____
☐ _____
☐ _____
☐ _____

AGENDA PARA TU ALMA

¡QUE VIVA CRISTO REY!

VIVA CRISTO REY.ORG

FECHA: DIA   MES   AÑO

METAS DEL DIA

REZAR EL SANTO ROSARIO DE 15 MISTERIOS.......... ☐

LEER LA SANTA BIBLIA (15 MINUTOS).................... ☐

SACRIFICIOS DIARIOS .... ☐

☐ _____   ☐ _____
☐ _____   ☐ _____
☐ _____   ☐ _____
☐ _____   ☐ _____
☐ _____   ☐ _____
☐ _____   ☐ _____
☐ _____   ☐ _____
☐ _____   ☐ _____
☐ _____   ☐ _____

SUGERENCIAS

Si no sabes como rezar el Santo Rosario, puedes conseguir nuestro libro *"Rosario Para Principiantes"* en el siguiente enlace: www.vcrey.com/rosario-libro

Algunos Sacrificios que puedes hacer incluyen:

- No tomar agua o liquidos durante una comida.
- Abstenerse de carne en viernes (lo cual es requerido por la Santa Madre Iglesia).
- No comer dulces o postres durante un día.
- Bañarse con agua fría.
- No comer carne en Sábado en honor a la Santísima Virgen Maria.
- Hacer una hora de silencio.
- No comprar o vender en Domingo (lo cual es ademas un mandamiento).
- Ser amable con alguien que te haya lastimado.
- Dar comida al hambriento.
- Dar agua al sediento.
- Visitar a los enfermos, y confortarlos.

NOTAS IMPORTANTES

☐ _____
☐ _____
☐ _____
☐ _____
☐ _____
☐ _____
☐ _____
☐ _____
☐ _____
☐ _____
☐ _____

AGENDA PARA TU ALMA

¡QUE VIVA CRISTO REY!

VIVA CRISTO REY.ORG

FECHA: DIA   MES   AÑO

METAS DEL DIA

REZAR EL SANTO ROSARIO DE 15 MISTERIOS.......... ☐

LEER LA SANTA BIBLIA (15 MINUTOS).................... ☐

SACRIFICIOS DIARIOS.. ☐

☐ _____ ☐ _____
☐ _____ ☐ _____
☐ _____ ☐ _____
☐ _____ ☐ _____
☐ _____ ☐ _____
☐ _____ ☐ _____
☐ _____ ☐ _____
☐ _____ ☐ _____
☐ _____ ☐ _____

SUGERENCIAS

Si no sabes como rezar el Santo Rosario, puedes conseguir nuestro libro *"Rosario Para Principiantes"* en el siguiente enlace: www.vcrey.com/rosario-libro

Algunos Sacrificios que puedes hacer incluyen:

- No tomar agua o líquidos durante una comida.
- Abstenerse de carne en viernes (lo cual es requerido por la Santa Madre Iglesia).
- No comer dulces o postres durante un día.
- Bañarse con agua fría.
- No comer carne en Sábado en honor a la Santísima Virgen Maria.
- Hacer una hora de silencio.
- No comprar o vender en Domingo (lo cual es ademas un mandamiento).
- Ser amable con alguien que te haya lastimado.
- Dar comida al hambriento.
- Dar agua al sediento.
- Visitar a los enfermos, y confortarlos.

NOTAS IMPORTANTES

☐ _____
☐ _____
☐ _____
☐ _____
☐ _____
☐ _____
☐ _____
☐ _____
☐ _____
☐ _____

AGENDA PARA TU ALMA

¡QUE VIVA CRISTO REY!

VIVA
CRISTO
REY.ORG

FECHA: DIA   MES   AÑO

METAS DEL DIA

REZAR EL SANTO ROSARIO DE 15 MISTERIOS.......... ☐

LEER LA SANTA BIBLIA (15 MINUTOS).................... ☐

SACRIFICIOS DIARIOS .... ☐

☐ _____   ☐ _____
☐ _____   ☐ _____
☐ _____   ☐ _____
☐ _____   ☐ _____
☐ _____   ☐ _____
☐ _____   ☐ _____
☐ _____   ☐ _____
☐ _____   ☐ _____
☐ _____   ☐ _____

SUGERENCIAS

Si no sabes como rezar el Santo Rosario, puedes conseguir nuestro libro *"Rosario Para Principiantes"* en el siguiente enlace: www.vcrey.com/rosario-libro

Algunos Sacrificios que puedes hacer incluyen:

- No tomar agua o líquidos durante una comida.
- Abstenerse de carne en viernes (lo cual es requerido por la Santa Madre Iglesia).
- No comer dulces o postres durante un día.
- Bañarse con agua fría.
- No comer carne en Sábado en honor a la Santísima Virgen María.
- Hacer una hora de silencio.
- No comprar o vender en Domingo (lo cual es ademas un mandamiento).
- Ser amable con alguien que te haya lastimado.
- Dar comida al hambriento.
- Dar agua al sediento.
- Visitar a los enfermos, y confortarlos.

NOTAS IMPORTANTES

☐ _____
☐ _____
☐ _____
☐ _____
☐ _____
☐ _____
☐ _____
☐ _____
☐ _____
☐ _____

AGENDA PARA TU ALMA

¡QUE VIVA CRISTO REY!

VIVA
CRISTO
REY.ORG

FECHA: DIA   MES   AÑO

METAS DEL DIA

REZAR EL SANTO ROSARIO DE 15 MISTERIOS.......... ☐

LEER LA SANTA BIBLIA (15 MINUTOS)..................... ☐

SACRIFICIOS DIARIOS... ☐

☐ _____   ☐ _____
☐ _____   ☐ _____
☐ _____   ☐ _____
☐ _____   ☐ _____
☐ _____   ☐ _____
☐ _____   ☐ _____
☐ _____   ☐ _____
☐ _____   ☐ _____

SUGERENCIAS

Si no sabes como rezar el Santo Rosario, puedes conseguir nuestro libro *"Rosario Para Principiantes"* en el siguiente enlace: www.vcrey.com/rosario-libro

Algunos Sacrificios que puedes hacer incluyen:

- No tomar agua o líquidos durante una comida.
- Abstenerse de carne en viernes (lo cual es requerido por la Santa Madre Iglesia).
- No comer dulces o postres durante un día.
- Bañarse con agua fría.
- No comer carne en Sábado en honor a la Santísima Virgen Maria.
- Hacer una hora de silencio.
- No comprar o vender en Domingo (lo cual es ademas un mandamiento).
- Ser amable con alguien que te haya lastimado.
- Dar comida al hambriento.
- Dar agua al sediento.
- Visitar a los enfermos, y confortarlos.

NOTAS IMPORTANTES

☐ _____
☐ _____
☐ _____
☐ _____
☐ _____
☐ _____
☐ _____
☐ _____
☐ _____

AGENDA PARA TU ALMA

¡QUE VIVA CRISTO REY!

VIVA CRISTO REY.ORG

FECHA: DIA   MES   AÑO

METAS DEL DIA

REZAR EL SANTO ROSARIO DE 15 MISTERIOS.......... ☐

LEER LA SANTA BIBLIA (15 MINUTOS)..................... ☐

SACRIFICIOS DIARIOS....................................... ☐

☐ _____ ☐ _____
☐ _____ ☐ _____
☐ _____ ☐ _____
☐ _____ ☐ _____
☐ _____ ☐ _____
☐ _____ ☐ _____
☐ _____ ☐ _____
☐ _____ ☐ _____
☐ _____ ☐ _____

SUGERENCIAS

Si no sabes como rezar el Santo Rosario, puedes conseguir nuestro libro *"Rosario Para Principiantes"* en el siguiente enlace: www.vcrey.com/rosario-libro

Algunos Sacrificios que puedes hacer incluyen:

- No tomar agua o líquidos durante una comida.
- Abstenerse de carne en viernes (lo cual es requerido por la Santa Madre Iglesia).
- No comer dulces o postres durante un día.
- Bañarse con agua fría.
- No comer carne en Sábado en honor a la Santísima Virgen María.
- Hacer una hora de silencio.
- No comprar o vender en Domingo (lo cual es ademas un mandamiento).
- Ser amable con alguien que te haya lastimado.
- Dar comida al hambriento.
- Dar agua al sediento.
- Visitar a los enfermos, y confortarlos.

NOTAS IMPORTANTES

☐ _____
☐ _____
☐ _____
☐ _____
☐ _____
☐ _____
☐ _____
☐ _____
☐ _____
☐ _____
☐ _____

AGENDA PARA TU ALMA

¡QUE VIVA CRISTO REY!

VIVA
CRISTO
REY.ORG

FECHA: DIA   MES   AÑO

METAS DEL DIA

REZAR EL SANTO ROSARIO DE 15 MISTERIOS.......... ☐

LEER LA SANTA BIBLIA (15 MINUTOS).................. ☐

SACRIFICIOS DIARIOS................................ ☐

☐ _____ ☐ _____
☐ _____ ☐ _____
☐ _____ ☐ _____
☐ _____ ☐ _____
☐ _____ ☐ _____
☐ _____ ☐ _____
☐ _____ ☐ _____
☐ _____ ☐ _____
☐ _____ ☐ _____

SUGERENCIAS

Si no sabes como rezar el Santo Rosario, puedes conseguir nuestro libro *"Rosario Para Principiantes"* en el siguiente enlace: www.vcrey.com/rosario-libro

Algunos Sacrificios que puedes hacer incluyen:

- No tomar agua o líquidos durante una comida.
- Abstenerse de carne en viernes (lo cual es requerido por la Santa Madre Iglesia).
- No comer dulces o postres durante un día.
- Bañarse con agua fría.
- No comer carne en Sábado en honor a la Santísima Virgen Maria.
- Hacer una hora de silencio.
- No comprar o vender en Domingo (lo cual es además un mandamiento).
- Ser amable con alguien que te haya lastimado.
- Dar comida al hambriento.
- Dar agua al sediento.
- Visitar a los enfermos, y confortarlos.

NOTAS IMPORTANTES

☐ _____
☐ _____
☐ _____
☐ _____
☐ _____
☐ _____
☐ _____
☐ _____
☐ _____
☐ _____

AGENDA PARA TU ALMA

¡QUE VIVA CRISTO REY!

VIVA CRISTO REY.ORG

FECHA: DIA   MES   AÑO

METAS DEL DIA

REZAR EL SANTO ROSARIO DE 15 MISTERIOS.......... ☐

LEER LA SANTA BIBLIA (15 MINUTOS)................... ☐

SACRIFICIOS DIARIOS .... ☐

☐ _____   ☐ _____
☐ _____   ☐ _____
☐ _____   ☐ _____
☐ _____   ☐ _____
☐ _____   ☐ _____
☐ _____   ☐ _____
☐ _____   ☐ _____
☐ _____   ☐ _____

SUGERENCIAS

Si no sabes como rezar el Santo Rosario, puedes conseguir nuestro libro *"Rosario Para Principiantes"* en el siguiente enlace: www.vcrey.com/rosario-libro

Algunos Sacrificios que puedes hacer incluyen:

- No tomar agua o líquidos durante una comida.
- Abstenerse de carne en viernes (lo cual es requerido por la Santa Madre Iglesia).
- No comer dulces o postres durante un día.
- Bañarse con agua fría.
- No comer carne en Sábado en honor a la Santísima Virgen Maria.
- Hacer una hora de silencio.
- No comprar o vender en Domingo (lo cual es ademas un mandamiento).
- Ser amable con alguien que te haya lastimado.
- Dar comida al hambriento.
- Dar agua al sediento.
- Visitar a los enfermos, y confortarlos.

NOTAS IMPORTANTES

☐ _____
☐ _____
☐ _____
☐ _____
☐ _____
☐ _____
☐ _____
☐ _____
☐ _____
☐ _____

AGENDA PARA TU ALMA

¡QUE VIVA CRISTO REY!

VIVA CRISTO REY.ORG

FECHA: DIA   MES   AÑO

METAS DEL DIA

REZAR EL SANTO ROSARIO DE 15 MISTERIOS.......... ☐

LEER LA SANTA BIBLIA (15 MINUTOS)................... ☐

SACRIFICIOS DIARIOS..................................... ☐

☐ _____   ☐ _____
☐ _____   ☐ _____
☐ _____   ☐ _____
☐ _____   ☐ _____
☐ _____   ☐ _____
☐ _____   ☐ _____
☐ _____   ☐ _____
☐ _____   ☐ _____
☐ _____   ☐ _____

SUGERENCIAS

Si no sabes como rezar el Santo Rosario, puedes conseguir nuestro libro *"Rosario Para Principiantes"* en el siguiente enlace: www.vcrey.com/rosario-libro

Algunos Sacrificios que puedes hacer incluyen:

- No tomar agua o líquidos durante una comida.
- Abstenerse de carne en viernes (lo cual es requerido por la Santa Madre Iglesia).
- No comer dulces o postres durante un día.
- Bañarse con agua fría.
- No comer carne en Sábado en honor a la Santísima Virgen María.
- Hacer una hora de silencio.
- No comprar o vender en Domingo (lo cual es ademas un mandamiento).
- Ser amable con alguien que te haya lastimado.
- Dar comida al hambriento.
- Dar agua al sediento.
- Visitar a los enfermos, y confortarlos.

NOTAS IMPORTANTES

☐ _____
☐ _____
☐ _____
☐ _____
☐ _____
☐ _____
☐ _____
☐ _____
☐ _____
☐ _____

AGENDA PARA TU ALMA

¡QUE VIVA CRISTO REY!

**VIVA
CRISTO
REY.ORG**

FECHA: DIA   MES   AÑO

METAS DEL DIA

REZAR EL SANTO ROSARIO DE 15 MISTERIOS.......... ☐

LEER LA SANTA BIBLIA (15 MINUTOS)..................... ☐

SACRIFICIOS DIARIOS....... .... ☐

☐ _____   ☐ _____
☐ _____   ☐ _____
☐ _____   ☐ _____
☐ _____   ☐ _____
☐ _____   ☐ _____
☐ _____   ☐ _____
☐ _____   ☐ _____
☐ _____   ☐ _____
☐ _____   ☐ _____

SUGERENCIAS

Si no sabes como rezar el Santo Rosario, puedes
conseguir nuestro libro *"Rosario Para Principiantes"*
en el siguiente enlace: www.vcrey.com/rosario-libro

Algunos Sacrificios que puedes hacer incluyen:

- No tomar agua o liquidos durante una comida.
- Abstenerse de carne en viernes (lo cual es
  requerido por la Santa Madre Iglesia).
- No comer dulces o postres durante un día.
- Bañarse con agua fría.
- No comer carne en Sábado en honor a la
  Santísima Virgen Maria.
- Hacer una hora de silencio.
- No comprar o vender en Domingo (lo cual es
  ademas un mandamiento).
- Ser amable con alguien que te haya lastimado.
- Dar comida al hambriento.
- Dar agua al sediento.
- Visitar a los enfermos, y confortarlos.

NOTAS IMPORTANTES

☐ _____
☐ _____
☐ _____
☐ _____
☐ _____
☐ _____
☐ _____
☐ _____
☐ _____
☐ _____

AGENDA PARA TU ALMA

¡QUE VIVA CRISTO REY!

VIVA CRISTO REY.ORG

FECHA: DIA   MES   AÑO

METAS DEL DIA

REZAR EL SANTO ROSARIO DE 15 MISTERIOS.......... ☐

LEER LA SANTA BIBLIA (15 MINUTOS)..................... ☐

SACRIFICIOS DIARIOS.. ☐

☐ _____   ☐ _____
☐ _____   ☐ _____
☐ _____   ☐ _____
☐ _____   ☐ _____
☐ _____   ☐ _____
☐ _____   ☐ _____
☐ _____   ☐ _____
☐ _____   ☐ _____
☐ _____   ☐ _____

SUGERENCIAS

Si no sabes como rezar el Santo Rosario, puedes conseguir nuestro libro *"Rosario Para Principiantes"* en el siguiente enlace: www.vcrey.com/rosario-libro

Algunos Sacrificios que puedes hacer incluyen:

- No tomar agua o líquidos durante una comida.
- Abstenerse de carne en viernes (lo cual es requerido por la Santa Madre Iglesia).
- No comer dulces o postres durante un día.
- Bañarse con agua fría.
- No comer carne en Sábado en honor a la Santísima Virgen María.
- Hacer una hora de silencio.
- No comprar o vender en Domingo (lo cual es ademas un mandamiento).
- Ser amable con alguien que te haya lastimado.
- Dar comida al hambriento.
- Dar agua al sediento.
- Visitar a los enfermos, y confortarlos.

NOTAS IMPORTANTES

☐ _____
☐ _____
☐ _____
☐ _____
☐ _____
☐ _____
☐ _____
☐ _____
☐ _____
☐ _____

AGENDA PARA TU ALMA

¡QUE VIVA CRISTO REY!

VIVA CRISTO REY.ORG

FECHA: DIA   MES   AÑO

METAS DEL DIA

REZAR EL SANTO ROSARIO DE 15 MISTERIOS.......... ☐

LEER LA SANTA BIBLIA (15 MINUTOS)..................... ☐

SACRIFICIOS DIARIOS.. ☐

☐ _____   ☐ _____
☐ _____   ☐ _____
☐ _____   ☐ _____
☐ _____   ☐ _____
☐ _____   ☐ _____
☐ _____   ☐ _____
☐ _____   ☐ _____
☐ _____   ☐ _____

SUGERENCIAS

Si no sabes como rezar el Santo Rosario, puedes conseguir nuestro libro *"Rosario Para Principiantes"* en el siguiente enlace: www.vcrey.com/rosario-libro

Algunos Sacrificios que puedes hacer incluyen:

- No tomar agua o líquidos durante una comida.
- Abstenerse de carne en viernes (lo cual es requerido por la Santa Madre Iglesia).
- No comer dulces o postres durante un día.
- Bañarse con agua fría.
- No comer carne en Sábado en honor a la Santísima Virgen Maria.
- Hacer una hora de silencio.
- No comprar o vender en Domingo (lo cual es ademas un mandamiento).
- Ser amable con alguien que te haya lastimado.
- Dar comida al hambriento.
- Dar agua al sediento.
- Visitar a los enfermos, y confortarlos.

NOTAS IMPORTANTES

☐ _____
☐ _____
☐ _____
☐ _____
☐ _____
☐ _____
☐ _____
☐ _____
☐ _____
☐ _____

AGENDA PARA TU ALMA

¡QUE VIVA CRISTO REY!

VIVA CRISTO REY.ORG

FECHA: DIA   MES   AÑO

METAS DEL DIA

REZAR EL SANTO ROSARIO DE 15 MISTERIOS.......... ☐

LEER LA SANTA BIBLIA (15 MINUTOS).................... ☐

SACRIFICIOS DIARIOS...................................... ☐

☐ _____   ☐ _____
☐ _____   ☐ _____
☐ _____   ☐ _____
☐ _____   ☐ _____
☐ _____   ☐ _____
☐ _____   ☐ _____
☐ _____   ☐ _____
☐ _____   ☐ _____
☐ _____   ☐ _____

SUGERENCIAS

Si no sabes como rezar el Santo Rosario, puedes conseguir nuestro libro *"Rosario Para Principiantes"* en el siguiente enlace: www.vcrey.com/rosario-libro

Algunos Sacrificios que puedes hacer incluyen:

- No tomar agua o líquidos durante una comida.
- Abstenerse de carne en viernes (lo cual es requerido por la Santa Madre Iglesia).
- No comer dulces o postres durante un día.
- Bañarse con agua fría.
- No comer carne en Sábado en honor a la Santísima Virgen Maria.
- Hacer una hora de silencio.
- No comprar o vender en Domingo (lo cual es ademas un mandamiento).
- Ser amable con alguien que te haya lastimado.
- Dar comida al hambriento.
- Dar agua al sediento.
- Visitar a los enfermos, y confortarlos.

NOTAS IMPORTANTES

☐ _____
☐ _____
☐ _____
☐ _____
☐ _____
☐ _____
☐ _____
☐ _____
☐ _____

AGENDA PARA TU ALMA

¡QUE VIVA CRISTO REY!

VIVA CRISTO REY.ORG

FECHA: DIA   MES   AÑO

METAS DEL DIA

REZAR EL SANTO ROSARIO DE 15 MISTERIOS.......... ☐

LEER LA SANTA BIBLIA (15 MINUTOS).................... ☐

SACRIFICIOS DIARIOS .... ☐

☐ _____   ☐ _____
☐ _____   ☐ _____
☐ _____   ☐ _____
☐ _____   ☐ _____
☐ _____   ☐ _____
☐ _____   ☐ _____
☐ _____   ☐ _____
☐ _____   ☐ _____

SUGERENCIAS

Si no sabes como rezar el Santo Rosario, puedes conseguir nuestro libro *"Rosario Para Principiantes"* en el siguiente enlace: www.vcrey.com/rosario-libro

Algunos Sacrificios que puedes hacer incluyen:

- No tomar agua o líquidos durante una comida.
- Abstenerse de carne en viernes (lo cual es requerido por la Santa Madre Iglesia).
- No comer dulces o postres durante un día.
- Bañarse con agua fría.
- No comer carne en Sábado en honor a la Santísima Virgen María.
- Hacer una hora de silencio.
- No comprar o vender en Domingo (lo cual es ademas un mandamiento).
- Ser amable con alguien que te haya lastimado.
- Dar comida al hambriento.
- Dar agua al sediento.
- Visitar a los enfermos, y confortarlos.

NOTAS IMPORTANTES

☐ _____
☐ _____
☐ _____
☐ _____
☐ _____
☐ _____
☐ _____
☐ _____
☐ _____
☐ _____
☐ _____

AGENDA PARA TU ALMA

¡QUE VIVA CRISTO REY!

FECHA: DIA   MES   AÑO

METAS DEL DIA

REZAR EL SANTO ROSARIO DE 15 MISTERIOS.......... ☐

LEER LA SANTA BIBLIA (15 MINUTOS).................... ☐

SACRIFICIOS DIARIOS...................................... ☐

☐ _____   ☐ _____
☐ _____   ☐ _____
☐ _____   ☐ _____
☐ _____   ☐ _____
☐ _____   ☐ _____
☐ _____   ☐ _____
☐ _____   ☐ _____
☐ _____   ☐ _____
☐ _____   ☐ _____

SUGERENCIAS

Si no sabes como rezar el Santo Rosario, puedes conseguir nuestro libro *"Rosario Para Principiantes"* en el siguiente enlace: www.vcrey.com/rosario-libro

Algunos Sacrificios que puedes hacer incluyen:

- No tomar agua o líquidos durante una comida.
- Abstenerse de carne en viernes (lo cual es requerido por la Santa Madre Iglesia).
- No comer dulces o postres durante un día.
- Bañarse con agua fría.
- No comer carne en Sábado en honor a la Santísima Virgen Maria.
- Hacer una hora de silencio.
- No comprar o vender en Domingo (lo cual es ademas un mandamiento).
- Ser amable con alguien que te haya lastimado.
- Dar comida al hambriento.
- Dar agua al sediento.
- Visitar a los enfermos, y confortarlos.

NOTAS IMPORTANTES

☐ _____
☐ _____
☐ _____
☐ _____
☐ _____
☐ _____
☐ _____
☐ _____
☐ _____
☐ _____

AGENDA PARA TU ALMA

¡QUE VIVA CRISTO REY!

VIVA CRISTO REY.ORG

FECHA: DIA   MES   AÑO

METAS DEL DIA

REZAR EL SANTO ROSARIO DE 15 MISTERIOS.......... ☐

LEER LA SANTA BIBLIA (15 MINUTOS)..................... ☐

SACRIFICIOS DIARIOS .... ☐

☐ _____   ☐ _____
☐ _____   ☐ _____
☐ _____   ☐ _____
☐ _____   ☐ _____
☐ _____   ☐ _____
☐ _____   ☐ _____
☐ _____   ☐ _____
☐ _____   ☐ _____

SUGERENCIAS

Si no sabes como rezar el Santo Rosario, puedes conseguir nuestro libro *"Rosario Para Principiantes"* en el siguiente enlace: www.vcrey.com/rosario-libro

Algunos Sacrificios que puedes hacer incluyen:

- No tomar agua o líquidos durante una comida.
- Abstenerse de carne en viernes (lo cual es requerido por la Santa Madre Iglesia).
- No comer dulces o postres durante un día.
- Bañarse con agua fría.
- No comer carne en Sábado en honor a la Santísima Virgen Maria.
- Hacer una hora de silencio.
- No comprar o vender en Domingo (lo cual es ademas un mandamiento).
- Ser amable con alguien que te haya lastimado.
- Dar comida al hambriento.
- Dar agua al sediento.
- Visitar a los enfermos, y confortarlos.

NOTAS IMPORTANTES

☐ _____
☐ _____
☐ _____
☐ _____
☐ _____
☐ _____
☐ _____
☐ _____
☐ _____
☐ _____

AGENDA PARA TU ALMA

¡QUE VIVA CRISTO REY!

VIVA
CRISTO
REY.ORG

FECHA: DIA   MES   AÑO

METAS DEL DIA

REZAR EL SANTO ROSARIO DE 15 MISTERIOS.......... ☐

LEER LA SANTA BIBLIA (15 MINUTOS)..................... ☐

SACRIFICIOS DIARIOS.. ☐

☐ _____   ☐ _____
☐ _____   ☐ _____
☐ _____   ☐ _____
☐ _____   ☐ _____
☐ _____   ☐ _____
☐ _____   ☐ _____
☐ _____   ☐ _____
☐ _____   ☐ _____

SUGERENCIAS

Si no sabes como rezar el Santo Rosario, puedes conseguir nuestro libro *"Rosario Para Principiantes"* en el siguiente enlace: www.vcrey.com/rosario-libro

Algunos Sacrificios que puedes hacer incluyen:

- No tomar agua o líquidos durante una comida.
- Abstenerse de carne en viernes (lo cual es requerido por la Santa Madre Iglesia).
- No comer dulces o postres durante un día.
- Bañarse con agua fría.
- No comer carne en Sábado en honor a la Santísima Virgen Maria.
- Hacer una hora de silencio.
- No comprar o vender en Domingo (lo cual es ademas un mandamiento).
- Ser amable con alguien que te haya lastimado.
- Dar comida al hambriento.
- Dar agua al sediento.
- Visitar a los enfermos, y confortarlos.

NOTAS IMPORTANTES

☐ _____
☐ _____
☐ _____
☐ _____
☐ _____
☐ _____
☐ _____
☐ _____
☐ _____
☐ _____

AGENDA PARA TU ALMA

¡QUE VIVA CRISTO REY!

VIVA CRISTO REY.ORG

FECHA: DIA   MES   AÑO

METAS DEL DIA

REZAR EL SANTO ROSARIO DE 15 MISTERIOS.......... ☐

LEER LA SANTA BIBLIA (15 MINUTOS)..................... ☐

SACRIFICIOS DIARIOS .... ☐

☐ _____ ☐ _____
☐ _____ ☐ _____
☐ _____ ☐ _____
☐ _____ ☐ _____
☐ _____ ☐ _____
☐ _____ ☐ _____
☐ _____ ☐ _____
☐ _____ ☐ _____

SUGERENCIAS

Si no sabes como rezar el Santo Rosario, puedes conseguir nuestro libro *"Rosario Para Principiantes"* en el siguiente enlace: www.vcrey.com/rosario-libro

Algunos Sacrificios que puedes hacer incluyen:

- No tomar agua o liquidos durante una comida.
- Abstenerse de carne en viernes (lo cual es requerido por la Santa Madre Iglesia).
- No comer dulces o postres durante un día.
- Bañarse con agua fría.
- No comer carne en Sábado en honor a la Santísima Virgen Maria.
- Hacer una hora de silencio.
- No comprar o vender en Domingo (lo cual es ademas un mandamiento).
- Ser amable con alguien que te haya lastimado.
- Dar comida al hambriento.
- Dar agua al sediento.
- Visitar a los enfermos, y confortarlos.

NOTAS IMPORTANTES

☐ _____
☐ _____
☐ _____
☐ _____
☐ _____
☐ _____
☐ _____
☐ _____
☐ _____
☐ _____
☐ _____

AGENDA PARA TU ALMA

¡QUE VIVA CRISTO REY!

VIVA
CRISTO
REY.ORG

FECHA: DIA   MES   AÑO

METAS DEL DIA

REZAR EL SANTO ROSARIO DE 15 MISTERIOS.......... ☐

LEER LA SANTA BIBLIA (15 MINUTOS)................... ☐

SACRIFICIOS DIARIOS.................................... ☐

☐ _____   ☐ _____
☐ _____   ☐ _____
☐ _____   ☐ _____
☐ _____   ☐ _____
☐ _____   ☐ _____
☐ _____   ☐ _____
☐ _____   ☐ _____
☐ _____   ☐ _____
☐ _____   ☐ _____

SUGERENCIAS

Si no sabes como rezar el Santo Rosario, puedes conseguir nuestro libro *"Rosario Para Principiantes"* en el siguiente enlace: www.vcrey.com/rosario-libro

Algunos Sacrificios que puedes hacer incluyen:

- No tomar agua o líquidos durante una comida.
- Abstenerse de carne en viernes (lo cual es requerido por la Santa Madre Iglesia).
- No comer dulces o postres durante un día.
- Bañarse con agua fría.
- No comer carne en Sábado en honor a la Santísima Virgen María.
- Hacer una hora de silencio.
- No comprar o vender en Domingo (lo cual es ademas un mandamiento).
- Ser amable con alguien que te haya lastimado.
- Dar comida al hambriento.
- Dar agua al sediento.
- Visitar a los enfermos, y confortarlos.

NOTAS IMPORTANTES

☐ _____
☐ _____
☐ _____
☐ _____
☐ _____
☐ _____
☐ _____
☐ _____
☐ _____
☐ _____

AGENDA PARA TU ALMA

¡QUE VIVA CRISTO REY!

VIVA
CRISTO
REY.ORG

FECHA: DIA   MES   AÑO

METAS DEL DIA

REZAR EL SANTO ROSARIO DE 15 MISTERIOS.......... ☐

LEER LA SANTA BIBLIA (15 MINUTOS).................... ☐

SACRIFICIOS DIARIOS .... ☐

☐ _____   ☐ _____
☐ _____   ☐ _____
☐ _____   ☐ _____
☐ _____   ☐ _____
☐ _____   ☐ _____
☐ _____   ☐ _____
☐ _____   ☐ _____
☐ _____   ☐ _____
☐ _____   ☐ _____

SUGERENCIAS

Si no sabes como rezar el Santo Rosario, puedes conseguir nuestro libro *"Rosario Para Principiantes"* en el siguiente enlace: www.vcrey.com/rosario-libro

Algunos Sacrificios que puedes hacer incluyen:

- No tomar agua o líquidos durante una comida.
- Abstenerse de carne en viernes (lo cual es requerido por la Santa Madre Iglesia).
- No comer dulces o postres durante un día.
- Bañarse con agua fría.
- No comer carne en Sábado en honor a la Santísima Virgen María.
- Hacer una hora de silencio.
- No comprar o vender en Domingo (lo cual es ademas un mandamiento).
- Ser amable con alguien que te haya lastimado.
- Dar comida al hambriento.
- Dar agua al sediento.
- Visitar a los enfermos, y confortarlos.

NOTAS IMPORTANTES

☐ _____
☐ _____
☐ _____
☐ _____
☐ _____
☐ _____
☐ _____
☐ _____
☐ _____
☐ _____

AGENDA PARA TU ALMA

¡QUE VIVA CRISTO REY!

VIVA
CRISTO
REY.ORG

FECHA: DIA   MES   AÑO

METAS DEL DIA

REZAR EL SANTO ROSARIO DE 15 MISTERIOS.......... ☐

LEER LA SANTA BIBLIA (15 MINUTOS)..................... ☐

SACRIFICIOS DIARIOS........ .... ☐

☐ _____   ☐ _____
☐ _____   ☐ _____
☐ _____   ☐ _____
☐ _____   ☐ _____
☐ _____   ☐ _____
☐ _____   ☐ _____
☐ _____   ☐ _____
☐ _____   ☐ _____

SUGERENCIAS

Si no sabes como rezar el Santo Rosario, puedes conseguir nuestro libro *"Rosario Para Principiantes"* en el siguiente enlace: www.vcrey.com/rosario-libro

Algunos Sacrificios que puedes hacer incluyen:

- No tomar agua o líquidos durante una comida.
- Abstenerse de carne en viernes (lo cual es requerido por la Santa Madre Iglesia).
- No comer dulces o postres durante un día.
- Bañarse con agua fría.
- No comer carne en Sábado en honor a la Santísima Virgen Maria.
- Hacer una hora de silencio.
- No comprar o vender en Domingo (lo cual es ademas un mandamiento).
- Ser amable con alguien que te haya lastimado.
- Dar comida al hambriento.
- Dar agua al sediento.
- Visitar a los enfermos, y confortarlos.

NOTAS IMPORTANTES

☐ _____
☐ _____
☐ _____
☐ _____
☐ _____
☐ _____
☐ _____
☐ _____
☐ _____
☐ _____

AGENDA PARA TU ALMA

¡QUE VIVA CRISTO REY!

VIVA
CRISTO
REY.ORG

FECHA: DIA   MES   AÑO

METAS DEL DIA

REZAR EL SANTO ROSARIO DE 15 MISTERIOS.......... ☐

LEER LA SANTA BIBLIA (15 MINUTOS).................... ☐

SACRIFICIOS DIARIOS .... ☐

☐ _____   ☐ _____
☐ _____   ☐ _____
☐ _____   ☐ _____
☐ _____   ☐ _____
☐ _____   ☐ _____
☐ _____   ☐ _____
☐ _____   ☐ _____
☐ _____   ☐ _____

SUGERENCIAS

Si no sabes como rezar el Santo Rosario, puedes conseguir nuestro libro *"Rosario Para Principiantes"* en el siguiente enlace: www.vcrey.com/rosario-libro

Algunos Sacrificios que puedes hacer incluyen:

- No tomar agua o liquidos durante una comida.
- Abstenerse de carne en viernes (lo cual es requerido por la Santa Madre Iglesia).
- No comer dulces o postres durante un día.
- Bañarse con agua fría.
- No comer carne en Sábado en honor a la Santísima Virgen Maria.
- Hacer una hora de silencio.
- No comprar o vender en Domingo (lo cual es ademas un mandamiento).
- Ser amable con alguien que te haya lastimado.
- Dar comida al hambriento.
- Dar agua al sediento.
- Visitar a los enfermos, y confortarlos.

NOTAS IMPORTANTES

☐ _____
☐ _____
☐ _____
☐ _____
☐ _____
☐ _____
☐ _____
☐ _____
☐ _____
☐ _____
☐ _____

AGENDA PARA TU ALMA

¡QUE VIVA CRISTO REY!

VIVA CRISTO REY.ORG

FECHA: DIA   MES   AÑO

METAS DEL DIA

REZAR EL SANTO ROSARIO DE 15 MISTERIOS.......... ☐

LEER LA SANTA BIBLIA (15 MINUTOS)................... ☐

SACRIFICIOS DIARIOS....................................... ☐

☐ _____ ☐ _____
☐ _____ ☐ _____
☐ _____ ☐ _____
☐ _____ ☐ _____
☐ _____ ☐ _____
☐ _____ ☐ _____
☐ _____ ☐ _____
☐ _____ ☐ _____
☐ _____ ☐ _____

SUGERENCIAS

Si no sabes como rezar el Santo Rosario, puedes conseguir nuestro libro *"Rosario Para Principiantes"* en el siguiente enlace: www.vcrey.com/rosario-libro

Algunos Sacrificios que puedes hacer incluyen:

- No tomar agua o líquidos durante una comida.
- Abstenerse de carne en viernes (lo cual es requerido por la Santa Madre Iglesia).
- No comer dulces o postres durante un día.
- Bañarse con agua fría.
- No comer carne en Sábado en honor a la Santísima Virgen Maria.
- Hacer una hora de silencio.
- No comprar o vender en Domingo (lo cual es ademas un mandamiento).
- Ser amable con alguien que te haya lastimado.
- Dar comida al hambriento.
- Dar agua al sediento.
- Visitar a los enfermos, y confortarlos.

NOTAS IMPORTANTES

☐ _____
☐ _____
☐ _____
☐ _____
☐ _____
☐ _____
☐ _____
☐ _____
☐ _____
☐ _____

AGENDA PARA TU ALMA

¡QUE VIVA CRISTO REY!

VIVA
CRISTO
REY.ORG

FECHA: DIA   MES   AÑO

METAS DEL DIA

REZAR EL SANTO ROSARIO DE 15 MISTERIOS.......... ☐

LEER LA SANTA BIBLIA (15 MINUTOS).................... ☐

SACRIFICIOS DIARIOS .... ☐

☐ _____   ☐ _____
☐ _____   ☐ _____
☐ _____   ☐ _____
☐ _____   ☐ _____
☐ _____   ☐ _____
☐ _____   ☐ _____
☐ _____   ☐ _____
☐ _____   ☐ _____
☐ _____   ☐ _____

SUGERENCIAS

Si no sabes como rezar el Santo Rosario, puedes conseguir nuestro libro *"Rosario Para Principiantes"* en el siguiente enlace: www.vcrey.com/rosario-libro

Algunos Sacrificios que puedes hacer incluyen:

- No tomar agua o líquidos durante una comida.
- Abstenerse de carne en viernes (lo cual es requerido por la Santa Madre Iglesia).
- No comer dulces o postres durante un día.
- Bañarse con agua fría.
- No comer carne en Sábado en honor a la Santísima Virgen Maria.
- Hacer una hora de silencio.
- No comprar o vender en Domingo (lo cual es ademas un mandamiento).
- Ser amable con alguien que te haya lastimado.
- Dar comida al hambriento.
- Dar agua al sediento.
- Visitar a los enfermos, y confortarlos.

NOTAS IMPORTANTES

☐ _____
☐ _____
☐ _____
☐ _____
☐ _____
☐ _____
☐ _____
☐ _____
☐ _____
☐ _____

AGENDA PARA TU ALMA

¡QUE VIVA CRISTO REY!

VIVA CRISTO REY.ORG

FECHA: DIA   MES   AÑO

METAS DEL DIA

REZAR EL SANTO ROSARIO DE 15 MISTERIOS.......... ☐

LEER LA SANTA BIBLIA (15 MINUTOS).................... ☐

SACRIFICIOS DIARIOS.. ☐

☐ _____   ☐ _____

☐ _____   ☐ _____

☐ _____   ☐ _____

☐ _____   ☐ _____

☐ _____   ☐ _____

☐ _____

☐ _____   ☐ _____

☐ _____   ☐ _____

SUGERENCIAS

Si no sabes como rezar el Santo Rosario, puedes conseguir nuestro libro *"Rosario Para Principiantes"* en el siguiente enlace: www.vcrey.com/rosario-libro

Algunos Sacrificios que puedes hacer incluyen:

- No tomar agua o líquidos durante una comida.
- Abstenerse de carne en viernes (lo cual es requerido por la Santa Madre Iglesia).
- No comer dulces o postres durante un día.
- Bañarse con agua fría.
- No comer carne en Sábado en honor a la Santísima Virgen Maria.
- Hacer una hora de silencio.
- No comprar o vender en Domingo (lo cual es ademas un mandamiento).
- Ser amable con alguien que te haya lastimado.
- Dar comida al hambriento.
- Dar agua al sediento.
- Visitar a los enfermos, y confortarlos.

NOTAS IMPORTANTES

☐ _____

☐ _____

☐ _____

☐ _____

☐ _____

☐ _____

☐ _____

☐ _____

☐ _____

☐ _____

AGENDA PARA TU ALMA

¡QUE VIVA CRISTO REY!

VIVA
CRISTO
REY.ORG

FECHA: DIA   MES   AÑO

METAS DEL DIA

REZAR EL SANTO ROSARIO DE 15 MISTERIOS........... ☐

LEER LA SANTA BIBLIA (15 MINUTOS)..................... ☐

SACRIFICIOS DIARIOS....................................... ☐

☐ _____   ☐ _____
☐ _____   ☐ _____
☐ _____   ☐ _____
☐ _____   ☐ _____
☐ _____   ☐ _____
☐ _____   ☐ _____
☐ _____   ☐ _____
☐ _____   ☐ _____
☐ _____   ☐ _____

SUGERENCIAS

Si no sabes como rezar el Santo Rosario, puedes conseguir nuestro libro *"Rosario Para Principiantes"* en el siguiente enlace: www.vcrey.com/rosario-libro

Algunos Sacrificios que puedes hacer incluyen:

- No tomar agua o liquidos durante una comida.
- Abstenerse de carne en viernes (lo cual es requerido por la Santa Madre Iglesia).
- No comer dulces o postres durante un día.
- Bañarse con agua fría.
- No comer carne en Sábado en honor a la Santísima Virgen Maria.
- Hacer una hora de silencio.
- No comprar o vender en Domingo (lo cual es ademas un mandamiento).
- Ser amable con alguien que te haya lastimado.
- Dar comida al hambriento.
- Dar agua al sediento.
- Visitar a los enfermos, y confortarlos.

NOTAS IMPORTANTES

☐ _____
☐ _____
☐ _____
☐ _____
☐ _____
☐ _____
☐ _____
☐ _____
☐ _____
☐ _____
☐ _____

AGENDA PARA TU ALMA

¡QUE VIVA CRISTO REY!

VIVA CRISTO REY.ORG

FECHA: DIA   MES   AÑO

METAS DEL DIA

REZAR EL SANTO ROSARIO DE 15 MISTERIOS.......... ☐

LEER LA SANTA BIBLIA (15 MINUTOS)................... ☐

SACRIFICIOS DIARIOS..................................... ☐

☐ _____   ☐ _____

☐ _____   ☐ _____

☐ _____   ☐ _____

☐ _____   ☐ _____

☐ _____   ☐ _____

☐ _____   ☐ _____

☐ _____   ☐ _____

☐ _____   ☐ _____

☐ _____   ☐ _____

SUGERENCIAS

Si no sabes como rezar el Santo Rosario, puedes conseguir nuestro libro *"Rosario Para Principiantes"* en el siguiente enlace: www.vcrey.com/rosario-libro

Algunos Sacrificios que puedes hacer incluyen:

- No tomar agua o líquidos durante una comida.
- Abstenerse de carne en viernes (lo cual es requerido por la Santa Madre Iglesia).
- No comer dulces o postres durante un día.
- Bañarse con agua fría.
- No comer carne en Sábado en honor a la Santísima Virgen Maria.
- Hacer una hora de silencio.
- No comprar o vender en Domingo (lo cual es ademas un mandamiento).
- Ser amable con alguien que te haya lastimado.
- Dar comida al hambriento.
- Dar agua al sediento.
- Visitar a los enfermos, y confortarlos.

NOTAS IMPORTANTES

☐ _____

☐ _____

☐ _____

☐ _____

☐ _____

☐ _____

☐ _____

☐ _____

☐ _____

☐ _____

AGENDA PARA TU ALMA

¡QUE VIVA CRISTO REY!

VIVA CRISTO REY.ORG

FECHA: DIA   MES   AÑO

METAS DEL DIA

REZAR EL SANTO ROSARIO DE 15 MISTERIOS.......... ☐

LEER LA SANTA BIBLIA (15 MINUTOS)..................... ☐

SACRIFICIOS DIARIOS .... ☐

☐ _____   ☐ _____
☐ _____   ☐ _____
☐ _____   ☐ _____
☐ _____   ☐ _____
☐ _____   ☐ _____
☐ _____   ☐ _____
☐ _____   ☐ _____
☐ _____   ☐ _____
☐ _____   ☐ _____

SUGERENCIAS

Si no sabes como rezar el Santo Rosario, puedes conseguir nuestro libro *"Rosario Para Principiantes"* en el siguiente enlace: www.vcrey.com/rosario-libro

Algunos Sacrificios que puedes hacer incluyen:

- No tomar agua o líquidos durante una comida.
- Abstenerse de carne en viernes (lo cual es requerido por la Santa Madre Iglesia).
- No comer dulces o postres durante un día.
- Bañarse con agua fría.
- No comer carne en Sábado en honor a la Santísima Virgen Maria.
- Hacer una hora de silencio.
- No comprar o vender en Domingo (lo cual es ademas un mandamiento).
- Ser amable con alguien que te haya lastimado.
- Dar comida al hambriento.
- Dar agua al sediento.
- Visitar a los enfermos, y confortarlos.

NOTAS IMPORTANTES

☐ _____
☐ _____
☐ _____
☐ _____
☐ _____
☐ _____
☐ _____
☐ _____
☐ _____
☐ _____
☐ _____

AGENDA PARA TU ALMA

¡QUE VIVA CRISTO REY!

VIVA CRISTO REY.ORG

FECHA: DIA   MES   AÑO

METAS DEL DIA

REZAR EL SANTO ROSARIO DE 15 MISTERIOS.......... ☐

LEER LA SANTA BIBLIA (15 MINUTOS)..................... ☐

SACRIFICIOS DIARIOS........ .... ☐

☐ _____   ☐ _____

☐ _____   ☐ _____

☐ _____   ☐ _____

☐ _____   ☐ _____

☐ _____   ☐ _____

☐ _____   ☐ _____

☐ _____   ☐ _____

☐ _____   ☐ _____

☐ _____   ☐ _____

SUGERENCIAS

Si no sabes como rezar el Santo Rosario, puedes conseguir nuestro libro *"Rosario Para Principiantes"* en el siguiente enlace: www.vcrey.com/rosario-libro

Algunos Sacrificios que puedes hacer incluyen:

- No tomar agua o líquidos durante una comida.
- Abstenerse de carne en viernes (lo cual es requerido por la Santa Madre Iglesia).
- No comer dulces o postres durante un día.
- Bañarse con agua fría.
- No comer carne en Sábado en honor a la Santísima Virgen Maria.
- Hacer una hora de silencio.
- No comprar o vender en Domingo (lo cual es ademas un mandamiento).
- Ser amable con alguien que te haya lastimado.
- Dar comida al hambriento.
- Dar agua al sediento.
- Visitar a los enfermos, y confortarlos.

NOTAS IMPORTANTES

☐ _____

☐ _____

☐ _____

☐ _____

☐ _____

☐ _____

☐ _____

☐ _____

☐ _____

AGENDA PARA TU ALMA

¡QUE VIVA CRISTO REY!

VIVA CRISTO REY.ORG

FECHA: DIA   MES   AÑO

METAS DEL DIA

REZAR EL SANTO ROSARIO DE 15 MISTERIOS.......... ☐

LEER LA SANTA BIBLIA (15 MINUTOS)..................... ☐

SACRIFICIOS DIARIOS .... ☐

☐ _____   ☐ _____
☐ _____   ☐ _____
☐ _____   ☐ _____
☐ _____   ☐ _____
☐ _____   ☐ _____
☐ _____   ☐ _____
☐ _____   ☐ _____
☐ _____   ☐ _____

SUGERENCIAS

Si no sabes como rezar el Santo Rosario, puedes conseguir nuestro libro *"Rosario Para Principiantes"* en el siguiente enlace: www.vcrey.com/rosario-libro

Algunos Sacrificios que puedes hacer incluyen:

- No tomar agua o líquidos durante una comida.
- Abstenerse de carne en viernes (lo cual es requerido por la Santa Madre Iglesia).
- No comer dulces o postres durante un día.
- Bañarse con agua fría.
- No comer carne en Sábado en honor a la Santísima Virgen Maria.
- Hacer una hora de silencio.
- No comprar o vender en Domingo (lo cual es ademas un mandamiento).
- Ser amable con alguien que te haya lastimado.
- Dar comida al hambriento.
- Dar agua al sediento.
- Visitar a los enfermos, y confortarlos.

NOTAS IMPORTANTES

☐ _____
☐ _____
☐ _____
☐ _____
☐ _____
☐ _____
☐ _____
☐ _____
☐ _____
☐ _____

AGENDA PARA TU ALMA

¡QUE VIVA CRISTO REY!

VIVA
CRISTO
REY.ORG

FECHA: DIA   MES   AÑO

METAS DEL DIA

REZAR EL SANTO ROSARIO DE 15 MISTERIOS.......... ☐

LEER LA SANTA BIBLIA (15 MINUTOS)................... ☐

SACRIFICIOS DIARIOS....................................... ☐

☐ _____   ☐ _____
☐ _____   ☐ _____
☐ _____   ☐ _____
☐ _____   ☐ _____
☐ _____   ☐ _____
☐ _____   ☐ _____
☐ _____   ☐ _____
☐ _____   ☐ _____

SUGERENCIAS

Si no sabes como rezar el Santo Rosario, puedes conseguir nuestro libro *"Rosario Para Principiantes"* en el siguiente enlace: www.vcrey.com/rosario-libro

Algunos Sacrificios que puedes hacer incluyen:

- No tomar agua o líquidos durante una comida.
- Abstenerse de carne en viernes (lo cual es requerido por la Santa Madre Iglesia).
- No comer dulces o postres durante un día.
- Bañarse con agua fría.
- No comer carne en Sábado en honor a la Santísima Virgen Maria.
- Hacer una hora de silencio.
- No comprar o vender en Domingo (lo cual es ademas un mandamiento).
- Ser amable con alguien que te haya lastimado.
- Dar comida al hambriento.
- Dar agua al sediento.
- Visitar a los enfermos, y confortarlos.

NOTAS IMPORTANTES

☐ _____
☐ _____
☐ _____
☐ _____
☐ _____
☐ _____
☐ _____
☐ _____
☐ _____

AGENDA PARA TU ALMA

¡QUE VIVA CRISTO REY!

VIVA CRISTO REY.ORG

FECHA: DIA   MES   AÑO

METAS DEL DIA

REZAR EL SANTO ROSARIO DE 15 MISTERIOS.......... ☐

LEER LA SANTA BIBLIA (15 MINUTOS)..................... ☐

SACRIFICIOS DIARIOS .... ☐

☐ _____   ☐ _____
☐ _____   ☐ _____
☐ _____   ☐ _____
☐ _____   ☐ _____
☐ _____   ☐ _____
☐ _____   ☐ _____
☐ _____
☐ _____   ☐ _____

SUGERENCIAS

Si no sabes como rezar el Santo Rosario, puedes conseguir nuestro libro *"Rosario Para Principiantes"* en el siguiente enlace: www.vcrey.com/rosario-libro

Algunos Sacrificios que puedes hacer incluyen:

- No tomar agua o liquidos durante una comida.
- Abstenerse de carne en viernes (lo cual es requerido por la Santa Madre Iglesia).
- No comer dulces o postres durante un día.
- Bañarse con agua fría.
- No comer carne en Sábado en honor a la Santísima Virgen Maria.
- Hacer una hora de silencio.
- No comprar o vender en Domingo (lo cual es ademas un mandamiento).
- Ser amable con alguien que te haya lastimado.
- Dar comida al hambriento.
- Dar agua al sediento.
- Visitar a los enfermos, y confortarlos.

NOTAS IMPORTANTES

☐ _____
☐ _____
☐ _____
☐ _____
☐ _____
☐ _____
☐ _____
☐ _____
☐ _____
☐ _____
☐ _____

AGENDA PARA TU ALMA

¡QUE VIVA CRISTO REY!

VIVA
CRISTO
REY.ORG

FECHA: DIA **MES** **AÑO**

METAS DEL DIA

REZAR EL SANTO ROSARIO DE 15 MISTERIOS.......... ☐

LEER LA SANTA BIBLIA (15 MINUTOS)..................... ☐

SACRIFICIOS DIARIOS... ☐

☐ _____   ☐ _____
☐ _____   ☐ _____
☐ _____   ☐ _____
☐ _____   ☐ _____
☐ _____   ☐ _____
☐ _____   ☐ _____
☐ _____   ☐ _____
☐ _____   ☐ _____
☐ _____   ☐ _____

SUGERENCIAS

Si no sabes como rezar el Santo Rosario, puedes conseguir nuestro libro *"Rosario Para Principiantes"* en el siguiente enlace: www.vcrey.com/rosario-libro

Algunos Sacrificios que puedes hacer incluyen:

- No tomar agua o líquidos durante una comida.
- Abstenerse de carne en viernes (lo cual es requerido por la Santa Madre Iglesia).
- No comer dulces o postres durante un día.
- Bañarse con agua fría.
- No comer carne en Sábado en honor a la Santísima Virgen Maria.
- Hacer una hora de silencio.
- No comprar o vender en Domingo (lo cual es ademas un mandamiento).
- Ser amable con alguien que te haya lastimado.
- Dar comida al hambriento.
- Dar agua al sediento.
- Visitar a los enfermos, y confortarlos.

NOTAS IMPORTANTES

☐ _____
☐ _____
☐ _____
☐ _____
☐ _____
☐ _____
☐ _____
☐ _____
☐ _____

AGENDA PARA TU ALMA

¡QUE VIVA CRISTO REY!

VIVA CRISTO REY.ORG

FECHA: DIA   MES   AÑO

METAS DEL DIA

REZAR EL SANTO ROSARIO DE 15 MISTERIOS.......... ☐

LEER LA SANTA BIBLIA (15 MINUTOS)..................... ☐

SACRIFICIOS DIARIOS .... ☐

☐ _____ ☐ _____
☐ _____ ☐ _____
☐ _____ ☐ _____
☐ _____ ☐ _____
☐ _____ ☐ _____
☐ _____ ☐ _____
☐ _____ ☐ _____
☐ _____ ☐ _____
☐ _____ ☐ _____

SUGERENCIAS

Si no sabes como rezar el Santo Rosario, puedes conseguir nuestro libro *"Rosario Para Principiantes"* en el siguiente enlace: www.vcrey.com/rosario-libro

Algunos Sacrificios que puedes hacer incluyen:

- No tomar agua o líquidos durante una comida.
- Abstenerse de carne en viernes (lo cual es requerido por la Santa Madre Iglesia).
- No comer dulces o postres durante un día.
- Bañarse con agua fría.
- No comer carne en Sábado en honor a la Santísima Virgen Maria.
- Hacer una hora de silencio.
- No comprar o vender en Domingo (lo cual es ademas un mandamiento).
- Ser amable con alguien que te haya lastimado.
- Dar comida al hambriento.
- Dar agua al sediento.
- Visitar a los enfermos, y confortarlos.

NOTAS IMPORTANTES

☐ _____
☐ _____
☐ _____
☐ _____
☐ _____
☐ _____
☐ _____
☐ _____
☐ _____
☐ _____
☐ _____

AGENDA PARA TU ALMA

¡QUE VIVA CRISTO REY!

VIVA CRISTO REY.ORG

FECHA: DIA   MES   AÑO

METAS DEL DIA

REZAR EL SANTO ROSARIO DE 15 MISTERIOS.......... ☐

LEER LA SANTA BIBLIA (15 MINUTOS).................... ☐

SACRIFICIOS DIARIOS.. ☐

☐ _____   ☐ _____
☐ _____   ☐ _____
☐ _____   ☐ _____
☐ _____   ☐ _____
☐ _____   ☐ _____
☐ _____   ☐ _____
☐ _____   ☐ _____
☐ _____   ☐ _____
☐ _____   ☐ _____

SUGERENCIAS

Si no sabes como rezar el Santo Rosario, puedes conseguir nuestro libro *"Rosario Para Principiantes"* en el siguiente enlace: www.vcrey.com/rosario-libro

Algunos Sacrificios que puedes hacer incluyen:

- No tomar agua o líquidos durante una comida.
- Abstenerse de carne en viernes (lo cual es requerido por la Santa Madre Iglesia).
- No comer dulces o postres durante un día.
- Bañarse con agua fría.
- No comer carne en Sábado en honor a la Santísima Virgen Maria.
- Hacer una hora de silencio.
- No comprar o vender en Domingo (lo cual es ademas un mandamiento).
- Ser amable con alguien que te haya lastimado.
- Dar comida al hambriento.
- Dar agua al sediento.
- Visitar a los enfermos, y confortarlos.

NOTAS IMPORTANTES

☐ _____
☐ _____
☐ _____
☐ _____
☐ _____
☐ _____
☐ _____
☐ _____
☐ _____
☐ _____

AGENDA PARA TU ALMA

¡QUE VIVA CRISTO REY!

VIVA CRISTO REY.ORG

FECHA: DIA   MES   AÑO

METAS DEL DIA

REZAR EL SANTO ROSARIO DE 15 MISTERIOS.......... ☐

LEER LA SANTA BIBLIA (15 MINUTOS)..................... ☐

SACRIFICIOS DIARIOS .... ☐

☐ _____   ☐ _____
☐ _____   ☐ _____
☐ _____   ☐ _____
☐ _____   ☐ _____
☐ _____   ☐ _____
☐ _____   ☐ _____
☐ _____   ☐ _____
☐ _____   ☐ _____
☐ _____   ☐ _____

SUGERENCIAS

Si no sabes como rezar el Santo Rosario, puedes conseguir nuestro libro *"Rosario Para Principiantes"* en el siguiente enlace: www.vcrey.com/rosario-libro

Algunos Sacrificios que puedes hacer incluyen:

- No tomar agua o liquidos durante una comida.
- Abstenerse de carne en viernes (lo cual es requerido por la Santa Madre Iglesia).
- No comer dulces o postres durante un día.
- Bañarse con agua fría.
- No comer carne en Sábado en honor a la Santísima Virgen María.
- Hacer una hora de silencio.
- No comprar o vender en Domingo (lo cual es ademas un mandamiento).
- Ser amable con alguien que te haya lastimado.
- Dar comida al hambriento.
- Dar agua al sediento.
- Visitar a los enfermos, y confortarlos.

NOTAS IMPORTANTES

☐ _____
☐ _____
☐ _____
☐ _____
☐ _____
☐ _____
☐ _____
☐ _____
☐ _____
☐ _____
☐ _____

AGENDA PARA TU ALMA

¡QUE VIVA CRISTO REY!

VIVA
CRISTO
REY.ORG

FECHA: DIA   **MES**   **AÑO**

METAS DEL DIA

REZAR EL SANTO ROSARIO DE 15 MISTERIOS.......... ☐

LEER LA SANTA BIBLIA (15 MINUTOS)..................... ☐

SACRIFICIOS DIARIOS... ☐

☐ _____   ☐ _____

☐ _____   ☐ _____

☐ _____   ☐ _____

☐ _____   ☐ _____

☐ _____   ☐ _____

☐ _____   ☐ _____

☐ _____   ☐ _____

☐ _____   ☐ _____

☐ _____   ☐ _____

SUGERENCIAS

Si no sabes como rezar el Santo Rosario, puedes conseguir nuestro libro *"Rosario Para Principiantes"* en el siguiente enlace: www.vcrey.com/rosario-libro

Algunos Sacrificios que puedes hacer incluyen:

- No tomar agua o líquidos durante una comida.
- Abstenerse de carne en viernes (lo cual es requerido por la Santa Madre Iglesia).
- No comer dulces o postres durante un día.
- Bañarse con agua fría.
- No comer carne en Sábado en honor a la Santísima Virgen Maria.
- Hacer una hora de silencio.
- No comprar o vender en Domingo (lo cual es ademas un mandamiento).
- Ser amable con alguien que te haya lastimado.
- Dar comida al hambriento.
- Dar agua al sediento.
- Visitar a los enfermos, y confortarlos.

NOTAS IMPORTANTES

☐ _____

☐ _____

☐ _____

☐ _____

☐ _____

☐ _____

☐ _____

☐ _____

☐ _____

☐ _____

AGENDA PARA TU ALMA

¡QUE VIVA CRISTO REY!

VIVA
CRISTO
REY.ORG

FECHA: DIA   MES   AÑO

METAS DEL DIA

REZAR EL SANTO ROSARIO DE 15 MISTERIOS.......... ☐

LEER LA SANTA BIBLIA (15 MINUTOS).................... ☐

SACRIFICIOS DIARIOS .... ☐

☐ _____   ☐ _____
☐ _____   ☐ _____
☐ _____   ☐ _____
☐ _____   ☐ _____
☐ _____   ☐ _____
☐ _____   ☐ _____
☐ _____   ☐ _____
☐ _____   ☐ _____
☐ _____   ☐ _____

SUGERENCIAS

Si no sabes como rezar el Santo Rosario, puedes conseguir nuestro libro *"Rosario Para Principiantes"* en el siguiente enlace: www.vcrey.com/rosario-libro

Algunos Sacrificios que puedes hacer incluyen:

- No tomar agua o líquidos durante una comida.
- Abstenerse de carne en viernes (lo cual es requerido por la Santa Madre Iglesia).
- No comer dulces o postres durante un día.
- Bañarse con agua fría.
- No comer carne en Sábado en honor a la Santísima Virgen Maria.
- Hacer una hora de silencio.
- No comprar o vender en Domingo (lo cual es ademas un mandamiento).
- Ser amable con alguien que te haya lastimado.
- Dar comida al hambriento.
- Dar agua al sediento.
- Visitar a los enfermos, y confortarlos.

NOTAS IMPORTANTES

☐ _____
☐ _____
☐ _____
☐ _____
☐ _____
☐ _____
☐ _____
☐ _____
☐ _____
☐ _____

AGENDA PARA TU ALMA

¡QUE VIVA CRISTO REY!

FECHA: DIA   MES   AÑO

METAS DEL DIA

REZAR EL SANTO ROSARIO DE 15 MISTERIOS.......... ☐

LEER LA SANTA BIBLIA (15 MINUTOS)................... ☐

SACRIFICIOS DIARIOS.. ☐

☐ _____   ☐ _____
☐ _____   ☐ _____
☐ _____   ☐ _____
☐ _____   ☐ _____
☐ _____   ☐ _____
☐ _____   ☐ _____
☐ _____   ☐ _____
☐ _____   ☐ _____
☐ _____   ☐ _____

SUGERENCIAS

Si no sabes como rezar el Santo Rosario, puedes conseguir nuestro libro *"Rosario Para Principiantes"* en el siguiente enlace: www.vcrey.com/rosario-libro

Algunos Sacrificios que puedes hacer incluyen:

- No tomar agua o líquidos durante una comida.
- Abstenerse de carne en viernes (lo cual es requerido por la Santa Madre Iglesia).
- No comer dulces o postres durante un día.
- Bañarse con agua fría.
- No comer carne en Sábado en honor a la Santísima Virgen Maria.
- Hacer una hora de silencio.
- No comprar o vender en Domingo (lo cual es ademas un mandamiento).
- Ser amable con alguien que te haya lastimado.
- Dar comida al hambriento.
- Dar agua al sediento.
- Visitar a los enfermos, y confortarlos.

NOTAS IMPORTANTES

☐ _____
☐ _____
☐ _____
☐ _____
☐ _____
☐ _____
☐ _____
☐ _____
☐ _____
☐ _____

AGENDA PARA TU ALMA

¡QUE VIVA CRISTO REY!

VIVA
CRISTO
REY.ORG

FECHA: DIA   MES   AÑO

METAS DEL DIA

REZAR EL SANTO ROSARIO DE 15 MISTERIOS.......... ☐

LEER LA SANTA BIBLIA (15 MINUTOS)..................... ☐

SACRIFICIOS DIARIOS...................................... ☐

☐ _____   ☐ _____
☐ _____   ☐ _____
☐ _____   ☐ _____
☐ _____   ☐ _____
☐ _____   ☐ _____
☐ _____   ☐ _____
☐ _____   ☐ _____
☐ _____   ☐ _____

SUGERENCIAS

Si no sabes como rezar el Santo Rosario, puedes conseguir nuestro libro *"Rosario Para Principiantes"* en el siguiente enlace: www.vcrey.com/rosario-libro

Algunos Sacrificios que puedes hacer incluyen:

- No tomar agua o liquidos durante una comida.
- Abstenerse de carne en viernes (lo cual es requerido por la Santa Madre Iglesia).
- No comer dulces o postres durante un día.
- Bañarse con agua fría.
- No comer carne en Sábado en honor a la Santísima Virgen Maria.
- Hacer una hora de silencio.
- No comprar o vender en Domingo (lo cual es ademas un mandamiento).
- Ser amable con alguien que te haya lastimado.
- Dar comida al hambriento.
- Dar agua al sediento.
- Visitar a los enfermos, y confortarlos.

NOTAS IMPORTANTES

☐ _____
☐ _____
☐ _____
☐ _____
☐ _____
☐ _____
☐ _____
☐ _____
☐ _____
☐ _____
☐ _____

AGENDA PARA TU ALMA

¡QUE VIVA CRISTO REY!

VIVA CRISTO REY.ORG

FECHA: DIA   MES   AÑO

METAS DEL DIA

REZAR EL SANTO ROSARIO DE 15 MISTERIOS.......... ☐

LEER LA SANTA BIBLIA (15 MINUTOS).................... ☐

SACRIFICIOS DIARIOS... ☐

☐ _____   ☐ _____
☐ _____   ☐ _____
☐ _____   ☐ _____
☐ _____   ☐ _____
☐ _____   ☐ _____
☐ _____   ☐ _____
☐ _____   ☐ _____
☐ _____   ☐ _____
☐ _____   ☐ _____

SUGERENCIAS

Si no sabes como rezar el Santo Rosario, puedes conseguir nuestro libro *"Rosario Para Principiantes"* en el siguiente enlace: www.vcrey.com/rosario-libro

Algunos Sacrificios que puedes hacer incluyen:

- No tomar agua o líquidos durante una comida.
- Abstenerse de carne en viernes (lo cual es requerido por la Santa Madre Iglesia).
- No comer dulces o postres durante un día.
- Bañarse con agua fría.
- No comer carne en Sábado en honor a la Santísima Virgen Maria.
- Hacer una hora de silencio.
- No comprar o vender en Domingo (lo cual es ademas un mandamiento).
- Ser amable con alguien que te haya lastimado.
- Dar comida al hambriento.
- Dar agua al sediento.
- Visitar a los enfermos, y confortarlos.

NOTAS IMPORTANTES

☐ _____
☐ _____
☐ _____
☐ _____
☐ _____
☐ _____
☐ _____
☐ _____
☐ _____
☐ _____

AGENDA PARA TU ALMA

¡QUE VIVA CRISTO REY!

VIVA
CRISTO
REY.ORG

FECHA: DIA   MES   AÑO

METAS DEL DIA

REZAR EL SANTO ROSARIO DE 15 MISTERIOS.......... ☐

LEER LA SANTA BIBLIA (15 MINUTOS).................... ☐

SACRIFICIOS DIARIOS .... ☐

☐ _____ ☐ _____
☐ _____ ☐ _____
☐ _____ ☐ _____
☐ _____ ☐ _____
☐ _____ ☐ _____
☐ _____ ☐ _____
☐ _____ ☐ _____
☐ _____ ☐ _____
☐ _____ ☐ _____

SUGERENCIAS

Si no sabes como rezar el Santo Rosario, puedes conseguir nuestro libro *"Rosario Para Principiantes"* en el siguiente enlace: www.vcrey.com/rosario-libro

Algunos Sacrificios que puedes hacer incluyen:

- No tomar agua o líquidos durante una comida.
- Abstenerse de carne en viernes (lo cual es requerido por la Santa Madre Iglesia).
- No comer dulces o postres durante un día.
- Bañarse con agua fría.
- No comer carne en Sábado en honor a la Santísima Virgen Maria.
- Hacer una hora de silencio.
- No comprar o vender en Domingo (lo cual es ademas un mandamiento).
- Ser amable con alguien que te haya lastimado.
- Dar comida al hambriento.
- Dar agua al sediento.
- Visitar a los enfermos, y confortarlos.

NOTAS IMPORTANTES

☐ _____
☐ _____
☐ _____
☐ _____
☐ _____
☐ _____
☐ _____
☐ _____
☐ _____
☐ _____

AGENDA PARA TU ALMA

¡QUE VIVA CRISTO REY!

VIVA CRISTO REY.ORG

FECHA: DIA   MES   AÑO

METAS DEL DIA

REZAR EL SANTO ROSARIO DE 15 MISTERIOS.......... ☐

LEER LA SANTA BIBLIA (15 MINUTOS)..................... ☐

SACRIFICIOS DIARIOS... ☐

☐ _____   ☐ _____
☐ _____   ☐ _____
☐ _____   ☐ _____
☐ _____   ☐ _____
☐ _____   ☐ _____
☐ _____   ☐ _____
☐ _____   ☐ _____
☐ _____   ☐ _____
☐ _____   ☐ _____

SUGERENCIAS

Si no sabes como rezar el Santo Rosario, puedes conseguir nuestro libro *"Rosario Para Principiantes"* en el siguiente enlace: www.vcrey.com/rosario-libro

Algunos Sacrificios que puedes hacer incluyen:

- No tomar agua o líquidos durante una comida.
- Abstenerse de carne en viernes (lo cual es requerido por la Santa Madre Iglesia).
- No comer dulces o postres durante un día.
- Bañarse con agua fría.
- No comer carne en Sábado en honor a la Santísima Virgen Maria.
- Hacer una hora de silencio.
- No comprar o vender en Domingo (lo cual es ademas un mandamiento).
- Ser amable con alguien que te haya lastimado.
- Dar comida al hambriento.
- Dar agua al sediento.
- Visitar a los enfermos, y confortarlos.

NOTAS IMPORTANTES

☐ _____
☐ _____
☐ _____
☐ _____
☐ _____
☐ _____
☐ _____
☐ _____
☐ _____
☐ _____

AGENDA PARA TU ALMA

¡QUE VIVA CRISTO REY!

VIVA
CRISTO
REY.ORG

FECHA: DIA   MES   AÑO

METAS DEL DIA

REZAR EL SANTO ROSARIO DE 15 MISTERIOS.......... ☐

LEER LA SANTA BIBLIA (15 MINUTOS).................... ☐

SACRIFICIOS DIARIOS .... ☐

☐ _____   ☐ _____
☐ _____   ☐ _____
☐ _____   ☐ _____
☐ _____   ☐ _____
☐ _____   ☐ _____
☐ _____   ☐ _____
☐ _____   ☐ _____
☐ _____   ☐ _____
☐ _____   ☐ _____

SUGERENCIAS

Si no sabes como rezar el Santo Rosario, puedes conseguir nuestro libro *"Rosario Para Principiantes"* en el siguiente enlace: www.vcrey.com/rosario-libro

Algunos Sacrificios que puedes hacer incluyen:

- No tomar agua o líquidos durante una comida.
- Abstenerse de carne en viernes (lo cual es requerido por la Santa Madre Iglesia).
- No comer dulces o postres durante un día.
- Bañarse con agua fría.
- No comer carne en Sábado en honor a la Santísima Virgen Maria.
- Hacer una hora de silencio.
- No comprar o vender en Domingo (lo cual es ademas un mandamiento).
- Ser amable con alguien que te haya lastimado.
- Dar comida al hambriento.
- Dar agua al sediento.
- Visitar a los enfermos, y confortarlos.

NOTAS IMPORTANTES

☐ _____
☐ _____
☐ _____
☐ _____
☐ _____
☐ _____
☐ _____
☐ _____
☐ _____
☐ _____

AGENDA PARA TU ALMA

¡QUE VIVA CRISTO REY!

VIVA CRISTO REY.ORG

FECHA: DIA   MES   AÑO

METAS DEL DIA

REZAR EL SANTO ROSARIO DE 15 MISTERIOS.......... ☐

LEER LA SANTA BIBLIA (15 MINUTOS)................... ☐

SACRIFICIOS DIARIOS...................................... ☐

☐ _____   ☐ _____
☐ _____   ☐ _____
☐ _____   ☐ _____
☐ _____   ☐ _____
☐ _____   ☐ _____
☐ _____   ☐ _____
☐ _____   ☐ _____
☐ _____   ☐ _____
☐ _____   ☐ _____

SUGERENCIAS

Si no sabes como rezar el Santo Rosario, puedes conseguir nuestro libro *"Rosario Para Principiantes"* en el siguiente enlace: www.vcrey.com/rosario-libro

Algunos Sacrificios que puedes hacer incluyen:

- No tomar agua o líquidos durante una comida.
- Abstenerse de carne en viernes (lo cual es requerido por la Santa Madre Iglesia).
- No comer dulces o postres durante un día.
- Bañarse con agua fría.
- No comer carne en Sábado en honor a la Santísima Virgen Maria.
- Hacer una hora de silencio.
- No comprar o vender en Domingo (lo cual es ademas un mandamiento).
- Ser amable con alguien que te haya lastimado.
- Dar comida al hambriento.
- Dar agua al sediento.
- Visitar a los enfermos, y confortarlos.

NOTAS IMPORTANTES

☐ _____
☐ _____
☐ _____
☐ _____
☐ _____
☐ _____
☐ _____
☐ _____
☐ _____
☐ _____

AGENDA PARA TU ALMA

¡QUE VIVA CRISTO REY!

VIVA CRISTO REY.ORG

FECHA: DIA   MES   AÑO

METAS DEL DIA

REZAR EL SANTO ROSARIO DE 15 MISTERIOS .... ☐

LEER LA SANTA BIBLIA (15 MINUTOS) .... ☐

SACRIFICIOS DIARIOS .... ☐

☐ _____   ☐ _____

☐ _____   ☐ _____

☐ _____   ☐ _____

☐ _____   ☐ _____

☐ _____   ☐ _____

☐ _____   ☐ _____

☐ _____   ☐ _____

☐ _____   ☐ _____

SUGERENCIAS

Si no sabes como rezar el Santo Rosario, puedes conseguir nuestro libro *"Rosario Para Principiantes"* en el siguiente enlace: www.vcrey.com/rosario-libro

Algunos Sacrificios que puedes hacer incluyen:

- No tomar agua o líquidos durante una comida.
- Abstenerse de carne en viernes (lo cual es requerido por la Santa Madre Iglesia).
- No comer dulces o postres durante un día.
- Bañarse con agua fría.
- No comer carne en Sábado en honor a la Santísima Virgen Maria.
- Hacer una hora de silencio.
- No comprar o vender en Domingo (lo cual es ademas un mandamiento).
- Ser amable con alguien que te haya lastimado.
- Dar comida al hambriento.
- Dar agua al sediento.
- Visitar a los enfermos, y confortarlos.

NOTAS IMPORTANTES

☐ _____

☐ _____

☐ _____

☐ _____

☐ _____

☐ _____

☐ _____

☐ _____

☐ _____

☐ _____

☐ _____

AGENDA PARA TU ALMA

¡QUE VIVA CRISTO REY!

VIVA CRISTO REY.ORG

FECHA: DIA   MES   AÑO

METAS DEL DIA

REZAR EL SANTO ROSARIO DE 15 MISTERIOS.......... ☐

LEER LA SANTA BIBLIA (15 MINUTOS)................... ☐

SACRIFICIOS DIARIOS..................................... ☐

☐ _____   ☐ _____
☐ _____   ☐ _____
☐ _____   ☐ _____
☐ _____   ☐ _____
☐ _____   ☐ _____
☐ _____   ☐ _____
☐ _____   ☐ _____
☐ _____   ☐ _____
☐ _____   ☐ _____

SUGERENCIAS

Si no sabes como rezar el Santo Rosario, puedes conseguir nuestro libro *"Rosario Para Principiantes"* en el siguiente enlace: www.vcrey.com/rosario-libro

Algunos Sacrificios que puedes hacer incluyen:

- No tomar agua o líquidos durante una comida.
- Abstenerse de carne en viernes (lo cual es requerido por la Santa Madre Iglesia).
- No comer dulces o postres durante un día.
- Bañarse con agua fría.
- No comer carne en Sábado en honor a la Santísima Virgen Maria.
- Hacer una hora de silencio.
- No comprar o vender en Domingo (lo cual es ademas un mandamiento).
- Ser amable con alguien que te haya lastimado.
- Dar comida al hambriento.
- Dar agua al sediento.
- Visitar a los enfermos, y confortarlos.

NOTAS IMPORTANTES

☐ _____
☐ _____
☐ _____
☐ _____
☐ _____
☐ _____
☐ _____
☐ _____
☐ _____
☐ _____
☐ _____

AGENDA PARA TU ALMA

¡QUE VIVA CRISTO REY!

VIVA CRISTO REY.ORG

FECHA: DIA   MES   AÑO

METAS DEL DIA

REZAR EL SANTO ROSARIO DE 15 MISTERIOS.......... ☐

LEER LA SANTA BIBLIA (15 MINUTOS)...................... ☐

SACRIFICIOS DIARIOS .... ☐

☐ _____   ☐ _____
☐ _____   ☐ _____
☐ _____   ☐ _____
☐ _____   ☐ _____
☐ _____   ☐ _____
☐ _____   ☐ _____
☐ _____   ☐ _____
☐ _____   ☐ _____

SUGERENCIAS

Si no sabes como rezar el Santo Rosario, puedes conseguir nuestro libro *"Rosario Para Principiantes"* en el siguiente enlace: www.vcrey.com/rosario-libro

Algunos Sacrificios que puedes hacer incluyen:

- No tomar agua o líquidos durante una comida.
- Abstenerse de carne en viernes (lo cual es requerido por la Santa Madre Iglesia).
- No comer dulces o postres durante un día.
- Bañarse con agua fría.
- No comer carne en Sábado en honor a la Santísima Virgen Maria.
- Hacer una hora de silencio.
- No comprar o vender en Domingo (lo cual es ademas un mandamiento).
- Ser amable con alguien que te haya lastimado.
- Dar comida al hambriento.
- Dar agua al sediento.
- Visitar a los enfermos, y confortarlos.

NOTAS IMPORTANTES

☐ _____
☐ _____
☐ _____
☐ _____
☐ _____
☐ _____
☐ _____
☐ _____
☐ _____
☐ _____
☐ _____

AGENDA PARA TU ALMA

¡QUE VIVA CRISTO REY!

VIVA CRISTO REY.ORG

FECHA: DIA   MES   AÑO

METAS DEL DIA

REZAR EL SANTO ROSARIO DE 15 MISTERIOS.......... ☐

LEER LA SANTA BIBLIA (15 MINUTOS)..................... ☐

SACRIFICIOS DIARIOS........ .... ☐

☐ _____   ☐ _____
☐ _____   ☐ _____
☐ _____   ☐ _____
☐ _____   ☐ _____
☐ _____   ☐ _____
☐ _____   ☐ _____
☐ _____   ☐ _____
☐ _____   ☐ _____
☐ _____   ☐ _____

SUGERENCIAS

Si no sabes como rezar el Santo Rosario, puedes conseguir nuestro libro *"Rosario Para Principiantes"* en el siguiente enlace: www.vcrey.com/rosario-libro

Algunos Sacrificios que puedes hacer incluyen:

- No tomar agua o líquidos durante una comida.
- Abstenerse de carne en viernes (lo cual es requerido por la Santa Madre Iglesia).
- No comer dulces o postres durante un día.
- Bañarse con agua fría.
- No comer carne en Sábado en honor a la Santísima Virgen Maria.
- Hacer una hora de silencio.
- No comprar o vender en Domingo (lo cual es ademas un mandamiento).
- Ser amable con alguien que te haya lastimado.
- Dar comida al hambriento.
- Dar agua al sediento.
- Visitar a los enfermos, y confortarlos.

NOTAS IMPORTANTES

☐ _____
☐ _____
☐ _____
☐ _____
☐ _____
☐ _____
☐ _____
☐ _____
☐ _____
☐ _____

AGENDA PARA TU ALMA

¡QUE VIVA CRISTO REY!

VIVA CRISTO REY.ORG

FECHA: DIA   MES   AÑO

METAS DEL DIA

REZAR EL SANTO ROSARIO DE 15 MISTERIOS.......... ☐

LEER LA SANTA BIBLIA (15 MINUTOS)................... ☐

SACRIFICIOS DIARIOS .... ☐

☐ _____   ☐ _____

☐ _____   ☐ _____

☐ _____   ☐ _____

☐ _____   ☐ _____

☐ _____   ☐ _____
☐ _____   ☐ _____

☐ _____   ☐ _____

☐ _____   ☐ _____

☐ _____   ☐ _____

SUGERENCIAS

Si no sabes como rezar el Santo Rosario, puedes conseguir nuestro libro *"Rosario Para Principiantes"* en el siguiente enlace: www.vcrey.com/rosario-libro

Algunos Sacrificios que puedes hacer incluyen:

- No tomar agua o líquidos durante una comida.
- Abstenerse de carne en viernes (lo cual es requerido por la Santa Madre Iglesia).
- No comer dulces o postres durante un día.
- Bañarse con agua fría.
- No comer carne en Sábado en honor a la Santísima Virgen Maria.
- Hacer una hora de silencio.
- No comprar o vender en Domingo (lo cual es ademas un mandamiento).
- Ser amable con alguien que te haya lastimado.
- Dar comida al hambriento.
- Dar agua al sediento.
- Visitar a los enfermos, y confortarlos.

NOTAS IMPORTANTES

☐ _____

☐ _____

☐ _____

☐ _____

☐ _____

☐ _____

☐ _____

☐ _____

☐ _____

☐ _____

☐ _____

AGENDA PARA TU ALMA

¡QUE VIVA CRISTO REY!

VIVA CRISTO REY.ORG

FECHA: DIA   MES   AÑO

METAS DEL DIA

REZAR EL SANTO ROSARIO DE 15 MISTERIOS.......... ☐

LEER LA SANTA BIBLIA (15 MINUTOS).................... ☐

SACRIFICIOS DIARIOS........ .... ☐

☐ _____   ☐ _____

☐ _____   ☐ _____

☐ _____   ☐ _____

☐ _____   ☐ _____

☐ _____   ☐ _____

☐ _____   ☐ _____

☐ _____   ☐ _____

☐ _____   ☐ _____

☐ _____   ☐ _____

SUGERENCIAS

Si no sabes como rezar el Santo Rosario, puedes conseguir nuestro libro *"Rosario Para Principiantes"* en el siguiente enlace: www.vcrey.com/rosario-libro

Algunos Sacrificios que puedes hacer incluyen:

- No tomar agua o líquidos durante una comida.
- Abstenerse de carne en viernes (lo cual es requerido por la Santa Madre Iglesia).
- No comer dulces o postres durante un día.
- Bañarse con agua fría.
- No comer carne en Sábado en honor a la Santísima Virgen Maria.
- Hacer una hora de silencio.
- No comprar o vender en Domingo (lo cual es ademas un mandamiento).
- Ser amable con alguien que te haya lastimado.
- Dar comida al hambriento.
- Dar agua al sediento.
- Visitar a los enfermos, y confortarlos.

NOTAS IMPORTANTES

☐ _____

☐ _____

☐ _____

☐ _____

☐ _____

☐ _____

☐ _____

☐ _____

☐ _____

☐ _____

AGENDA PARA TU ALMA

¡QUE VIVA CRISTO REY!

VIVA CRISTO REY.ORG

FECHA: DIA   MES   AÑO

METAS DEL DIA

REZAR EL SANTO ROSARIO DE 15 MISTERIOS.......... ☐

LEER LA SANTA BIBLIA (15 MINUTOS)..................... ☐

SACRIFICIOS DIARIOS .... ☐

☐ _____   ☐ _____
☐ _____   ☐ _____
☐ _____   ☐ _____
☐ _____   ☐ _____
☐ _____   ☐ _____
☐ _____   ☐ _____
☐ _____   ☐ _____
☐ _____   ☐ _____
☐ _____   ☐ _____

SUGERENCIAS

Si no sabes como rezar el Santo Rosario, puedes conseguir nuestro libro *"Rosario Para Principiantes"* en el siguiente enlace: www.vcrey.com/rosario-libro

Algunos Sacrificios que puedes hacer incluyen:

- No tomar agua o líquidos durante una comida.
- Abstenerse de carne en viernes (lo cual es requerido por la Santa Madre Iglesia).
- No comer dulces o postres durante un día.
- Bañarse con agua fría.
- No comer carne en Sábado en honor a la Santísima Virgen Maria.
- Hacer una hora de silencio.
- No comprar o vender en Domingo (lo cual es ademas un mandamiento).
- Ser amable con alguien que te haya lastimado.
- Dar comida al hambriento.
- Dar agua al sediento.
- Visitar a los enfermos, y confortarlos.

NOTAS IMPORTANTES

☐ _____
☐ _____
☐ _____
☐ _____
☐ _____
☐ _____
☐ _____
☐ _____
☐ _____
☐ _____

AGENDA PARA TU ALMA

¡QUE VIVA CRISTO REY!

VIVA CRISTO REY.ORG

FECHA: DIA   MES   AÑO

METAS DEL DIA

REZAR EL SANTO ROSARIO DE 15 MISTERIOS.......... ☐

LEER LA SANTA BIBLIA (15 MINUTOS).................... ☐

SACRIFICIOS DIARIOS.. ☐

☐ _____   ☐ _____
☐ _____   ☐ _____
☐ _____   ☐ _____
☐ _____   ☐ _____
☐ _____   ☐ _____
☐ _____   ☐ _____
☐ _____   ☐ _____
☐ _____   ☐ _____
☐ _____   ☐ _____

SUGERENCIAS

Si no sabes como rezar el Santo Rosario, puedes conseguir nuestro libro *"Rosario Para Principiantes"* en el siguiente enlace: www.vcrey.com/rosario-libro

Algunos Sacrificios que puedes hacer incluyen:

- No tomar agua o líquidos durante una comida.
- Abstenerse de carne en viernes (lo cual es requerido por la Santa Madre Iglesia).
- No comer dulces o postres durante un día.
- Bañarse con agua fría.
- No comer carne en Sábado en honor a la Santísima Virgen Maria.
- Hacer una hora de silencio.
- No comprar o vender en Domingo (lo cual es ademas un mandamiento).
- Ser amable con alguien que te haya lastimado.
- Dar comida al hambriento.
- Dar agua al sediento.
- Visitar a los enfermos, y confortarlos.

NOTAS IMPORTANTES

☐ _____
☐ _____
☐ _____
☐ _____
☐ _____
☐ _____
☐ _____
☐ _____
☐ _____
☐ _____

AGENDA PARA TU ALMA

¡QUE VIVA CRISTO REY!

VIVA
CRISTO
REY.ORG

FECHA: DIA   MES   AÑO

METAS DEL DIA

REZAR EL SANTO ROSARIO DE 15 MISTERIOS.......... ☐

LEER LA SANTA BIBLIA (15 MINUTOS).................... ☐

SACRIFICIOS DIARIOS .... ☐

☐ _____   ☐ _____
☐ _____   ☐ _____
☐ _____   ☐ _____
☐ _____   ☐ _____
☐ _____   ☐ _____
☐ _____   ☐ _____
☐ _____   ☐ _____
☐ _____   ☐ _____
☐ _____   ☐ _____

SUGERENCIAS

Si no sabes como rezar el Santo Rosario, puedes conseguir nuestro libro *"Rosario Para Principiantes"* en el siguiente enlace: www.vcrey.com/rosario-libro

Algunos Sacrificios que puedes hacer incluyen:

- No tomar agua o líquidos durante una comida.
- Abstenerse de carne en viernes (lo cual es requerido por la Santa Madre Iglesia).
- No comer dulces o postres durante un día.
- Bañarse con agua fría.
- No comer carne en Sábado en honor a la Santísima Virgen Maria.
- Hacer una hora de silencio.
- No comprar o vender en Domingo (lo cual es ademas un mandamiento).
- Ser amable con alguien que te haya lastimado.
- Dar comida al hambriento.
- Dar agua al sediento.
- Visitar a los enfermos, y confortarlos.

NOTAS IMPORTANTES

☐ _____
☐ _____
☐ _____
☐ _____
☐ _____
☐ _____
☐ _____
☐ _____
☐ _____
☐ _____

AGENDA PARA TU ALMA

¡QUE VIVA CRISTO REY!

VIVA
CRISTO
REY.ORG

FECHA: DIA   MES   AÑO

METAS DEL DIA

REZAR EL SANTO ROSARIO DE 15 MISTERIOS.......... ☐

LEER LA SANTA BIBLIA (15 MINUTOS)................... ☐

SACRIFICIOS DIARIOS.. ☐

☐ _____   ☐ _____
☐ _____   ☐ _____
☐ _____   ☐ _____
☐ _____   ☐ _____
☐ _____   ☐ _____
☐ _____   ☐ _____
☐ _____   ☐ _____
☐ _____   ☐ _____
☐ _____   ☐ _____

SUGERENCIAS

Si no sabes como rezar el Santo Rosario, puedes conseguir nuestro libro *"Rosario Para Principiantes"* en el siguiente enlace: www.vcrey.com/rosario-libro

Algunos Sacrificios que puedes hacer incluyen:

- No tomar agua o líquidos durante una comida.
- Abstenerse de carne en viernes (lo cual es requerido por la Santa Madre Iglesia).
- No comer dulces o postres durante un día.
- Bañarse con agua fría.
- No comer carne en Sábado en honor a la Santísima Virgen Maria.
- Hacer una hora de silencio.
- No comprar o vender en Domingo (lo cual es ademas un mandamiento).
- Ser amable con alguien que te haya lastimado.
- Dar comida al hambriento.
- Dar agua al sediento.
- Visitar a los enfermos, y confortarlos.

NOTAS IMPORTANTES

☐ _____
☐ _____
☐ _____
☐ _____
☐ _____
☐ _____
☐ _____
☐ _____
☐ _____
☐ _____

AGENDA PARA TU ALMA

¡QUE VIVA CRISTO REY!

FECHA: DIA   MES   AÑO

METAS DEL DIA

REZAR EL SANTO ROSARIO DE 15 MISTERIOS.......... ☐

LEER LA SANTA BIBLIA (15 MINUTOS)................... ☐

SACRIFICIOS DIARIOS .... ☐

☐ _____   ☐ _____
☐ _____   ☐ _____
☐ _____   ☐ _____
☐ _____   ☐ _____
☐ _____   ☐ _____
☐ _____   ☐ _____
☐ _____   ☐ _____
☐ _____   ☐ _____

SUGERENCIAS

Si no sabes como rezar el Santo Rosario, puedes conseguir nuestro libro *"Rosario Para Principiantes"* en el siguiente enlace: www.vcrey.com/rosario-libro

Algunos Sacrificios que puedes hacer incluyen:

- No tomar agua o líquidos durante una comida.
- Abstenerse de carne en viernes (lo cual es requerido por la Santa Madre Iglesia).
- No comer dulces o postres durante un día.
- Bañarse con agua fría.
- No comer carne en Sábado en honor a la Santísima Virgen Maria.
- Hacer una hora de silencio.
- No comprar o vender en Domingo (lo cual es ademas un mandamiento).
- Ser amable con alguien que te haya lastimado.
- Dar comida al hambriento.
- Dar agua al sediento.
- Visitar a los enfermos, y confortarlos.

NOTAS IMPORTANTES

☐ _____
☐ _____
☐ _____
☐ _____
☐ _____
☐ _____
☐ _____
☐ _____
☐ _____
☐ _____

AGENDA PARA TU ALMA

¡QUE VIVA CRISTO REY!

VIVA CRISTO REY.ORG

FECHA: DIA   **MES**   **AÑO**

METAS DEL DIA

REZAR EL SANTO ROSARIO DE 15 MISTERIOS.......... ☐

LEER LA SANTA BIBLIA (15 MINUTOS)................... ☐

SACRIFICIOS DIARIOS....................................... ☐

☐ _____   ☐ _____
☐ _____   ☐ _____
☐ _____   ☐ _____
☐ _____   ☐ _____
☐ _____   ☐ _____
☐ _____   ☐ _____
☐ _____   ☐ _____
☐ _____   ☐ _____
☐ _____   ☐ _____

SUGERENCIAS

Si no sabes como rezar el Santo Rosario, puedes conseguir nuestro libro *"Rosario Para Principiantes"* en el siguiente enlace: www.vcrey.com/rosario-libro

Algunos Sacrificios que puedes hacer incluyen:

- No tomar agua o liquidos durante una comida.
- Abstenerse de carne en viernes (lo cual es requerido por la Santa Madre Iglesia).
- No comer dulces o postres durante un día.
- Bañarse con agua fría.
- No comer carne en Sábado en honor a la Santísima Virgen Maria.
- Hacer una hora de silencio.
- No comprar o vender en Domingo (lo cual es ademas un mandamiento).
- Ser amable con alguien que te haya lastimado.
- Dar comida al hambriento.
- Dar agua al sediento.
- Visitar a los enfermos, y confortarlos.

NOTAS IMPORTANTES

☐ _____
☐ _____
☐ _____
☐ _____
☐ _____
☐ _____
☐ _____
☐ _____
☐ _____
☐ _____

AGENDA PARA TU ALMA

¡QUE VIVA CRISTO REY!

VIVA CRISTO REY.ORG

FECHA: DIA   MES   AÑO

METAS DEL DIA

REZAR EL SANTO ROSARIO DE 15 MISTERIOS........... ☐

LEER LA SANTA BIBLIA (15 MINUTOS).................... ☐

SACRIFICIOS DIARIOS .... ☐

☐ _____   ☐ _____

☐ _____   ☐ _____

☐ _____   ☐ _____

☐ _____   ☐ _____

☐ _____   ☐ _____

☐ _____   ☐ _____

☐ _____   ☐ _____

☐ _____   ☐ _____

☐ _____   ☐ _____

SUGERENCIAS

Si no sabes como rezar el Santo Rosario, puedes conseguir nuestro libro *"Rosario Para Principiantes"* en el siguiente enlace: www.vcrey.com/rosario-libro

Algunos Sacrificios que puedes hacer incluyen:

- No tomar agua o líquidos durante una comida.
- Abstenerse de carne en viernes (lo cual es requerido por la Santa Madre Iglesia).
- No comer dulces o postres durante un día.
- Bañarse con agua fría.
- No comer carne en Sábado en honor a la Santísima Virgen Maria.
- Hacer una hora de silencio.
- No comprar o vender en Domingo (lo cual es ademas un mandamiento).
- Ser amable con alguien que te haya lastimado.
- Dar comida al hambriento.
- Dar agua al sediento.
- Visitar a los enfermos, y confortarlos.

NOTAS IMPORTANTES

☐ _____

☐ _____

☐ _____

☐ _____

☐ _____

☐ _____

☐ _____

☐ _____

☐ _____

☐ _____

☐ _____

AGENDA PARA TU ALMA

¡QUE VIVA CRISTO REY!

VIVA
CRISTO
REY.ORG

FECHA: DIA   MES   AÑO

METAS DEL DIA

REZAR EL SANTO ROSARIO DE 15 MISTERIOS.......... ☐

LEER LA SANTA BIBLIA (15 MINUTOS)..................... ☐

SACRIFICIOS DIARIOS... ☐

☐ _____   ☐ _____
☐ _____   ☐ _____
☐ _____   ☐ _____
☐ _____   ☐ _____
☐ _____   ☐ _____
☐ _____   ☐ _____
☐ _____   ☐ _____
☐ _____   ☐ _____
☐ _____   ☐ _____

SUGERENCIAS

Si no sabes como rezar el Santo Rosario, puedes conseguir nuestro libro *"Rosario Para Principiantes"* en el siguiente enlace: www.vcrey.com/rosario-libro

Algunos Sacrificios que puedes hacer incluyen:

- No tomar agua o liquidos durante una comida.
- Abstenerse de carne en viernes (lo cual es requerido por la Santa Madre Iglesia).
- No comer dulces o postres durante un día.
- Bañarse con agua fría.
- No comer carne en Sábado en honor a la Santísima Virgen Maria.
- Hacer una hora de silencio.
- No comprar o vender en Domingo (lo cual es ademas un mandamiento).
- Ser amable con alguien que te haya lastimado.
- Dar comida al hambriento.
- Dar agua al sediento.
- Visitar a los enfermos, y confortarlos.

NOTAS IMPORTANTES

☐ _____
☐ _____
☐ _____
☐ _____
☐ _____
☐ _____
☐ _____
☐ _____
☐ _____
☐ _____

AGENDA PARA TU ALMA

¡QUE VIVA CRISTO REY!

VIVA CRISTO REY.ORG

FECHA: DIA   MES   AÑO

METAS DEL DIA

REZAR EL SANTO ROSARIO DE 15 MISTERIOS.......... ☐

LEER LA SANTA BIBLIA (15 MINUTOS)................... ☐

SACRIFICIOS DIARIOS .... ☐

☐ _____   ☐ _____
☐ _____   ☐ _____
☐ _____   ☐ _____
☐ _____   ☐ _____
☐ _____   ☐ _____
☐ _____   ☐ _____
☐ _____   ☐ _____
☐ _____   ☐ _____
☐ _____   ☐ _____

SUGERENCIAS

Si no sabes como rezar el Santo Rosario, puedes conseguir nuestro libro *"Rosario Para Principiantes"* en el siguiente enlace: www.vcrey.com/rosario-libro

Algunos Sacrificios que puedes hacer incluyen:

- No tomar agua o liquidos durante una comida.
- Abstenerse de carne en viernes (lo cual es requerido por la Santa Madre Iglesia).
- No comer dulces o postres durante un día.
- Bañarse con agua fría.
- No comer carne en Sábado en honor a la Santísima Virgen Maria.
- Hacer una hora de silencio.
- No comprar o vender en Domingo (lo cual es ademas un mandamiento).
- Ser amable con alguien que te haya lastimado.
- Dar comida al hambriento.
- Dar agua al sediento.
- Visitar a los enfermos, y confortarlos.

NOTAS IMPORTANTES

☐ _____
☐ _____
☐ _____
☐ _____
☐ _____
☐ _____
☐ _____
☐ _____
☐ _____
☐ _____
☐ _____

AGENDA PARA TU ALMA

¡QUE VIVA CRISTO REY!

VIVA
CRISTO
REY.ORG

FECHA: DIA   MES   AÑO

METAS DEL DIA

REZAR EL SANTO ROSARIO DE 15 MISTERIOS.......... ☐

LEER LA SANTA BIBLIA (15 MINUTOS).................... ☐

SACRIFICIOS DIARIOS.. ☐

☐ _____   ☐ _____
☐ _____   ☐ _____
☐ _____   ☐ _____
☐ _____   ☐ _____
☐ _____   ☐ _____
☐ _____   ☐ _____
☐ _____   ☐ _____
☐ _____   ☐ _____
☐ _____   ☐ _____

SUGERENCIAS

Si no sabes como rezar el Santo Rosario, puedes
conseguir nuestro libro *"Rosario Para Principiantes"*
en el siguiente enlace: www.vcrey.com/rosario-libro

Algunos Sacrificios que puedes hacer incluyen:

- No tomar agua o líquidos durante una comida.
- Abstenerse de carne en viernes (lo cual es
  requerido por la Santa Madre Iglesia).
- No comer dulces o postres durante un día.
- Bañarse con agua fría.
- No comer carne en Sábado en honor a la
  Santísima Virgen Maria.
- Hacer una hora de silencio.
- No comprar o vender en Domingo (lo cual es
  ademas un mandamiento).
- Ser amable con alguien que te haya lastimado.
- Dar comida al hambriento.
- Dar agua al sediento.
- Visitar a los enfermos, y confortarlos.

NOTAS IMPORTANTES

☐ _____
☐ _____
☐ _____
☐ _____
☐ _____
☐ _____
☐ _____
☐ _____
☐ _____
☐ _____

AGENDA PARA TU ALMA

¡QUE VIVA CRISTO REY!

VIVA
CRISTO
REY.ORG

FECHA: DIA   MES   AÑO

METAS DEL DIA

REZAR EL SANTO ROSARIO DE 15 MISTERIOS.......... ☐

LEER LA SANTA BIBLIA (15 MINUTOS).................... ☐

SACRIFICIOS DIARIOS .... ☐

☐ _____   ☐ _____
☐ _____   ☐ _____
☐ _____   ☐ _____
☐ _____   ☐ _____
☐ _____   ☐ _____
☐ _____   ☐ _____
☐ _____   ☐ _____
☐ _____   ☐ _____
☐ _____   ☐ _____

SUGERENCIAS

Si no sabes como rezar el Santo Rosario, puedes conseguir nuestro libro *"Rosario Para Principiantes"* en el siguiente enlace: www.vcrey.com/rosario-libro

Algunos Sacrificios que puedes hacer incluyen:

- No tomar agua o líquidos durante una comida.
- Abstenerse de carne en viernes (lo cual es requerido por la Santa Madre Iglesia).
- No comer dulces o postres durante un día.
- Bañarse con agua fría.
- No comer carne en Sábado en honor a la Santísima Virgen Maria.
- Hacer una hora de silencio.
- No comprar o vender en Domingo (lo cual es ademas un mandamiento).
- Ser amable con alguien que te haya lastimado.
- Dar comida al hambriento.
- Dar agua al sediento.
- Visitar a los enfermos, y confortarlos.

NOTAS IMPORTANTES

☐ _____
☐ _____
☐ _____
☐ _____
☐ _____
☐ _____
☐ _____
☐ _____
☐ _____
☐ _____

AGENDA PARA TU ALMA

¡QUE VIVA CRISTO REY!

VIVA CRISTO REY.ORG

FECHA: DIA   MES   AÑO

METAS DEL DIA

REZAR EL SANTO ROSARIO DE 15 MISTERIOS.......... ☐

LEER LA SANTA BIBLIA (15 MINUTOS).................... ☐

SACRIFICIOS DIARIOS.. ☐

☐ _____   ☐ _____
☐ _____   ☐ _____
☐ _____   ☐ _____
☐ _____   ☐ _____
☐ _____   ☐ _____
☐ _____   ☐ _____
☐ _____   ☐ _____
☐ _____   ☐ _____

SUGERENCIAS

Si no sabes como rezar el Santo Rosario, puedes conseguir nuestro libro *"Rosario Para Principiantes"* en el siguiente enlace: www.vcrey.com/rosario-libro

Algunos Sacrificios que puedes hacer incluyen:

- No tomar agua o líquidos durante una comida.
- Abstenerse de carne en viernes (lo cual es requerido por la Santa Madre Iglesia).
- No comer dulces o postres durante un día.
- Bañarse con agua fría.
- No comer carne en Sábado en honor a la Santísima Virgen Maria.
- Hacer una hora de silencio.
- No comprar o vender en Domingo (lo cual es ademas un mandamiento).
- Ser amable con alguien que te haya lastimado.
- Dar comida al hambriento.
- Dar agua al sediento.
- Visitar a los enfermos, y confortarlos.

NOTAS IMPORTANTES

☐ _____
☐ _____
☐ _____
☐ _____
☐ _____
☐ _____
☐ _____
☐ _____
☐ _____
☐ _____

AGENDA PARA TU ALMA

¡QUE VIVA CRISTO REY!

VIVA CRISTO REY.ORG

FECHA: DIA   MES   AÑO

METAS DEL DIA

REZAR EL SANTO ROSARIO DE 15 MISTERIOS.......... ☐

LEER LA SANTA BIBLIA (15 MINUTOS).................... ☐

SACRIFICIOS DIARIOS .... ☐

☐ _____   ☐ _____
☐ _____   ☐ _____
☐ _____   ☐ _____
☐ _____   ☐ _____
☐ _____   ☐ _____
☐ _____   ☐ _____
☐ _____   ☐ _____
☐ _____   ☐ _____
☐ _____   ☐ _____

SUGERENCIAS

Si no sabes como rezar el Santo Rosario, puedes conseguir nuestro libro *"Rosario Para Principiantes"* en el siguiente enlace: www.vcrey.com/rosario-libro

Algunos Sacrificios que puedes hacer incluyen:

- No tomar agua o líquidos durante una comida.
- Abstenerse de carne en viernes (lo cual es requerido por la Santa Madre Iglesia).
- No comer dulces o postres durante un día.
- Bañarse con agua fría.
- No comer carne en Sábado en honor a la Santísima Virgen Maria.
- Hacer una hora de silencio.
- No comprar o vender en Domingo (lo cual es ademas un mandamiento).
- Ser amable con alguien que te haya lastimado.
- Dar comida al hambriento.
- Dar agua al sediento.
- Visitar a los enfermos, y confortarlos.

NOTAS IMPORTANTES

☐ _____
☐ _____
☐ _____
☐ _____
☐ _____
☐ _____
☐ _____
☐ _____
☐ _____
☐ _____

AGENDA PARA TU ALMA

¡QUE VIVA CRISTO REY!

VIVA CRISTO REY.ORG

FECHA: DIA   MES   AÑO

METAS DEL DIA

REZAR EL SANTO ROSARIO DE 15 MISTERIOS........... ☐

LEER LA SANTA BIBLIA (15 MINUTOS)................... ☐

SACRIFICIOS DIARIOS....................................... ☐

☐ _____   ☐ _____
☐ _____   ☐ _____
☐ _____   ☐ _____
☐ _____   ☐ _____
☐ _____   ☐ _____
☐ _____   ☐ _____
☐ _____   ☐ _____
☐ _____   ☐ _____
☐ _____   ☐ _____

SUGERENCIAS

Si no sabes como rezar el Santo Rosario, puedes conseguir nuestro libro *"Rosario Para Principiantes"* en el siguiente enlace: www.vcrey.com/rosario-libro

Algunos Sacrificios que puedes hacer incluyen:

- No tomar agua o líquidos durante una comida.
- Abstenerse de carne en viernes (lo cual es requerido por la Santa Madre Iglesia).
- No comer dulces o postres durante un día.
- Bañarse con agua fría.
- No comer carne en Sábado en honor a la Santísima Virgen Maria.
- Hacer una hora de silencio.
- No comprar o vender en Domingo (lo cual es ademas un mandamiento).
- Ser amable con alguien que te haya lastimado.
- Dar comida al hambriento.
- Dar agua al sediento.
- Visitar a los enfermos, y confortarlos.

NOTAS IMPORTANTES

☐ _____
☐ _____
☐ _____
☐ _____
☐ _____
☐ _____
☐ _____
☐ _____
☐ _____
☐ _____

AGENDA PARA TU ALMA

¡QUE VIVA CRISTO REY!

VIVA
CRISTO
REY.ORG

FECHA: DIA   MES   AÑO

METAS DEL DIA

REZAR EL SANTO ROSARIO DE 15 MISTERIOS.......... ☐

LEER LA SANTA BIBLIA (15 MINUTOS)................... ☐

SACRIFICIOS DIARIOS .... ☐

☐ _____   ☐ _____
☐ _____   ☐ _____
☐ _____   ☐ _____
☐ _____   ☐ _____
☐ _____   ☐ _____
☐ _____   ☐ _____
☐ _____   ☐ _____
☐ _____   ☐ _____
☐ _____   ☐ _____

SUGERENCIAS

Si no sabes como rezar el Santo Rosario, puedes conseguir nuestro libro *"Rosario Para Principiantes"* en el siguiente enlace: www.vcrey.com/rosario-libro

Algunos Sacrificios que puedes hacer incluyen:

- No tomar agua o líquidos durante una comida.
- Abstenerse de carne en viernes (lo cual es requerido por la Santa Madre Iglesia).
- No comer dulces o postres durante un día.
- Bañarse con agua fría.
- No comer carne en Sábado en honor a la Santísima Virgen Maria.
- Hacer una hora de silencio.
- No comprar o vender en Domingo (lo cual es ademas un mandamiento).
- Ser amable con alguien que te haya lastimado.
- Dar comida al hambriento.
- Dar agua al sediento.
- Visitar a los enfermos, y confortarlos.

NOTAS IMPORTANTES

☐ _____
☐ _____
☐ _____
☐ _____
☐ _____
☐ _____
☐ _____
☐ _____
☐ _____
☐ _____

AGENDA PARA TU ALMA

¡QUE VIVA CRISTO REY!

FECHA: DIA   MES   AÑO

METAS DEL DIA

REZAR EL SANTO ROSARIO DE 15 MISTERIOS........... ☐

LEER LA SANTA BIBLIA (15 MINUTOS)................... ☐

SACRIFICIOS DIARIOS....... .... ☐

☐ _____   ☐ _____
☐ _____   ☐ _____
☐ _____   ☐ _____
☐ _____   ☐ _____
☐ _____   ☐ _____
☐ _____   ☐ _____
☐ _____   ☐ _____
☐ _____   ☐ _____
☐ _____   ☐ _____

SUGERENCIAS

Si no sabes como rezar el Santo Rosario, puedes conseguir nuestro libro *"Rosario Para Principiantes"* en el siguiente enlace: www.vcrey.com/rosario-libro

Algunos Sacrificios que puedes hacer incluyen:

- No tomar agua o líquidos durante una comida.
- Abstenerse de carne en viernes (lo cual es requerido por la Santa Madre Iglesia).
- No comer dulces o postres durante un día.
- Bañarse con agua fría.
- No comer carne en Sábado en honor a la Santísima Virgen Maria.
- Hacer una hora de silencio.
- No comprar o vender en Domingo (lo cual es ademas un mandamiento).
- Ser amable con alguien que te haya lastimado.
- Dar comida al hambriento.
- Dar agua al sediento.
- Visitar a los enfermos, y confortarlos.

NOTAS IMPORTANTES

☐ _____
☐ _____
☐ _____
☐ _____
☐ _____
☐ _____
☐ _____
☐ _____
☐ _____
☐ _____

AGENDA PARA TU ALMA

¡QUE VIVA CRISTO REY!

VIVA
CRISTO
REY.ORG

FECHA: DIA   MES   AÑO

METAS DEL DIA

REZAR EL SANTO ROSARIO DE 15 MISTERIOS.......... ☐

LEER LA SANTA BIBLIA (15 MINUTOS).................... ☐

SACRIFICIOS DIARIOS .... ☐

☐ _____   ☐ _____
☐ _____   ☐ _____
☐ _____   ☐ _____
☐ _____   ☐ _____
☐ _____   ☐ _____
☐ _____   ☐ _____
☐ _____   ☐ _____
☐ _____   ☐ _____
☐ _____   ☐ _____

SUGERENCIAS

Si no sabes como rezar el Santo Rosario, puedes conseguir nuestro libro *"Rosario Para Principiantes"* en el siguiente enlace: www.vcrey.com/rosario-libro

Algunos Sacrificios que puedes hacer incluyen:

- No tomar agua o líquidos durante una comida.
- Abstenerse de carne en viernes (lo cual es requerido por la Santa Madre Iglesia).
- No comer dulces o postres durante un día.
- Bañarse con agua fría.
- No comer carne en Sábado en honor a la Santísima Virgen Maria.
- Hacer una hora de silencio.
- No comprar o vender en Domingo (lo cual es ademas un mandamiento).
- Ser amable con alguien que te haya lastimado.
- Dar comida al hambriento.
- Dar agua al sediento.
- Visitar a los enfermos, y confortarlos.

NOTAS IMPORTANTES

☐ _____
☐ _____
☐ _____
☐ _____
☐ _____
☐ _____
☐ _____
☐ _____
☐ _____
☐ _____
☐ _____

AGENDA PARA TU ALMA

¡QUE VIVA CRISTO REY!

VIVA CRISTO REY.ORG

FECHA: DIA   MES   AÑO

METAS DEL DIA

REZAR EL SANTO ROSARIO DE 15 MISTERIOS.......... ☐

LEER LA SANTA BIBLIA (15 MINUTOS).................... ☐

SACRIFICIOS DIARIOS.................................... ☐

☐ _____   ☐ _____
☐ _____   ☐ _____
☐ _____   ☐ _____
☐ _____   ☐ _____
☐ _____   ☐ _____
☐ _____   ☐ _____
☐ _____   ☐ _____
☐ _____   ☐ _____
☐ _____   ☐ _____

SUGERENCIAS

Si no sabes como rezar el Santo Rosario, puedes conseguir nuestro libro *"Rosario Para Principiantes"* en el siguiente enlace: www.vcrey.com/rosario-libro

Algunos Sacrificios que puedes hacer incluyen:

- No tomar agua o líquidos durante una comida.
- Abstenerse de carne en viernes (lo cual es requerido por la Santa Madre Iglesia).
- No comer dulces o postres durante un día.
- Bañarse con agua fría.
- No comer carne en Sábado en honor a la Santísima Virgen Maria.
- Hacer una hora de silencio.
- No comprar o vender en Domingo (lo cual es ademas un mandamiento).
- Ser amable con alguien que te haya lastimado.
- Dar comida al hambriento.
- Dar agua al sediento.
- Visitar a los enfermos, y confortarlos.

NOTAS IMPORTANTES

☐ _____
☐ _____
☐ _____
☐ _____
☐ _____
☐ _____
☐ _____
☐ _____
☐ _____
☐ _____

AGENDA PARA TU ALMA

¡QUE VIVA CRISTO REY!

VIVA CRISTO REY.ORG

FECHA: DIA   MES   AÑO

METAS DEL DIA

REZAR EL SANTO ROSARIO DE 15 MISTERIOS.......... ☐

LEER LA SANTA BIBLIA (15 MINUTOS).................... ☐

SACRIFICIOS DIARIOS .... ☐

☐ _____   ☐ _____
☐ _____   ☐ _____
☐ _____   ☐ _____
☐ _____   ☐ _____
☐ _____   ☐ _____
☐ _____   ☐ _____
☐ _____   ☐ _____
☐ _____   ☐ _____
☐ _____   ☐ _____

SUGERENCIAS

Si no sabes como rezar el Santo Rosario, puedes conseguir nuestro libro *"Rosario Para Principiantes"* en el siguiente enlace: www.vcrey.com/rosario-libro

Algunos Sacrificios que puedes hacer incluyen:

- No tomar agua o líquidos durante una comida.
- Abstenerse de carne en viernes (lo cual es requerido por la Santa Madre Iglesia).
- No comer dulces o postres durante un día.
- Bañarse con agua fría.
- No comer carne en Sábado en honor a la Santísima Virgen Maria.
- Hacer una hora de silencio.
- No comprar o vender en Domingo (lo cual es ademas un mandamiento).
- Ser amable con alguien que te haya lastimado.
- Dar comida al hambriento.
- Dar agua al sediento.
- Visitar a los enfermos, y confortarlos.

NOTAS IMPORTANTES

☐ _____
☐ _____
☐ _____
☐ _____
☐ _____
☐ _____
☐ _____
☐ _____
☐ _____
☐ _____

AGENDA PARA TU ALMA

¡QUE VIVA CRISTO REY!

VIVA CRISTO REY.ORG

FECHA: DIA   MES   AÑO

METAS DEL DIA

REZAR EL SANTO ROSARIO DE 15 MISTERIOS.......... ☐

LEER LA SANTA BIBLIA (15 MINUTOS).................... ☐

SACRIFICIOS DIARIOS.. ☐

☐ _____ ☐ _____

☐ _____ ☐ _____

☐ _____ ☐ _____

☐ _____ ☐ _____

☐ _____ ☐ _____

☐ _____ ☐ _____

☐ _____ ☐ _____

☐ _____ ☐ _____

☐ _____ ☐ _____

SUGERENCIAS

Si no sabes como rezar el Santo Rosario, puedes conseguir nuestro libro *"Rosario Para Principiantes"* en el siguiente enlace: www.vcrey.com/rosario-libro

Algunos Sacrificios que puedes hacer incluyen:

- No tomar agua o líquidos durante una comida.
- Abstenerse de carne en viernes (lo cual es requerido por la Santa Madre Iglesia).
- No comer dulces o postres durante un día.
- Bañarse con agua fría.
- No comer carne en Sábado en honor a la Santísima Virgen Maria.
- Hacer una hora de silencio.
- No comprar o vender en Domingo (lo cual es ademas un mandamiento).
- Ser amable con alguien que te haya lastimado.
- Dar comida al hambriento.
- Dar agua al sediento.
- Visitar a los enfermos, y confortarlos.

NOTAS IMPORTANTES

☐ _____

☐ _____

☐ _____

☐ _____

☐ _____

☐ _____

☐ _____

☐ _____

☐ _____

AGENDA PARA TU ALMA

¡QUE VIVA CRISTO REY!

VIVA
CRISTO
REY.ORG

FECHA: DIA   MES   AÑO

METAS DEL DIA

REZAR EL SANTO ROSARIO DE 15 MISTERIOS.......... ☐

LEER LA SANTA BIBLIA (15 MINUTOS).................... ☐

SACRIFICIOS DIARIOS .... ☐

☐ _____   ☐ _____
☐ _____   ☐ _____
☐ _____   ☐ _____
☐ _____   ☐ _____
☐ _____   ☐ _____
☐ _____   ☐ _____
☐ _____   ☐ _____
☐ _____   ☐ _____
☐ _____   ☐ _____

SUGERENCIAS

Si no sabes como rezar el Santo Rosario, puedes conseguir nuestro libro *"Rosario Para Principiantes"* en el siguiente enlace: www.vcrey.com/rosario-libro

Algunos Sacrificios que puedes hacer incluyen:

- No tomar agua o líquidos durante una comida.
- Abstenerse de carne en viernes (lo cual es requerido por la Santa Madre Iglesia).
- No comer dulces o postres durante un día.
- Bañarse con agua fría.
- No comer carne en Sábado en honor a la Santísima Virgen Maria.
- Hacer una hora de silencio.
- No comprar o vender en Domingo (lo cual es ademas un mandamiento).
- Ser amable con alguien que te haya lastimado.
- Dar comida al hambriento.
- Dar agua al sediento.
- Visitar a los enfermos, y confortarlos.

NOTAS IMPORTANTES

☐ _____
☐ _____
☐ _____
☐ _____
☐ _____
☐ _____
☐ _____
☐ _____
☐ _____
☐ _____
☐ _____

AGENDA PARA TU ALMA

¡QUE VIVA CRISTO REY!

VIVA CRISTO REY.ORG

FECHA: DIA   MES   AÑO

METAS DEL DIA

REZAR EL SANTO ROSARIO DE 15 MISTERIOS........... ☐

LEER LA SANTA BIBLIA (15 MINUTOS).................... ☐

SACRIFICIOS DIARIOS....... .... ☐

☐ _____   ☐ _____
☐ _____   ☐ _____
☐ _____   ☐ _____
☐ _____   ☐ _____
☐ _____   ☐ _____
☐ _____   ☐ _____
☐ _____   ☐ _____
☐ _____
☐ _____

SUGERENCIAS

Si no sabes como rezar el Santo Rosario, puedes conseguir nuestro libro *"Rosario Para Principiantes"* en el siguiente enlace: www.vcrey.com/rosario-libro

Algunos Sacrificios que puedes hacer incluyen:

- No tomar agua o líquidos durante una comida.
- Abstenerse de carne en viernes (lo cual es requerido por la Santa Madre Iglesia).
- No comer dulces o postres durante un día.
- Bañarse con agua fría.
- No comer carne en Sábado en honor a la Santísima Virgen Maria.
- Hacer una hora de silencio.
- No comprar o vender en Domingo (lo cual es ademas un mandamiento).
- Ser amable con alguien que te haya lastimado.
- Dar comida al hambriento.
- Dar agua al sediento.
- Visitar a los enfermos, y confortarlos.

NOTAS IMPORTANTES

☐ _____
☐ _____
☐ _____
☐ _____
☐ _____
☐ _____
☐ _____
☐ _____
☐ _____
☐ _____

AGENDA PARA TU ALMA

¡QUE VIVA CRISTO REY!

VIVA CRISTO REY.ORG

FECHA: DIA   MES   AÑO

METAS DEL DIA

REZAR EL SANTO ROSARIO DE 15 MISTERIOS.......... ☐

LEER LA SANTA BIBLIA (15 MINUTOS).................... ☐

SACRIFICIOS DIARIOS .... ☐

☐ _____ ☐ _____

☐ _____ ☐ _____

☐ _____ ☐ _____

☐ _____ ☐ _____

☐ _____ ☐ _____
☐ _____ ☐ _____

☐ _____ ☐ _____

☐ _____ ☐ _____

☐ _____ ☐ _____

SUGERENCIAS

Si no sabes como rezar el Santo Rosario, puedes conseguir nuestro libro *"Rosario Para Principiantes"* en el siguiente enlace: www.vcrey.com/rosario-libro

Algunos Sacrificios que puedes hacer incluyen:

- No tomar agua o líquidos durante una comida.
- Abstenerse de carne en viernes (lo cual es requerido por la Santa Madre Iglesia).
- No comer dulces o postres durante un día.
- Bañarse con agua fría.
- No comer carne en Sábado en honor a la Santísima Virgen Maria.
- Hacer una hora de silencio.
- No comprar o vender en Domingo (lo cual es ademas un mandamiento).
- Ser amable con alguien que te haya lastimado.
- Dar comida al hambriento.
- Dar agua al sediento.
- Visitar a los enfermos, y confortarlos.

NOTAS IMPORTANTES

☐ _____

☐ _____

☐ _____

☐ _____

☐ _____

☐ _____

☐ _____

☐ _____

☐ _____

☐ _____

☐ _____

AGENDA PARA TU ALMA

¡QUE VIVA CRISTO REY!

VIVA
CRISTO
REY.ORG

FECHA: DIA   MES   AÑO

METAS DEL DIA

REZAR EL SANTO ROSARIO DE 15 MISTERIOS........... ☐

LEER LA SANTA BIBLIA (15 MINUTOS)................... ☐

SACRIFICIOS DIARIOS....................................... ☐

☐ _____   ☐ _____
☐ _____   ☐ _____
☐ _____   ☐ _____
☐ _____   ☐ _____
☐ _____   ☐ _____
☐ _____   ☐ _____
☐ _____   ☐ _____
☐ _____   ☐ _____
☐ _____   ☐ _____

SUGERENCIAS

Si no sabes como rezar el Santo Rosario, puedes conseguir nuestro libro *"Rosario Para Principiantes"* en el siguiente enlace: www.vcrey.com/rosario-libro

Algunos Sacrificios que puedes hacer incluyen:

- No tomar agua o líquidos durante una comida.
- Abstenerse de carne en viernes (lo cual es requerido por la Santa Madre Iglesia).
- No comer dulces o postres durante un día.
- Bañarse con agua fría.
- No comer carne en Sábado en honor a la Santísima Virgen Maria.
- Hacer una hora de silencio.
- No comprar o vender en Domingo (lo cual es ademas un mandamiento).
- Ser amable con alguien que te haya lastimado.
- Dar comida al hambriento.
- Dar agua al sediento.
- Visitar a los enfermos, y confortarlos.

NOTAS IMPORTANTES

☐ _____
☐ _____
☐ _____
☐ _____
☐ _____
☐ _____
☐ _____
☐ _____
☐ _____
☐ _____

AGENDA PARA TU ALMA

¡QUE VIVA CRISTO REY!

VIVA CRISTO REY.ORG

FECHA: DIA   MES   AÑO

METAS DEL DIA

REZAR EL SANTO ROSARIO DE 15 MISTERIOS........... ☐

LEER LA SANTA BIBLIA (15 MINUTOS).................... ☐

SACRIFICIOS DIARIOS .... ☐

☐ _____   ☐ _____

☐ _____   ☐ _____

☐ _____   ☐ _____

☐ _____   ☐ _____

☐ _____   ☐ _____
☐ _____   ☐ _____

☐ _____   ☐ _____

☐ _____   ☐ _____

☐ _____   ☐ _____

SUGERENCIAS

Si no sabes como rezar el Santo Rosario, puedes conseguir nuestro libro *"Rosario Para Principiantes"* en el siguiente enlace: www.vcrey.com/rosario-libro

Algunos Sacrificios que puedes hacer incluyen:

- No tomar agua o líquidos durante una comida.
- Abstenerse de carne en viernes (lo cual es requerido por la Santa Madre Iglesia).
- No comer dulces o postres durante un día.
- Bañarse con agua fría.
- No comer carne en Sábado en honor a la Santísima Virgen Maria.
- Hacer una hora de silencio.
- No comprar o vender en Domingo (lo cual es ademas un mandamiento).
- Ser amable con alguien que te haya lastimado.
- Dar comida al hambriento.
- Dar agua al sediento.
- Visitar a los enfermos, y confortarlos.

NOTAS IMPORTANTES

☐ _____

☐ _____

☐ _____

☐ _____

☐ _____

☐ _____

☐ _____

☐ _____

☐ _____

☐ _____

☐ _____

AGENDA PARA TU ALMA

¡QUE VIVA CRISTO REY!

VIVA CRISTO REY.ORG

FECHA: DIA   MES   AÑO

METAS DEL DIA

REZAR EL SANTO ROSARIO DE 15 MISTERIOS.......... ☐

LEER LA SANTA BIBLIA (15 MINUTOS)................... ☐

SACRIFICIOS DIARIOS....................................... ☐

☐ _____   ☐ _____
☐ _____   ☐ _____
☐ _____   ☐ _____
☐ _____   ☐ _____
☐ _____   ☐ _____
☐ _____   ☐ _____
☐ _____   ☐ _____
☐ _____   ☐ _____
☐ _____   ☐ _____

SUGERENCIAS

Si no sabes como rezar el Santo Rosario, puedes conseguir nuestro libro *"Rosario Para Principiantes"* en el siguiente enlace: www.vcrey.com/rosario-libro

Algunos Sacrificios que puedes hacer incluyen:

- No tomar agua o líquidos durante una comida.
- Abstenerse de carne en viernes (lo cual es requerido por la Santa Madre Iglesia).
- No comer dulces o postres durante un día.
- Bañarse con agua fría.
- No comer carne en Sábado en honor a la Santísima Virgen Maria.
- Hacer una hora de silencio.
- No comprar o vender en Domingo (lo cual es ademas un mandamiento).
- Ser amable con alguien que te haya lastimado.
- Dar comida al hambriento.
- Dar agua al sediento.
- Visitar a los enfermos, y confortarlos.

NOTAS IMPORTANTES

☐ _____
☐ _____
☐ _____
☐ _____
☐ _____
☐ _____
☐ _____
☐ _____
☐ _____
☐ _____

AGENDA PARA TU ALMA

¡QUE VIVA CRISTO REY!

VIVA CRISTO REY.ORG

FECHA: DIA   MES   AÑO

METAS DEL DIA

REZAR EL SANTO ROSARIO DE 15 MISTERIOS.......... ☐

LEER LA SANTA BIBLIA (15 MINUTOS).................... ☐

SACRIFICIOS DIARIOS .... ☐

☐ _____   ☐ _____
☐ _____   ☐ _____
☐ _____   ☐ _____
☐ _____   ☐ _____
☐ _____   ☐ _____
☐ _____   ☐ _____
☐ _____   ☐ _____
☐ _____   ☐ _____
☐ _____   ☐ _____

SUGERENCIAS

Si no sabes como rezar el Santo Rosario, puedes conseguir nuestro libro *"Rosario Para Principiantes"* en el siguiente enlace: www.vcrey.com/rosario-libro

Algunos Sacrificios que puedes hacer incluyen:

- No tomar agua o líquidos durante una comida.
- Abstenerse de carne en viernes (lo cual es requerido por la Santa Madre Iglesia).
- No comer dulces o postres durante un día.
- Bañarse con agua fría.
- No comer carne en Sábado en honor a la Santísima Virgen María.
- Hacer una hora de silencio.
- No comprar o vender en Domingo (lo cual es ademas un mandamiento).
- Ser amable con alguien que te haya lastimado.
- Dar comida al hambriento.
- Dar agua al sediento.
- Visitar a los enfermos, y confortarlos.

NOTAS IMPORTANTES

☐ _____
☐ _____
☐ _____
☐ _____
☐ _____
☐ _____
☐ _____
☐ _____
☐ _____
☐ _____

AGENDA PARA TU ALMA

¡QUE VIVA CRISTO REY!

VIVA
CRISTO
REY.ORG

FECHA: DIA   MES   AÑO

METAS DEL DIA

REZAR EL SANTO ROSARIO DE 15 MISTERIOS.......... ☐

LEER LA SANTA BIBLIA (15 MINUTOS)................... ☐

SACRIFICIOS DIARIOS...................................... ☐

☐ _____   ☐ _____
☐ _____   ☐ _____
☐ _____   ☐ _____
☐ _____   ☐ _____
☐ _____   ☐ _____
☐ _____   ☐ _____
☐ _____   ☐ _____
☐ _____   ☐ _____
☐ _____   ☐ _____

SUGERENCIAS

Si no sabes como rezar el Santo Rosario, puedes conseguir nuestro libro *"Rosario Para Principiantes"* en el siguiente enlace: www.vcrey.com/rosario-libro

Algunos Sacrificios que puedes hacer incluyen:

- No tomar agua o líquidos durante una comida.
- Abstenerse de carne en viernes (lo cual es requerido por la Santa Madre Iglesia).
- No comer dulces o postres durante un día.
- Bañarse con agua fría.
- No comer carne en Sábado en honor a la Santísima Virgen Maria.
- Hacer una hora de silencio.
- No comprar o vender en Domingo (lo cual es ademas un mandamiento).
- Ser amable con alguien que te haya lastimado.
- Dar comida al hambriento.
- Dar agua al sediento.
- Visitar a los enfermos, y confortarlos.

NOTAS IMPORTANTES

☐ _____
☐ _____
☐ _____
☐ _____
☐ _____
☐ _____
☐ _____
☐ _____
☐ _____
☐ _____

AGENDA PARA TU ALMA

¡QUE VIVA CRISTO REY!

VIVA CRISTO REY.ORG

FECHA: DIA   MES   AÑO

METAS DEL DIA

REZAR EL SANTO ROSARIO DE 15 MISTERIOS.......... ☐

LEER LA SANTA BIBLIA (15 MINUTOS).................... ☐

SACRIFICIOS DIARIOS .... ☐

☐ _____   ☐ _____

☐ _____   ☐ _____

☐ _____   ☐ _____

☐ _____   ☐ _____

☐ _____   ☐ _____
☐ _____   ☐ _____

☐ _____   ☐ _____

☐ _____   ☐ _____

☐ _____   ☐ _____

SUGERENCIAS

Si no sabes como rezar el Santo Rosario, puedes conseguir nuestro libro *"Rosario Para Principiantes"* en el siguiente enlace: www.vcrey.com/rosario-libro

Algunos Sacrificios que puedes hacer incluyen:

- No tomar agua o líquidos durante una comida.
- Abstenerse de carne en viernes (lo cual es requerido por la Santa Madre Iglesia).
- No comer dulces o postres durante un día.
- Bañarse con agua fría.
- No comer carne en Sábado en honor a la Santísima Virgen Maria.
- Hacer una hora de silencio.
- No comprar o vender en Domingo (lo cual es ademas un mandamiento).
- Ser amable con alguien que te haya lastimado.
- Dar comida al hambriento.
- Dar agua al sediento.
- Visitar a los enfermos, y confortarlos.

NOTAS IMPORTANTES

☐ _____

☐ _____

☐ _____

☐ _____

☐ _____

☐ _____

☐ _____

☐ _____

☐ _____

☐ _____

AGENDA PARA TU ALMA

¡QUE VIVA CRISTO REY!

FECHA: DIA   MES   AÑO

METAS DEL DIA

REZAR EL SANTO ROSARIO DE 15 MISTERIOS.......... ☐

LEER LA SANTA BIBLIA (15 MINUTOS)................... ☐

SACRIFICIOS DIARIOS...................................... ☐

☐ _____ ☐ _____
☐ _____ ☐ _____
☐ _____ ☐ _____
☐ _____ ☐ _____
☐ _____ ☐ _____
☐ _____ ☐ _____
☐ _____ ☐ _____
☐ _____ ☐ _____
☐ _____ ☐ _____

SUGERENCIAS

Si no sabes como rezar el Santo Rosario, puedes conseguir nuestro libro *"Rosario Para Principiantes"* en el siguiente enlace: www.vcrey.com/rosario-libro

Algunos Sacrificios que puedes hacer incluyen:

- No tomar agua o líquidos durante una comida.
- Abstenerse de carne en viernes (lo cual es requerido por la Santa Madre Iglesia).
- No comer dulces o postres durante un día.
- Bañarse con agua fría.
- No comer carne en Sábado en honor a la Santísima Virgen Maria.
- Hacer una hora de silencio.
- No comprar o vender en Domingo (lo cual es ademas un mandamiento).
- Ser amable con alguien que te haya lastimado.
- Dar comida al hambriento.
- Dar agua al sediento.
- Visitar a los enfermos, y confortarlos.

NOTAS IMPORTANTES

☐ _____
☐ _____
☐ _____
☐ _____
☐ _____
☐ _____
☐ _____
☐ _____
☐ _____
☐ _____

AGENDA PARA TU ALMA

¡QUE VIVA CRISTO REY!

VIVA
CRISTO
REY.ORG

FECHA: DIA   MES   AÑO

METAS DEL DIA

REZAR EL SANTO ROSARIO DE 15 MISTERIOS.......... ☐

LEER LA SANTA BIBLIA (15 MINUTOS).................... ☐

SACRIFICIOS DIARIOS .... ☐

☐ _____   ☐ _____
☐ _____   ☐ _____
☐ _____   ☐ _____
☐ _____   ☐ _____
☐ _____   ☐ _____
☐ _____   ☐ _____
☐ _____   ☐ _____
☐ _____   ☐ _____
☐ _____   ☐ _____

SUGERENCIAS

Si no sabes como rezar el Santo Rosario, puedes conseguir nuestro libro *"Rosario Para Principiantes"* en el siguiente enlace: www.vcrey.com/rosario-libro

Algunos Sacrificios que puedes hacer incluyen:

- No tomar agua o líquidos durante una comida.
- Abstenerse de carne en viernes (lo cual es requerido por la Santa Madre Iglesia).
- No comer dulces o postres durante un día.
- Bañarse con agua fría.
- No comer carne en Sábado en honor a la Santísima Virgen Maria.
- Hacer una hora de silencio.
- No comprar o vender en Domingo (lo cual es ademas un mandamiento).
- Ser amable con alguien que te haya lastimado.
- Dar comida al hambriento.
- Dar agua al sediento.
- Visitar a los enfermos, y confortarlos.

NOTAS IMPORTANTES

☐ _____
☐ _____
☐ _____
☐ _____
☐ _____
☐ _____
☐ _____
☐ _____
☐ _____
☐ _____

AGENDA PARA TU ALMA

¡QUE VIVA CRISTO REY!

VIVA CRISTO REY.ORG

FECHA: DIA   MES   AÑO

METAS DEL DIA

REZAR EL SANTO ROSARIO DE 15 MISTERIOS.......... ☐

LEER LA SANTA BIBLIA (15 MINUTOS).................... ☐

SACRIFICIOS DIARIOS...................................... ☐

☐ _____ ☐ _____
☐ _____ ☐ _____
☐ _____ ☐ _____
☐ _____ ☐ _____
☐ _____ ☐ _____
☐ _____
☐ _____ ☐ _____
☐ _____ ☐ _____
☐ _____

SUGERENCIAS

Si no sabes como rezar el Santo Rosario, puedes conseguir nuestro libro *"Rosario Para Principiantes"* en el siguiente enlace: www.vcrey.com/rosario-libro

Algunos Sacrificios que puedes hacer incluyen:

- No tomar agua o líquidos durante una comida.
- Abstenerse de carne en viernes (lo cual es requerido por la Santa Madre Iglesia).
- No comer dulces o postres durante un día.
- Bañarse con agua fría.
- No comer carne en Sábado en honor a la Santísima Virgen Maria.
- Hacer una hora de silencio.
- No comprar o vender en Domingo (lo cual es ademas un mandamiento).
- Ser amable con alguien que te haya lastimado.
- Dar comida al hambriento.
- Dar agua al sediento.
- Visitar a los enfermos, y confortarlos.

NOTAS IMPORTANTES

☐ _____
☐ _____
☐ _____
☐ _____
☐ _____
☐ _____
☐ _____
☐ _____
☐ _____
☐ _____

AGENDA PARA TU ALMA

¡QUE VIVA CRISTO REY!

VIVA CRISTO REY.ORG

FECHA: DIA   MES   AÑO

METAS DEL DIA

REZAR EL SANTO ROSARIO DE 15 MISTERIOS.......... ☐

LEER LA SANTA BIBLIA (15 MINUTOS).................... ☐

SACRIFICIOS DIARIOS .... ☐

☐ _____   ☐ _____
☐ _____   ☐ _____
☐ _____   ☐ _____
☐ _____   ☐ _____
☐ _____   ☐ _____
☐ _____   ☐ _____
☐ _____   ☐ _____
☐ _____   ☐ _____
☐ _____   ☐ _____

SUGERENCIAS

Si no sabes como rezar el Santo Rosario, puedes conseguir nuestro libro *Rosario Para Principiantes* en el siguiente enlace: www.vcrey.com/rosario-libro

Algunos Sacrificios que puedes hacer incluyen:

- No tomar agua o líquidos durante una comida.
- Abstenerse de carne en viernes (lo cual es requerido por la Santa Madre Iglesia).
- No comer dulces o postres durante un día.
- Bañarse con agua fría.
- No comer carne en Sábado en honor a la Santísima Virgen Maria.
- Hacer una hora de silencio.
- No comprar o vender en Domingo (lo cual es ademas un mandamiento).
- Ser amable con alguien que te haya lastimado.
- Dar comida al hambriento.
- Dar agua al sediento.
- Visitar a los enfermos, y confortarlos.

NOTAS IMPORTANTES

☐ _____
☐ _____
☐ _____
☐ _____
☐ _____
☐ _____
☐ _____
☐ _____
☐ _____
☐ _____

AGENDA PARA TU ALMA

¡QUE VIVA CRISTO REY!

VIVA CRISTO REY.ORG

FECHA: DIA   MES   AÑO

METAS DEL DIA

REZAR EL SANTO ROSARIO DE 15 MISTERIOS.......... ☐

LEER LA SANTA BIBLIA (15 MINUTOS).................... ☐

SACRIFICIOS DIARIOS....... .... ☐

☐ _____   ☐ _____

☐ _____   ☐ _____

☐ _____   ☐ _____

☐ _____   ☐ _____

☐ _____   ☐ _____

☐ _____   ☐ _____

☐ _____   ☐ _____

☐ _____   ☐ _____

☐ _____   ☐ _____

SUGERENCIAS

Si no sabes como rezar el Santo Rosario, puedes conseguir nuestro libro *"Rosario Para Principiantes"* en el siguiente enlace: www.vcrey.com/rosario-libro

Algunos Sacrificios que puedes hacer incluyen:

- No tomar agua o líquidos durante una comida.
- Abstenerse de carne en viernes (lo cual es requerido por la Santa Madre Iglesia).
- No comer dulces o postres durante un día.
- Bañarse con agua fría.
- No comer carne en Sábado en honor a la Santísima Virgen Maria.
- Hacer una hora de silencio.
- No comprar o vender en Domingo (lo cual es ademas un mandamiento).
- Ser amable con alguien que te haya lastimado.
- Dar comida al hambriento.
- Dar agua al sediento.
- Visitar a los enfermos, y confortarlos.

NOTAS IMPORTANTES

☐ _____

☐ _____

☐ _____

☐ _____

☐ _____

☐ _____

☐ _____

☐ _____

☐ _____

☐ _____

AGENDA PARA TU ALMA

¡QUE VIVA CRISTO REY!

VIVA CRISTO REY.ORG

FECHA: DIA   MES   AÑO

METAS DEL DIA

REZAR EL SANTO ROSARIO DE 15 MISTERIOS.......... ☐

LEER LA SANTA BIBLIA (15 MINUTOS)................. ☐

SACRIFICIOS DIARIOS.................................. ☐

☐ _____   ☐ _____
☐ _____   ☐ _____
☐ _____   ☐ _____
☐ _____   ☐ _____
☐ _____   ☐ _____
☐ _____   ☐ _____
☐ _____   ☐ _____
☐ _____   ☐ _____

SUGERENCIAS

Si no sabes como rezar el Santo Rosario, puedes conseguir nuestro libro *"Rosario Para Principiantes"* en el siguiente enlace: www.vcrey.com/rosario-libro

Algunos Sacrificios que puedes hacer incluyen:

- No tomar agua o líquidos durante una comida.
- Abstenerse de carne en viernes (lo cual es requerido por la Santa Madre Iglesia).
- No comer dulces o postres durante un día.
- Bañarse con agua fría.
- No comer carne en Sábado en honor a la Santísima Virgen Maria.
- Hacer una hora de silencio.
- No comprar o vender en Domingo (lo cual es ademas un mandamiento).
- Ser amable con alguien que te haya lastimado.
- Dar comida al hambriento.
- Dar agua al sediento.
- Visitar a los enfermos, y confortarlos.

NOTAS IMPORTANTES

☐ _____
☐ _____
☐ _____
☐ _____
☐ _____
☐ _____
☐ _____
☐ _____
☐ _____
☐ _____

AGENDA PARA TU ALMA

¡QUE VIVA CRISTO REY!

VIVA CRISTO REY.ORG

FECHA: DIA   MES   AÑO

METAS DEL DIA

REZAR EL SANTO ROSARIO DE 15 MISTERIOS.......... ☐

LEER LA SANTA BIBLIA (15 MINUTOS)................... ☐

SACRIFICIOS DIARIOS........................... ☐

☐ _____   ☐ _____
☐ _____   ☐ _____
☐ _____   ☐ _____
☐ _____   ☐ _____
☐ _____   ☐ _____
☐ _____   ☐ _____
☐ _____   ☐ _____
☐ _____   ☐ _____
☐ _____   ☐ _____

SUGERENCIAS

Si no sabes como rezar el Santo Rosario, puedes conseguir nuestro libro *"Rosario Para Principiantes"* en el siguiente enlace: www.vcrey.com/rosario-libro

Algunos Sacrificios que puedes hacer incluyen:

- No tomar agua o líquidos durante una comida.
- Abstenerse de carne en viernes (lo cual es requerido por la Santa Madre Iglesia).
- No comer dulces o postres durante un día.
- Bañarse con agua fría.
- No comer carne en Sábado en honor a la Santísima Virgen Maria.
- Hacer una hora de silencio.
- No comprar o vender en Domingo (lo cual es ademas un mandamiento).
- Ser amable con alguien que te haya lastimado.
- Dar comida al hambriento.
- Dar agua al sediento.
- Visitar a los enfermos, y confortarlos.

NOTAS IMPORTANTES

☐ _____
☐ _____
☐ _____
☐ _____
☐ _____
☐ _____
☐ _____
☐ _____
☐ _____

AGENDA PARA TU ALMA

¡QUE VIVA CRISTO REY!

VIVA CRISTO REY.ORG

FECHA: DIA   MES   AÑO

METAS DEL DIA

REZAR EL SANTO ROSARIO DE 15 MISTERIOS.......... ☐

LEER LA SANTA BIBLIA (15 MINUTOS)..................... ☐

SACRIFICIOS DIARIOS .... ☐

☐ _____   ☐ _____
☐ _____   ☐ _____
☐ _____   ☐ _____
☐ _____   ☐ _____
☐ _____   ☐ _____
☐ _____   ☐ _____
☐ _____   ☐ _____
☐ _____   ☐ _____
☐ _____   ☐ _____

SUGERENCIAS

Si no sabes como rezar el Santo Rosario, puedes conseguir nuestro libro *"Rosario Para Principiantes"* en el siguiente enlace: www.vcrey.com/rosario-libro

Algunos Sacrificios que puedes hacer incluyen:

- No tomar agua o líquidos durante una comida.
- Abstenerse de carne en viernes (lo cual es requerido por la Santa Madre Iglesia).
- No comer dulces o postres durante un día.
- Bañarse con agua fría.
- No comer carne en Sábado en honor a la Santísima Virgen Maria.
- Hacer una hora de silencio.
- No comprar o vender en Domingo (lo cual es ademas un mandamiento).
- Ser amable con alguien que te haya lastimado.
- Dar comida al hambriento.
- Dar agua al sediento.
- Visitar a los enfermos, y confortarlos.

NOTAS IMPORTANTES

☐ _____
☐ _____
☐ _____
☐ _____
☐ _____
☐ _____
☐ _____
☐ _____
☐ _____
☐ _____
☐ _____

AGENDA PARA TU ALMA

¡QUE VIVA CRISTO REY!

VIVA CRISTO REY.ORG

FECHA: DIA   MES   AÑO

METAS DEL DIA

REZAR EL SANTO ROSARIO DE 15 MISTERIOS.......... ☐

LEER LA SANTA BIBLIA (15 MINUTOS)................... ☐

SACRIFICIOS DIARIOS...................................... ☐

☐ _____   ☐ _____
☐ _____   ☐ _____
☐ _____   ☐ _____
☐ _____   ☐ _____
☐ _____   ☐ _____
☐ _____   ☐ _____
☐ _____   ☐ _____
☐ _____   ☐ _____
☐ _____   ☐ _____

SUGERENCIAS

Si no sabes como rezar el Santo Rosario, puedes conseguir nuestro libro *"Rosario Para Principiantes"* en el siguiente enlace: www.vcrey.com/rosario-libro

Algunos Sacrificios que puedes hacer incluyen:

- No tomar agua o líquidos durante una comida.
- Abstenerse de carne en viernes (lo cual es requerido por la Santa Madre Iglesia).
- No comer dulces o postres durante un día.
- Bañarse con agua fría.
- No comer carne en Sábado en honor a la Santísima Virgen Maria.
- Hacer una hora de silencio.
- No comprar o vender en Domingo (lo cual es ademas un mandamiento).
- Ser amable con alguien que te haya lastimado.
- Dar comida al hambriento.
- Dar agua al sediento.
- Visitar a los enfermos, y confortarlos.

NOTAS IMPORTANTES

☐ _____
☐ _____
☐ _____
☐ _____
☐ _____
☐ _____
☐ _____
☐ _____
☐ _____
☐ _____

AGENDA PARA TU ALMA

¡QUE VIVA CRISTO REY!

VIVA
CRISTO
REY.ORG

FECHA: DIA   MES   AÑO

METAS DEL DIA

REZAR EL SANTO ROSARIO DE 15 MISTERIOS.......... ☐

LEER LA SANTA BIBLIA (15 MINUTOS).................... ☐

SACRIFICIOS DIARIOS .... ☐

☐ _____   ☐ _____
☐ _____   ☐ _____
☐ _____   ☐ _____
☐ _____   ☐ _____
☐ _____   ☐ _____
☐ _____   ☐ _____
☐ _____   ☐ _____
☐ _____   ☐ _____
☐ _____   ☐ _____

SUGERENCIAS

Si no sabes como rezar el Santo Rosario, puedes conseguir nuestro libro *"Rosario Para Principiantes"* en el siguiente enlace: www.vcrey.com/rosario-libro

Algunos Sacrificios que puedes hacer incluyen:

- No tomar agua o líquidos durante una comida.
- Abstenerse de carne en viernes (lo cual es requerido por la Santa Madre Iglesia).
- No comer dulces o postres durante un día.
- Bañarse con agua fría.
- No comer carne en Sábado en honor a la Santísima Virgen Maria.
- Hacer una hora de silencio.
- No comprar o vender en Domingo (lo cual es ademas un mandamiento).
- Ser amable con alguien que te haya lastimado.
- Dar comida al hambriento.
- Dar agua al sediento.
- Visitar a los enfermos, y confortarlos.

NOTAS IMPORTANTES

☐ _____
☐ _____
☐ _____
☐ _____
☐ _____
☐ _____
☐ _____
☐ _____
☐ _____
☐ _____

AGENDA PARA TU ALMA

¡QUE VIVA CRISTO REY!

VIVA CRISTO REY.ORG

FECHA: DIA   MES   AÑO

METAS DEL DIA

REZAR EL SANTO ROSARIO DE 15 MISTERIOS.......... ☐

LEER LA SANTA BIBLIA (15 MINUTOS).................... ☐

SACRIFICIOS DIARIOS...................................... ☐

☐ _____   ☐ _____
☐ _____   ☐ _____
☐ _____   ☐ _____
☐ _____   ☐ _____
☐ _____   ☐ _____
☐ _____   ☐ _____
☐ _____   ☐ _____
☐ _____   ☐ _____

SUGERENCIAS

Si no sabes como rezar el Santo Rosario, puedes conseguir nuestro libro *"Rosario Para Principiantes"* en el siguiente enlace: www.vcrey.com/rosario-libro

Algunos Sacrificios que puedes hacer incluyen:

- No tomar agua o líquidos durante una comida.
- Abstenerse de carne en viernes (lo cual es requerido por la Santa Madre Iglesia).
- No comer dulces o postres durante un día.
- Bañarse con agua fría.
- No comer carne en Sábado en honor a la Santísima Virgen Maria.
- Hacer una hora de silencio.
- No comprar o vender en Domingo (lo cual es ademas un mandamiento).
- Ser amable con alguien que te haya lastimado.
- Dar comida al hambriento.
- Dar agua al sediento.
- Visitar a los enfermos, y confortarlos.

NOTAS IMPORTANTES

☐ _____
☐ _____
☐ _____
☐ _____
☐ _____
☐ _____
☐ _____
☐ _____
☐ _____
☐ _____
☐ _____

AGENDA PARA TU ALMA

¡QUE VIVA CRISTO REY!

VIVA CRISTO REY.ORG

FECHA: DIA   MES   AÑO

METAS DEL DIA

REZAR EL SANTO ROSARIO DE 15 MISTERIOS.......... ☐

LEER LA SANTA BIBLIA (15 MINUTOS).................... ☐

SACRIFICIOS DIARIOS .... ☐

☐ _____   ☐ _____
☐ _____   ☐ _____
☐ _____   ☐ _____
☐ _____   ☐ _____
☐ _____   ☐ _____
☐ _____   ☐ _____
☐ _____   ☐ _____
☐ _____   ☐ _____
☐ _____   ☐ _____

SUGERENCIAS

Si no sabes como rezar el Santo Rosario, puedes conseguir nuestro libro *"Rosario Para Principiantes"* en el siguiente enlace: www.vcrey.com/rosario-libro

Algunos Sacrificios que puedes hacer incluyen:

- No tomar agua o líquidos durante una comida.
- Abstenerse de carne en viernes (lo cual es requerido por la Santa Madre Iglesia).
- No comer dulces o postres durante un día.
- Bañarse con agua fría.
- No comer carne en Sábado en honor a la Santísima Virgen María.
- Hacer una hora de silencio.
- No comprar o vender en Domingo (lo cual es ademas un mandamiento).
- Ser amable con alguien que te haya lastimado.
- Dar comida al hambriento.
- Dar agua al sediento.
- Visitar a los enfermos, y confortarlos.

NOTAS IMPORTANTES

☐ _____
☐ _____
☐ _____
☐ _____
☐ _____
☐ _____
☐ _____
☐ _____
☐ _____
☐ _____

AGENDA PARA TU ALMA

¡QUE VIVA CRISTO REY!

VIVA CRISTO REY.ORG

FECHA: DIA   MES   AÑO

METAS DEL DIA

REZAR EL SANTO ROSARIO DE 15 MISTERIOS.......... ☐

LEER LA SANTA BIBLIA (15 MINUTOS).................... ☐

SACRIFICIOS DIARIOS....... .... ☐

☐ _____   ☐ _____
☐ _____   ☐ _____
☐ _____   ☐ _____
☐ _____   ☐ _____
☐ _____
☐ _____   ☐ _____
☐ _____   ☐ _____
☐ _____   ☐ _____
☐ _____   ☐ _____

SUGERENCIAS

Si no sabes como rezar el Santo Rosario, puedes conseguir nuestro libro *"Rosario Para Principiantes"* en el siguiente enlace: www.vcrey.com/rosario-libro

Algunos Sacrificios que puedes hacer incluyen:

- No tomar agua o líquidos durante una comida.
- Abstenerse de carne en viernes (lo cual es requerido por la Santa Madre Iglesia).
- No comer dulces o postres durante un día.
- Bañarse con agua fría.
- No comer carne en Sábado en honor a la Santísima Virgen Maria.
- Hacer una hora de silencio.
- No comprar o vender en Domingo (lo cual es ademas un mandamiento).
- Ser amable con alguien que te haya lastimado.
- Dar comida al hambriento.
- Dar agua al sediento.
- Visitar a los enfermos, y confortarlos.

NOTAS IMPORTANTES

☐ _____
☐ _____
☐ _____
☐ _____
☐ _____
☐ _____
☐ _____
☐ _____
☐ _____
☐ _____

AGENDA PARA TU ALMA

¡QUE VIVA CRISTO REY!

VIVA
CRISTO
REY.ORG

FECHA: DIA   MES   AÑO

METAS DEL DIA

REZAR EL SANTO ROSARIO DE 15 MISTERIOS.......... ☐

LEER LA SANTA BIBLIA (15 MINUTOS).................... ☐

SACRIFICIOS DIARIOS .... ☐

☐ _____   ☐ _____
☐ _____   ☐ _____
☐ _____   ☐ _____
☐ _____   ☐ _____
☐ _____   ☐ _____
☐ _____   ☐ _____
☐ _____   ☐ _____
☐ _____   ☐ _____
☐ _____   ☐ _____

SUGERENCIAS

Si no sabes como rezar el Santo Rosario, puedes conseguir nuestro libro *"Rosario Para Principiantes"* en el siguiente enlace: www.vcrey.com/rosario-libro

Algunos Sacrificios que puedes hacer incluyen:

- No tomar agua o líquidos durante una comida.
- Abstenerse de carne en viernes (lo cual es requerido por la Santa Madre Iglesia).
- No comer dulces o postres durante un día.
- Bañarse con agua fría.
- No comer carne en Sábado en honor a la Santísima Virgen Maria.
- Hacer una hora de silencio.
- No comprar o vender en Domingo (lo cual es ademas un mandamiento).
- Ser amable con alguien que te haya lastimado.
- Dar comida al hambriento.
- Dar agua al sediento.
- Visitar a los enfermos, y confortarlos.

NOTAS IMPORTANTES

☐ _____
☐ _____
☐ _____
☐ _____
☐ _____
☐ _____
☐ _____
☐ _____
☐ _____
☐ _____

AGENDA PARA TU ALMA

¡QUE VIVA CRISTO REY!

VIVA
CRISTO
REY.ORG

FECHA: DIA   MES   AÑO

METAS DEL DIA

REZAR EL SANTO ROSARIO DE 15 MISTERIOS.......... ☐

LEER LA SANTA BIBLIA (15 MINUTOS)................... ☐

SACRIFICIOS DIARIOS...................................... ☐

☐ _____   ☐ _____
☐ _____   ☐ _____
☐ _____   ☐ _____
☐ _____   ☐ _____
☐ _____   ☐ _____
☐ _____   ☐ _____
☐ _____   ☐ _____
☐ _____   ☐ _____
☐ _____   ☐ _____

SUGERENCIAS

Si no sabes como rezar el Santo Rosario, puedes conseguir nuestro libro *"Rosario Para Principiantes"* en el siguiente enlace: www.vcrey.com/rosario-libro

Algunos Sacrificios que puedes hacer incluyen:

- No tomar agua o líquidos durante una comida.
- Abstenerse de carne en viernes (lo cual es requerido por la Santa Madre Iglesia).
- No comer dulces o postres durante un día.
- Bañarse con agua fría.
- No comer carne en Sábado en honor a la Santísima Virgen María.
- Hacer una hora de silencio.
- No comprar o vender en Domingo (lo cual es ademas un mandamiento).
- Ser amable con alguien que te haya lastimado.
- Dar comida al hambriento.
- Dar agua al sediento.
- Visitar a los enfermos, y confortarlos.

NOTAS IMPORTANTES

☐ _____
☐ _____
☐ _____
☐ _____
☐ _____
☐ _____
☐ _____
☐ _____
☐ _____
☐ _____

AGENDA PARA TU ALMA

¡QUE VIVA CRISTO REY!

VIVA
CRISTO
REY.ORG

FECHA: DIA   MES   AÑO

METAS DEL DIA

REZAR EL SANTO ROSARIO DE 15 MISTERIOS........... ☐

LEER LA SANTA BIBLIA (15 MINUTOS)..................... ☐

SACRIFICIOS DIARIOS .... ☐

☐ _____   ☐ _____
☐ _____   ☐ _____
☐ _____   ☐ _____
☐ _____   ☐ _____
☐ _____   ☐ _____
☐ _____   ☐ _____
☐ _____   ☐ _____
☐ _____   ☐ _____
☐ _____   ☐ _____

SUGERENCIAS

Si no sabes como rezar el Santo Rosario, puedes conseguir nuestro libro *"Rosario Para Principiantes"* en el siguiente enlace: www.vcrey.com/rosario-libro

Algunos Sacrificios que puedes hacer incluyen:

- No tomar agua o líquidos durante una comida.
- Abstenerse de carne en viernes (lo cual es requerido por la Santa Madre Iglesia).
- No comer dulces o postres durante un día.
- Bañarse con agua fría.
- No comer carne en Sábado en honor a la Santísima Virgen Maria.
- Hacer una hora de silencio.
- No comprar o vender en Domingo (lo cual es ademas un mandamiento).
- Ser amable con alguien que te haya lastimado.
- Dar comida al hambriento.
- Dar agua al sediento.
- Visitar a los enfermos, y confortarlos.

NOTAS IMPORTANTES

☐ _____
☐ _____
☐ _____
☐ _____
☐ _____
☐ _____
☐ _____
☐ _____
☐ _____
☐ _____

AGENDA PARA TU ALMA

¡QUE VIVA CRISTO REY!

VIVA CRISTO REY.ORG

FECHA: DIA   MES   AÑO

METAS DEL DIA

REZAR EL SANTO ROSARIO DE 15 MISTERIOS.......... ☐

LEER LA SANTA BIBLIA (15 MINUTOS).................... ☐

SACRIFICIOS DIARIOS....... .... ☐

☐ _____   ☐ _____

☐ _____   ☐ _____

☐ _____   ☐ _____

☐ _____   ☐ _____

☐ _____   ☐ _____

☐ _____   ☐ _____

☐ _____   ☐ _____

☐ _____   ☐ _____

SUGERENCIAS

Si no sabes como rezar el Santo Rosario, puedes conseguir nuestro libro *"Rosario Para Principiantes"* en el siguiente enlace: www.vcrey.com/rosario-libro

Algunos Sacrificios que puedes hacer incluyen:

- No tomar agua o líquidos durante una comida.
- Abstenerse de carne en viernes (lo cual es requerido por la Santa Madre Iglesia).
- No comer dulces o postres durante un día.
- Bañarse con agua fría.
- No comer carne en Sábado en honor a la Santísima Virgen Maria.
- Hacer una hora de silencio.
- No comprar o vender en Domingo (lo cual es ademas un mandamiento).
- Ser amable con alguien que te haya lastimado.
- Dar comida al hambriento.
- Dar agua al sediento.
- Visitar a los enfermos, y confortarlos.

NOTAS IMPORTANTES

☐ _____

☐ _____

☐ _____

☐ _____

☐ _____

☐ _____

☐ _____

☐ _____

☐ _____

☐ _____

AGENDA PARA TU ALMA

¡QUE VIVA CRISTO REY!

VIVA CRISTO REY.ORG

FECHA: DIA   MES   AÑO

METAS DEL DIA

REZAR EL SANTO ROSARIO DE 15 MISTERIOS.......... ☐

LEER LA SANTA BIBLIA (15 MINUTOS).................... ☐

SACRIFICIOS DIARIOS .... ☐

☐ _____   ☐ _____
☐ _____   ☐ _____
☐ _____   ☐ _____
☐ _____   ☐ _____
☐ _____   ☐ _____
☐ _____   ☐ _____
☐ _____   ☐ _____
☐ _____   ☐ _____
☐ _____   ☐ _____

SUGERENCIAS

Si no sabes como rezar el Santo Rosario, puedes conseguir nuestro libro *"Rosario Para Principiantes"* en el siguiente enlace: www.vcrey.com/rosario-libro

Algunos Sacrificios que puedes hacer incluyen:

- No tomar agua o líquidos durante una comida.
- Abstenerse de carne en viernes (lo cual es requerido por la Santa Madre Iglesia).
- No comer dulces o postres durante un día.
- Bañarse con agua fría.
- No comer carne en Sábado en honor a la Santísima Virgen María.
- Hacer una hora de silencio.
- No comprar o vender en Domingo (lo cual es ademas un mandamiento).
- Ser amable con alguien que te haya lastimado.
- Dar comida al hambriento.
- Dar agua al sediento.
- Visitar a los enfermos, y confortarlos.

NOTAS IMPORTANTES

☐ _____
☐ _____
☐ _____
☐ _____
☐ _____
☐ _____
☐ _____
☐ _____
☐ _____
☐ _____
☐ _____

AGENDA PARA TU ALMA

¡QUE VIVA CRISTO REY!

VIVA CRISTO REY.ORG

FECHA: DIA   MES   AÑO

METAS DEL DIA

REZAR EL SANTO ROSARIO DE 15 MISTERIOS.......... ☐

LEER LA SANTA BIBLIA (15 MINUTOS)................... ☐

SACRIFICIOS DIARIOS...................................... ☐

☐ _____ ☐ _____
☐ _____ ☐ _____
☐ _____ ☐ _____
☐ _____ ☐ _____
☐ _____ ☐ _____
☐ _____ ☐ _____
☐ _____ ☐ _____
☐ _____ ☐ _____
☐ _____ ☐ _____

SUGERENCIAS

Si no sabes como rezar el Santo Rosario, puedes conseguir nuestro libro *"Rosario Para Principiantes"* en el siguiente enlace: www.vcrey.com/rosario-libro

Algunos Sacrificios que puedes hacer incluyen:

- No tomar agua o líquidos durante una comida.
- Abstenerse de carne en viernes (lo cual es requerido por la Santa Madre Iglesia).
- No comer dulces o postres durante un día.
- Bañarse con agua fría.
- No comer carne en Sábado en honor a la Santísima Virgen Maria.
- Hacer una hora de silencio.
- No comprar o vender en Domingo (lo cual es ademas un mandamiento).
- Ser amable con alguien que te haya lastimado.
- Dar comida al hambriento.
- Dar agua al sediento.
- Visitar a los enfermos, y confortarlos.

NOTAS IMPORTANTES

☐ _____
☐ _____
☐ _____
☐ _____
☐ _____
☐ _____
☐ _____
☐ _____
☐ _____
☐ _____

AGENDA PARA TU ALMA

¡QUE VIVA CRISTO REY!

VIVA
CRISTO
REY.ORG

FECHA: DIA   MES   AÑO

METAS DEL DIA

REZAR EL SANTO ROSARIO DE 15 MISTERIOS.......... ☐

LEER LA SANTA BIBLIA (15 MINUTOS).................... ☐

SACRIFICIOS DIARIOS .... ☐

☐ _____   ☐ _____
☐ _____   ☐ _____
☐ _____   ☐ _____
☐ _____   ☐ _____
☐ _____   ☐ _____
☐ _____   ☐ _____
☐ _____   ☐ _____
☐ _____   ☐ _____
☐ _____   ☐ _____

SUGERENCIAS

Si no sabes como rezar el Santo Rosario, puedes conseguir nuestro libro *"Rosario Para Principiantes"* en el siguiente enlace: www.vcrey.com/rosario-libro

Algunos Sacrificios que puedes hacer incluyen:

- No tomar agua o líquidos durante una comida.
- Abstenerse de carne en viernes (lo cual es requerido por la Santa Madre Iglesia).
- No comer dulces o postres durante un día.
- Bañarse con agua fría.
- No comer carne en Sábado en honor a la Santísima Virgen Maria.
- Hacer una hora de silencio.
- No comprar o vender en Domingo (lo cual es ademas un mandamiento).
- Ser amable con alguien que te haya lastimado.
- Dar comida al hambriento.
- Dar agua al sediento.
- Visitar a los enfermos, y confortarlos.

NOTAS IMPORTANTES

☐ _____
☐ _____
☐ _____
☐ _____
☐ _____
☐ _____
☐ _____
☐ _____
☐ _____
☐ _____
☐ _____

AGENDA PARA TU ALMA

¡QUE VIVA CRISTO REY!

VIVA CRISTO REY.ORG

FECHA: DIA   MES   AÑO

METAS DEL DIA

REZAR EL SANTO ROSARIO DE 15 MISTERIOS.......... ☐

LEER LA SANTA BIBLIA (15 MINUTOS).................... ☐

SACRIFICIOS DIARIOS...................................... ☐

☐ _____ ☐ _____
☐ _____ ☐ _____
☐ _____ ☐ _____
☐ _____ ☐ _____
☐ _____ ☐ _____
☐ _____ ☐ _____
☐ _____ ☐ _____
☐ _____ ☐ _____
☐ _____ ☐ _____

SUGERENCIAS

Si no sabes como rezar el Santo Rosario, puedes conseguir nuestro libro *"Rosario Para Principiantes"* en el siguiente enlace: www.vcrey.com/rosario-libro

Algunos Sacrificios que puedes hacer incluyen:

- No tomar agua o líquidos durante una comida.
- Abstenerse de carne en viernes (lo cual es requerido por la Santa Madre Iglesia).
- No comer dulces o postres durante un día.
- Bañarse con agua fría.
- No comer carne en Sábado en honor a la Santísima Virgen Maria.
- Hacer una hora de silencio.
- No comprar o vender en Domingo (lo cual es ademas un mandamiento).
- Ser amable con alguien que te haya lastimado.
- Dar comida al hambriento.
- Dar agua al sediento.
- Visitar a los enfermos, y confortarlos.

NOTAS IMPORTANTES

☐ _____
☐ _____
☐ _____
☐ _____
☐ _____
☐ _____
☐ _____
☐ _____
☐ _____
☐ _____

AGENDA PARA TU ALMA

¡QUE VIVA CRISTO REY!

VIVA CRISTO REY.ORG

FECHA: DIA   MES   AÑO

METAS DEL DIA

REZAR EL SANTO ROSARIO DE 15 MISTERIOS.......... ☐

LEER LA SANTA BIBLIA (15 MINUTOS)................... ☐

SACRIFICIOS DIARIOS...................................... ☐

☐ _____   ☐ _____
☐ _____   ☐ _____
☐ _____   ☐ _____
☐ _____   ☐ _____
☐ _____   ☐ _____
☐ _____   ☐ _____
☐ _____   ☐ _____
☐ _____   ☐ _____
☐ _____   ☐ _____

SUGERENCIAS

Si no sabes como rezar el Santo Rosario, puedes conseguir nuestro libro *"Rosario Para Principiantes"* en el siguiente enlace: www.vcrey.com/rosario-libro

Algunos Sacrificios que puedes hacer incluyen:

- No tomar agua o líquidos durante una comida.
- Abstenerse de carne en viernes (lo cual es requerido por la Santa Madre Iglesia).
- No comer dulces o postres durante un día.
- Bañarse con agua fría.
- No comer carne en Sábado en honor a la Santísima Virgen Maria.
- Hacer una hora de silencio.
- No comprar o vender en Domingo (lo cual es ademas un mandamiento).
- Ser amable con alguien que te haya lastimado.
- Dar comida al hambriento.
- Dar agua al sediento.
- Visitar a los enfermos, y confortarlos.

NOTAS IMPORTANTES

☐ _____
☐ _____
☐ _____
☐ _____
☐ _____
☐ _____
☐ _____
☐ _____
☐ _____
☐ _____

AGENDA PARA TU ALMA

¡QUE VIVA CRISTO REY!

VIVA CRISTO REY.ORG

FECHA: DIA   MES   AÑO

METAS DEL DIA

REZAR EL SANTO ROSARIO DE 15 MISTERIOS.......... ☐

LEER LA SANTA BIBLIA (15 MINUTOS).................... ☐

SACRIFICIOS DIARIOS....... .... ☐

☐ _____ ☐ _____
☐ _____ ☐ _____
☐ _____ ☐ _____
☐ _____ ☐ _____
☐ _____ ☐ _____
☐ _____ ☐ _____
☐ _____ ☐ _____
☐ _____ ☐ _____
☐ _____ ☐ _____

SUGERENCIAS

Si no sabes como rezar el Santo Rosario, puedes conseguir nuestro libro *"Rosario Para Principiantes"* en el siguiente enlace: www.vcrey.com/rosario-libro

Algunos Sacrificios que puedes hacer incluyen:

- No tomar agua o líquidos durante una comida.
- Abstenerse de carne en viernes (lo cual es requerido por la Santa Madre Iglesia).
- No comer dulces o postres durante un día.
- Bañarse con agua fría.
- No comer carne en Sábado en honor a la Santísima Virgen Maria.
- Hacer una hora de silencio.
- No comprar o vender en Domingo (lo cual es ademas un mandamiento).
- Ser amable con alguien que te haya lastimado.
- Dar comida al hambriento.
- Dar agua al sediento.
- Visitar a los enfermos, y confortarlos.

NOTAS IMPORTANTES

☐ ....
☐ ....
☐ ....
☐ ....
☐ ....
☐ ....
☐ ....
☐ ....
☐ ....
☐ ....

AGENDA PARA TU ALMA

¡QUE VIVA CRISTO REY!

FECHA: DIA   MES   AÑO

METAS DEL DIA

REZAR EL SANTO ROSARIO DE 15 MISTERIOS........... ☐

LEER LA SANTA BIBLIA (15 MINUTOS).................... ☐

SACRIFICIOS DIARIOS .... ☐

☐ _____   ☐ _____
☐ _____   ☐ _____
☐ _____   ☐ _____
☐ _____   ☐ _____
☐ _____   ☐ _____
☐ _____   ☐ _____
☐ _____   ☐ _____
☐ _____   ☐ _____
☐ _____   ☐ _____

SUGERENCIAS

Si no sabes como rezar el Santo Rosario, puedes conseguir nuestro libro *"Rosario Para Principiantes"* en el siguiente enlace: www.vcrey.com/rosario-libro

Algunos Sacrificios que puedes hacer incluyen:

- No tomar agua o líquidos durante una comida.
- Abstenerse de carne en viernes (lo cual es requerido por la Santa Madre Iglesia).
- No comer dulces o postres durante un día.
- Bañarse con agua fría.
- No comer carne en Sábado en honor a la Santísima Virgen María.
- Hacer una hora de silencio.
- No comprar o vender en Domingo (lo cual es ademas un mandamiento).
- Ser amable con alguien que te haya lastimado.
- Dar comida al hambriento.
- Dar agua al sediento.
- Visitar a los enfermos, y confortarlos.

NOTAS IMPORTANTES

☐ _____
☐ _____
☐ _____
☐ _____
☐ _____
☐ _____
☐ _____
☐ _____
☐ _____
☐ _____

AGENDA PARA TU ALMA

¡QUE VIVA CRISTO REY!

FECHA: DIA   MES   AÑO

METAS DEL DIA

REZAR EL SANTO ROSARIO DE 15 MISTERIOS........... ☐

LEER LA SANTA BIBLIA (15 MINUTOS)................... ☐

SACRIFICIOS DIARIOS....... .... ☐

☐ _____   ☐ _____
☐ _____   ☐ _____
☐ _____   ☐ _____
☐ _____   ☐ _____
☐ _____   ☐ _____
☐ _____   ☐ _____
☐ _____   ☐ _____
☐ _____   ☐ _____
☐ _____   ☐ _____

SUGERENCIAS

Si no sabes como rezar el Santo Rosario, puedes conseguir nuestro libro *"Rosario Para Principiantes"* en el siguiente enlace: www.vcrey.com/rosario-libro

Algunos Sacrificios que puedes hacer incluyen:

- No tomar agua o líquidos durante una comida.
- Abstenerse de carne en viernes (lo cual es requerido por la Santa Madre Iglesia).
- No comer dulces o postres durante un día.
- Bañarse con agua fría.
- No comer carne en Sábado en honor a la Santísima Virgen Maria.
- Hacer una hora de silencio.
- No comprar o vender en Domingo (lo cual es ademas un mandamiento).
- Ser amable con alguien que te haya lastimado.
- Dar comida al hambriento.
- Dar agua al sediento.
- Visitar a los enfermos, y confortarlos.

NOTAS IMPORTANTES

☐ _____
☐ _____
☐ _____
☐ _____
☐ _____
☐ _____
☐ _____
☐ _____
☐ _____
☐ _____

AGENDA PARA TU ALMA

¡QUE VIVA CRISTO REY!

VIVA
CRISTO
REY.ORG

FECHA: DIA   MES   AÑO

METAS DEL DIA

REZAR EL SANTO ROSARIO DE 15 MISTERIOS.......... ☐

LEER LA SANTA BIBLIA (15 MINUTOS)................... ☐

SACRIFICIOS DIARIOS .... ☐

☐ _____   ☐ _____
☐ _____   ☐ _____
☐ _____   ☐ _____
☐ _____   ☐ _____
☐ _____   ☐ _____
☐ _____   ☐ _____
☐ _____   ☐ _____
☐ _____   ☐ _____
☐ _____   ☐ _____

SUGERENCIAS

Si no sabes como rezar el Santo Rosario, puedes conseguir nuestro libro *"Rosario Para Principiantes"* en el siguiente enlace: www.vcrey.com/rosario-libro

Algunos Sacrificios que puedes hacer incluyen:

- No tomar agua o líquidos durante una comida.
- Abstenerse de carne en viernes (lo cual es requerido por la Santa Madre Iglesia).
- No comer dulces o postres durante un día.
- Bañarse con agua fría.
- No comer carne en Sábado en honor a la Santísima Virgen Maria.
- Hacer una hora de silencio.
- No comprar o vender en Domingo (lo cual es ademas un mandamiento).
- Ser amable con alguien que te haya lastimado.
- Dar comida al hambriento.
- Dar agua al sediento.
- Visitar a los enfermos, y confortarlos.

NOTAS IMPORTANTES

☐ _____
☐ _____
☐ _____
☐ _____
☐ _____
☐ _____
☐ _____
☐ _____
☐ _____
☐ _____

AGENDA PARA TU ALMA

¡QUE VIVA CRISTO REY!

FECHA: DIA   MES   AÑO

METAS DEL DIA

REZAR EL SANTO ROSARIO DE 15 MISTERIOS.......... ☐

LEER LA SANTA BIBLIA (15 MINUTOS)................... ☐

SACRIFICIOS DIARIOS.................................... ☐

☐ _____   ☐ _____
☐ _____   ☐ _____
☐ _____   ☐ _____
☐ _____   ☐ _____
☐ _____   ☐ _____
☐ _____   ☐ _____
☐ _____   ☐ _____
☐ _____   ☐ _____
☐ _____   ☐ _____

SUGERENCIAS

Si no sabes como rezar el Santo Rosario, puedes conseguir nuestro libro *"Rosario Para Principiantes"* en el siguiente enlace: www.vcrey.com/rosario-libro

Algunos Sacrificios que puedes hacer incluyen:

- No tomar agua o líquidos durante una comida.
- Abstenerse de carne en viernes (lo cual es requerido por la Santa Madre Iglesia).
- No comer dulces o postres durante un día.
- Bañarse con agua fría.
- No comer carne en Sábado en honor a la Santísima Virgen Maria.
- Hacer una hora de silencio.
- No comprar o vender en Domingo (lo cual es ademas un mandamiento).
- Ser amable con alguien que te haya lastimado.
- Dar comida al hambriento.
- Dar agua al sediento.
- Visitar a los enfermos, y confortarlos.

NOTAS IMPORTANTES

☐ _____
☐ _____
☐ _____
☐ _____
☐ _____
☐ _____
☐ _____
☐ _____
☐ _____
☐ _____

AGENDA PARA TU ALMA

¡QUE VIVA CRISTO REY!

VIVA CRISTO REY.ORG

FECHA: DIA   MES   AÑO

METAS DEL DIA

REZAR EL SANTO ROSARIO DE 15 MISTERIOS.......... ☐

LEER LA SANTA BIBLIA (15 MINUTOS).................. ☐

SACRIFICIOS DIARIOS .... ☐

☐ _____   ☐ _____
☐ _____   ☐ _____
☐ _____   ☐ _____
☐ _____   ☐ _____
☐ _____   ☐ _____
☐ _____   ☐ _____
☐ _____   ☐ _____
☐ _____   ☐ _____

SUGERENCIAS

Si no sabes como rezar el Santo Rosario, puedes conseguir nuestro libro *"Rosario Para Principiantes"* en el siguiente enlace: www.vcrey.com/rosario-libro

Algunos Sacrificios que puedes hacer incluyen:

- No tomar agua o líquidos durante una comida.
- Abstenerse de carne en viernes (lo cual es requerido por la Santa Madre Iglesia).
- No comer dulces o postres durante un día.
- Bañarse con agua fría.
- No comer carne en Sábado en honor a la Santísima Virgen Maria.
- Hacer una hora de silencio.
- No comprar o vender en Domingo (lo cual es ademas un mandamiento).
- Ser amable con alguien que te haya lastimado.
- Dar comida al hambriento.
- Dar agua al sediento.
- Visitar a los enfermos, y confortarlos.

NOTAS IMPORTANTES

☐ _____
☐ _____
☐ _____
☐ _____
☐ _____
☐ _____
☐ _____
☐ _____
☐ _____
☐ _____
☐ _____

AGENDA PARA TU ALMA

¡QUE VIVA CRISTO REY!

VIVA CRISTO REY.ORG

FECHA: DIA   MES   AÑO

METAS DEL DIA

REZAR EL SANTO ROSARIO DE 15 MISTERIOS.......... ☐

LEER LA SANTA BIBLIA (15 MINUTOS)................... ☐

SACRIFICIOS DIARIOS...................................... ☐

☐ _____   ☐ _____
☐ _____   ☐ _____
☐ _____   ☐ _____
☐ _____   ☐ _____
☐ _____   ☐ _____
☐ _____   ☐ _____
☐ _____   ☐ _____
☐ _____   ☐ _____
☐ _____   ☐ _____

SUGERENCIAS

Si no sabes como rezar el Santo Rosario, puedes conseguir nuestro libro *"Rosario Para Principiantes"* en el siguiente enlace: www.vcrey.com/rosario-libro

Algunos Sacrificios que puedes hacer incluyen:

- No tomar agua o líquidos durante una comida.
- Abstenerse de carne en viernes (lo cual es requerido por la Santa Madre Iglesia).
- No comer dulces o postres durante un día.
- Bañarse con agua fría.
- No comer carne en Sábado en honor a la Santísima Virgen Maria.
- Hacer una hora de silencio.
- No comprar o vender en Domingo (lo cual es ademas un mandamiento).
- Ser amable con alguien que te haya lastimado.
- Dar comida al hambriento.
- Dar agua al sediento.
- Visitar a los enfermos, y confortarlos.

NOTAS IMPORTANTES

☐ _____
☐ _____
☐ _____
☐ _____
☐ _____
☐ _____
☐ _____
☐ _____
☐ _____
☐ _____

AGENDA PARA TU ALMA

¡QUE VIVA CRISTO REY!

VIVA
CRISTO
REY.ORG

FECHA: DIA   MES   AÑO

METAS DEL DIA

REZAR EL SANTO ROSARIO DE 15 MISTERIOS.......... ☐

LEER LA SANTA BIBLIA (15 MINUTOS)................... ☐

SACRIFICIOS DIARIOS .... ☐

☐ _____   ☐ _____
☐ _____   ☐ _____
☐ _____   ☐ _____
☐ _____   ☐ _____
☐ _____   ☐ _____
☐ _____   ☐ _____
☐ _____   ☐ _____
☐ _____   ☐ _____
☐ _____   ☐ _____

SUGERENCIAS

Si no sabes como rezar el Santo Rosario, puedes
conseguir nuestro libro *"Rosario Para Principiantes"*
en el siguiente enlace: www.vcrey.com/rosario-libro

Algunos Sacrificios que puedes hacer incluyen:

- No tomar agua o líquidos durante una comida.
- Abstenerse de carne en viernes (lo cual es
  requerido por la Santa Madre Iglesia).
- No comer dulces o postres durante un día.
- Bañarse con agua fría.
- No comer carne en Sábado en honor a la
  Santísima Virgen Maria.
- Hacer una hora de silencio.
- No comprar o vender en Domingo (lo cual es
  ademas un mandamiento).
- Ser amable con alguien que te haya lastimado.
- Dar comida al hambriento.
- Dar agua al sediento.
- Visitar a los enfermos, y confortarlos.

NOTAS IMPORTANTES

☐ _____
☐ _____
☐ _____
☐ _____
☐ _____
☐ _____
☐ _____
☐ _____
☐ _____
☐ _____
☐ _____

AGENDA PARA TU ALMA

¡QUE VIVA CRISTO REY!

VIVA CRISTO REY.ORG

FECHA: DIA   MES   AÑO

METAS DEL DIA

REZAR EL SANTO ROSARIO DE 15 MISTERIOS.......... ☐

LEER LA SANTA BIBLIA (15 MINUTOS)................... ☐

SACRIFICIOS DIARIOS....................................... ☐

☐ _____   ☐ _____
☐ _____   ☐ _____
☐ _____   ☐ _____
☐ _____   ☐ _____
☐ _____   ☐ _____
☐ _____   ☐ _____
☐ _____   ☐ _____
☐ _____   ☐ _____
☐ _____   ☐ _____

SUGERENCIAS

Si no sabes como rezar el Santo Rosario, puedes conseguir nuestro libro *"Rosario Para Principiantes"* en el siguiente enlace: www.vcrey.com/rosario-libro

Algunos Sacrificios que puedes hacer incluyen:

- No tomar agua o líquidos durante una comida.
- Abstenerse de carne en viernes (lo cual es requerido por la Santa Madre Iglesia).
- No comer dulces o postres durante un día.
- Bañarse con agua fría.
- No comer carne en Sábado en honor a la Santísima Virgen Maria.
- Hacer una hora de silencio.
- No comprar o vender en Domingo (lo cual es ademas un mandamiento).
- Ser amable con alguien que te haya lastimado.
- Dar comida al hambriento.
- Dar agua al sediento.
- Visitar a los enfermos, y confortarlos.

NOTAS IMPORTANTES

☐ _____
☐ _____
☐ _____
☐ _____
☐ _____
☐ _____
☐ _____
☐ _____
☐ _____
☐ _____

AGENDA PARA TU ALMA

¡QUE VIVA CRISTO REY!

VIVA
CRISTO
REY.ORG

FECHA: DIA   MES   AÑO

METAS DEL DIA

REZAR EL SANTO ROSARIO DE 15 MISTERIOS.......... ☐

LEER LA SANTA BIBLIA (15 MINUTOS).................... ☐

SACRIFICIOS DIARIOS .... ☐

☐ _____   ☐ _____
☐ _____   ☐ _____
☐ _____   ☐ _____
☐ _____   ☐ _____
☐ _____   ☐ _____
☐ _____   ☐ _____
☐ _____   ☐ _____
☐ _____   ☐ _____
☐ _____   ☐ _____

SUGERENCIAS

Si no sabes como rezar el Santo Rosario, puedes conseguir nuestro libro *"Rosario Para Principiantes"* en el siguiente enlace: www.vcrey.com/rosario-libro

Algunos Sacrificios que puedes hacer incluyen:

- No tomar agua o líquidos durante una comida.
- Abstenerse de carne en viernes (lo cual es requerido por la Santa Madre Iglesia).
- No comer dulces o postres durante un día.
- Bañarse con agua fría.
- No comer carne en Sábado en honor a la Santísima Virgen Maria.
- Hacer una hora de silencio.
- No comprar o vender en Domingo (lo cual es ademas un mandamiento).
- Ser amable con alguien que te haya lastimado.
- Dar comida al hambriento.
- Dar agua al sediento.
- Visitar a los enfermos, y confortarlos.

NOTAS IMPORTANTES

☐ _____
☐ _____
☐ _____
☐ _____
☐ _____
☐ _____
☐ _____
☐ _____
☐ _____
☐ _____

AGENDA PARA TU ALMA

¡QUE VIVA CRISTO REY!

VIVA CRISTO REY.ORG

FECHA: DIA   MES   AÑO

METAS DEL DIA

REZAR EL SANTO ROSARIO DE 15 MISTERIOS.......... ☐

LEER LA SANTA BIBLIA (15 MINUTOS)................... ☐

SACRIFICIOS DIARIOS........ .... ☐

☐ _____   ☐ _____

☐ _____   ☐ _____

☐ _____   ☐ _____

☐ _____   ☐ _____

☐ _____   ☐ _____

☐ _____   ☐ _____

☐ _____   ☐ _____

☐ _____   ☐ _____

☐ _____   ☐ _____

SUGERENCIAS

Si no sabes como rezar el Santo Rosario, puedes conseguir nuestro libro *"Rosario Para Principiantes"* en el siguiente enlace: www.vcrey.com/rosario-libro

Algunos Sacrificios que puedes hacer incluyen:

- No tomar agua o líquidos durante una comida.
- Abstenerse de carne en viernes (lo cual es requerido por la Santa Madre Iglesia).
- No comer dulces o postres durante un día.
- Bañarse con agua fría.
- No comer carne en Sábado en honor a la Santísima Virgen Maria.
- Hacer una hora de silencio.
- No comprar o vender en Domingo (lo cual es ademas un mandamiento).
- Ser amable con alguien que te haya lastimado.
- Dar comida al hambriento.
- Dar agua al sediento.
- Visitar a los enfermos, y confortarlos.

NOTAS IMPORTANTES

☐ _____

☐ _____

☐ _____

☐ _____

☐ _____

☐ _____

☐ _____

☐ _____

☐ _____

☐ _____

AGENDA PARA TU ALMA

¡QUE VIVA CRISTO REY!

VIVA CRISTO REY.ORG

FECHA: DIA   MES   AÑO

METAS DEL DIA

REZAR EL SANTO ROSARIO DE 15 MISTERIOS.......... ☐

LEER LA SANTA BIBLIA (15 MINUTOS)................... ☐

SACRIFICIOS DIARIOS .... ☐

☐ _____   ☐ _____
☐ _____   ☐ _____
☐ _____   ☐ _____
☐ _____   ☐ _____
☐ _____   ☐ _____
☐ _____   ☐ _____
☐ _____   ☐ _____
☐ _____   ☐ _____
☐ _____   ☐ _____

SUGERENCIAS

Si no sabes como rezar el Santo Rosario, puedes conseguir nuestro libro *"Rosario Para Principiantes"* en el siguiente enlace: www.vcrey.com/rosario-libro

Algunos Sacrificios que puedes hacer incluyen:

- No tomar agua o líquidos durante una comida.
- Abstenerse de carne en viernes (lo cual es requerido por la Santa Madre Iglesia).
- No comer dulces o postres durante un día.
- Bañarse con agua fría.
- No comer carne en Sábado en honor a la Santísima Virgen María.
- Hacer una hora de silencio.
- No comprar o vender en Domingo (lo cual es ademas un mandamiento).
- Ser amable con alguien que te haya lastimado.
- Dar comida al hambriento.
- Dar agua al sediento.
- Visitar a los enfermos, y confortarlos.

NOTAS IMPORTANTES

☐ _____
☐ _____
☐ _____
☐ _____
☐ _____
☐ _____
☐ _____
☐ _____
☐ _____
☐ _____

AGENDA PARA TU ALMA

¡QUE VIVA CRISTO REY!

VIVA CRISTO REY.ORG

FECHA: DIA   MES   AÑO

METAS DEL DIA

REZAR EL SANTO ROSARIO DE 15 MISTERIOS.......... ☐

LEER LA SANTA BIBLIA (15 MINUTOS)................... ☐

SACRIFICIOS DIARIOS....... .... ☐

☐ _____   ☐ _____
☐ _____   ☐ _____
☐ _____   ☐ _____
☐ _____   ☐ _____
☐ _____   ☐ _____
☐ _____   ☐ _____
☐ _____   ☐ _____
☐ _____   ☐ _____
☐ _____   ☐ _____

SUGERENCIAS

Si no sabes como rezar el Santo Rosario, puedes conseguir nuestro libro *"Rosario Para Principiantes"* en el siguiente enlace: www.vcrey.com/rosario-libro

Algunos Sacrificios que puedes hacer incluyen:

- No tomar agua o líquidos durante una comida.
- Abstenerse de carne en viernes (lo cual es requerido por la Santa Madre Iglesia).
- No comer dulces o postres durante un día.
- Bañarse con agua fría.
- No comer carne en Sábado en honor a la Santísima Virgen Maria.
- Hacer una hora de silencio.
- No comprar o vender en Domingo (lo cual es ademas un mandamiento).
- Ser amable con alguien que te haya lastimado.
- Dar comida al hambriento.
- Dar agua al sediento.
- Visitar a los enfermos, y confortarlos.

NOTAS IMPORTANTES

☐ _____
☐ _____
☐ _____
☐ _____
☐ _____
☐ _____
☐ _____
☐ _____
☐ _____
☐ _____

AGENDA PARA TU ALMA

¡QUE VIVA CRISTO REY!

VIVA
CRISTO
REY.ORG

FECHA: DIA   MES   AÑO

METAS DEL DIA

REZAR EL SANTO ROSARIO DE 15 MISTERIOS........... ☐

LEER LA SANTA BIBLIA (15 MINUTOS).................... ☐

SACRIFICIOS DIARIOS .... ☐

☐ _____   ☐ _____
☐ _____   ☐ _____
☐ _____   ☐ _____
☐ _____   ☐ _____
☐ _____   ☐ _____
☐ _____   ☐ _____
☐ _____   ☐ _____
☐ _____   ☐ _____
☐ _____   ☐ _____

SUGERENCIAS

Si no sabes como rezar el Santo Rosario, puedes conseguir nuestro libro *"Rosario Para Principiantes"* en el siguiente enlace: www.vcrey.com/rosario-libro

Algunos Sacrificios que puedes hacer incluyen:

- No tomar agua o líquidos durante una comida.
- Abstenerse de carne en viernes (lo cual es requerido por la Santa Madre Iglesia).
- No comer dulces o postres durante un día.
- Bañarse con agua fría.
- No comer carne en Sábado en honor a la Santísima Virgen María.
- Hacer una hora de silencio.
- No comprar o vender en Domingo (lo cual es ademas un mandamiento).
- Ser amable con alguien que te haya lastimado.
- Dar comida al hambriento.
- Dar agua al sediento.
- Visitar a los enfermos, y confortarlos.

NOTAS IMPORTANTES

☐ _____
☐ _____
☐ _____
☐ _____
☐ _____
☐ _____
☐ _____
☐ _____
☐ _____
☐ _____

AGENDA PARA TU ALMA

¡QUE VIVA CRISTO REY!

VIVA
CRISTO
REY.ORG

FECHA: DIA   MES   AÑO

METAS DEL DIA

REZAR EL SANTO ROSARIO DE 15 MISTERIOS........... ☐

LEER LA SANTA BIBLIA (15 MINUTOS).................... ☐

SACRIFICIOS DIARIOS........ .... ☐

☐ _____   ☐ _____
☐ _____   ☐ _____
☐ _____   ☐ _____
☐ _____   ☐ _____
☐ _____   ☐ _____
☐ _____   ☐ _____
☐ _____   ☐ _____
☐ _____   ☐ _____
☐ _____   ☐ _____

SUGERENCIAS

Si no sabes como rezar el Santo Rosario, puedes conseguir nuestro libro *"Rosario Para Principiantes"* en el siguiente enlace: www.vcrey.com/rosario-libro

Algunos Sacrificios que puedes hacer incluyen:

- No tomar agua o líquidos durante una comida.
- Abstenerse de carne en viernes (lo cual es requerido por la Santa Madre Iglesia).
- No comer dulces o postres durante un día.
- Bañarse con agua fría.
- No comer carne en Sábado en honor a la Santísima Virgen Maria.
- Hacer una hora de silencio.
- No comprar o vender en Domingo (lo cual es ademas un mandamiento).
- Ser amable con alguien que te haya lastimado.
- Dar comida al hambriento.
- Dar agua al sediento.
- Visitar a los enfermos, y confortarlos.

NOTAS IMPORTANTES

☐ ....
☐ ....
☐ ....
☐ ....
☐ ....
☐ ....
☐ ....
☐ ....
☐ ....
☐ ....

AGENDA PARA TU ALMA

¡QUE VIVA CRISTO REY!

VIVA CRISTO REY.ORG

FECHA: DIA   MES   AÑO

METAS DEL DIA

REZAR EL SANTO ROSARIO DE 15 MISTERIOS.......... ☐

LEER LA SANTA BIBLIA (15 MINUTOS).................... ☐

SACRIFICIOS DIARIOS .... ☐

☐ _____   ☐ _____

☐ _____   ☐ _____

☐ _____   ☐ _____

☐ _____   ☐ _____

☐ _____   ☐ _____

☐ _____   ☐ _____

☐ _____   ☐ _____

☐ _____   ☐ _____

☐ _____   ☐ _____

SUGERENCIAS

Si no sabes como rezar el Santo Rosario, puedes conseguir nuestro libro *"Rosario Para Principiantes"* en el siguiente enlace: www.vcrey.com/rosario-libro

Algunos Sacrificios que puedes hacer incluyen:

- No tomar agua o líquidos durante una comida.
- Abstenerse de carne en viernes (lo cual es requerido por la Santa Madre Iglesia).
- No comer dulces o postres durante un día.
- Bañarse con agua fría.
- No comer carne en Sábado en honor a la Santísima Virgen Maria.
- Hacer una hora de silencio.
- No comprar o vender en Domingo (lo cual es ademas un mandamiento).
- Ser amable con alguien que te haya lastimado.
- Dar comida al hambriento.
- Dar agua al sediento.
- Visitar a los enfermos, y confortarlos.

NOTAS IMPORTANTES

☐ _____

☐ _____

☐ _____

☐ _____

☐ _____

☐ _____

☐ _____

☐ _____

☐ _____

☐ _____

AGENDA PARA TU ALMA

¡QUE VIVA CRISTO REY!

VIVA
CRISTO
REY.ORG

FECHA: DIA   MES   AÑO

METAS DEL DIA

REZAR EL SANTO ROSARIO DE 15 MISTERIOS.......... ☐

LEER LA SANTA BIBLIA (15 MINUTOS).................... ☐

SACRIFICIOS DIARIOS....................................... ☐

☐ _____   ☐ _____
☐ _____   ☐ _____
☐ _____   ☐ _____
☐ _____   ☐ _____
☐ _____   ☐ _____
☐ _____   ☐ _____
☐ _____   ☐ _____
☐ _____   ☐ _____
☐ _____   ☐ _____

SUGERENCIAS

Si no sabes como rezar el Santo Rosario, puedes conseguir nuestro libro *"Rosario Para Principiantes"* en el siguiente enlace: www.vcrey.com/rosario-libro

Algunos Sacrificios que puedes hacer incluyen:

- No tomar agua o líquidos durante una comida.
- Abstenerse de carne en viernes (lo cual es requerido por la Santa Madre Iglesia).
- No comer dulces o postres durante un día.
- Bañarse con agua fría.
- No comer carne en Sábado en honor a la Santísima Virgen Maria.
- Hacer una hora de silencio.
- No comprar o vender en Domingo (lo cual es ademas un mandamiento).
- Ser amable con alguien que te haya lastimado.
- Dar comida al hambriento.
- Dar agua al sediento.
- Visitar a los enfermos, y confortarlos.

NOTAS IMPORTANTES

☐ _____
☐ _____
☐ _____
☐ _____
☐ _____
☐ _____
☐ _____
☐ _____
☐ _____
☐ _____

AGENDA PARA TU ALMA

¡QUE VIVA CRISTO REY!

VIVA CRISTO REY.ORG

FECHA: DIA   MES   AÑO

METAS DEL DIA

REZAR EL SANTO ROSARIO DE 15 MISTERIOS.......... ☐

LEER LA SANTA BIBLIA (15 MINUTOS)................... ☐

SACRIFICIOS DIARIOS .... ☐

☐ _____   ☐ _____
☐ _____   ☐ _____
☐ _____   ☐ _____
☐ _____   ☐ _____
☐ _____   ☐ _____
☐ _____   ☐ _____
☐ _____   ☐ _____
☐ _____   ☐ _____
☐ _____   ☐ _____

SUGERENCIAS

Si no sabes como rezar el Santo Rosario, puedes conseguir nuestro libro *"Rosario Para Principiantes"* en el siguiente enlace: www.vcrey.com/rosario-libro

Algunos Sacrificios que puedes hacer incluyen:

- No tomar agua o líquidos durante una comida.
- Abstenerse de carne en viernes (lo cual es requerido por la Santa Madre Iglesia).
- No comer dulces o postres durante un día.
- Bañarse con agua fría.
- No comer carne en Sábado en honor a la Santísima Virgen Maria.
- Hacer una hora de silencio.
- No comprar o vender en Domingo (lo cual es ademas un mandamiento).
- Ser amable con alguien que te haya lastimado.
- Dar comida al hambriento.
- Dar agua al sediento.
- Visitar a los enfermos, y confortarlos.

NOTAS IMPORTANTES

☐ _____
☐ _____
☐ _____
☐ _____
☐ _____
☐ _____
☐ _____
☐ _____
☐ _____
☐ _____

AGENDA PARA TU ALMA

¡QUE VIVA CRISTO REY!

VIVA CRISTO REY.ORG

FECHA: DIA   MES   AÑO

METAS DEL DIA

REZAR EL SANTO ROSARIO DE 15 MISTERIOS.......... ☐

LEER LA SANTA BIBLIA (15 MINUTOS)................... ☐

SACRIFICIOS DIARIOS....... .... ☐

☐ _____   ☐ _____
☐ _____   ☐ _____
☐ _____   ☐ _____
☐   ☐ _____
☐ _____   ☐ _____
☐ _____   ☐ _____
☐ _____   ☐ _____
☐ _____   ☐ _____
☐ _____   ☐ _____

SUGERENCIAS

Si no sabes como rezar el Santo Rosario, puedes conseguir nuestro libro *"Rosario Para Principiantes"* en el siguiente enlace: www.vcrey.com/rosario-libro

Algunos Sacrificios que puedes hacer incluyen:

- No tomar agua o líquidos durante una comida.
- Abstenerse de carne en viernes (lo cual es requerido por la Santa Madre Iglesia).
- No comer dulces o postres durante un día.
- Bañarse con agua fría.
- No comer carne en Sábado en honor a la Santísima Virgen Maria.
- Hacer una hora de silencio.
- No comprar o vender en Domingo (lo cual es ademas un mandamiento).
- Ser amable con alguien que te haya lastimado.
- Dar comida al hambriento.
- Dar agua al sediento.
- Visitar a los enfermos, y confortarlos.

NOTAS IMPORTANTES

☐ _____
☐ _____
☐ _____
☐ _____
☐ _____
☐ _____
☐ _____
☐ _____
☐ _____
☐ _____

AGENDA PARA TU ALMA

¡QUE VIVA CRISTO REY!

VIVA CRISTO REY.ORG

FECHA: DIA   MES   AÑO

METAS DEL DIA

REZAR EL SANTO ROSARIO DE 15 MISTERIOS........... ☐

LEER LA SANTA BIBLIA (15 MINUTOS).................... ☐

SACRIFICIOS DIARIOS .... ☐

☐ _____   ☐ _____
☐ _____   ☐ _____
☐ _____   ☐ _____
☐ _____   ☐ _____
☐ _____   ☐ _____
☐ _____   ☐ _____
☐ _____   ☐ _____
☐ _____   ☐ _____
☐ _____   ☐ _____

SUGERENCIAS

Si no sabes como rezar el Santo Rosario, puedes conseguir nuestro libro *"Rosario Para Principiantes"* en el siguiente enlace: www.vcrey.com/rosario-libro

Algunos Sacrificios que puedes hacer incluyen:

- No tomar agua o líquidos durante una comida.
- Abstenerse de carne en viernes (lo cual es requerido por la Santa Madre Iglesia).
- No comer dulces o postres durante un día.
- Bañarse con agua fría.
- No comer carne en Sábado en honor a la Santísima Virgen Maria.
- Hacer una hora de silencio.
- No comprar o vender en Domingo (lo cual es ademas un mandamiento).
- Ser amable con alguien que te haya lastimado.
- Dar comida al hambriento.
- Dar agua al sediento.
- Visitar a los enfermos, y confortarlos.

NOTAS IMPORTANTES

☐ _____
☐ _____
☐ _____
☐ _____
☐ _____
☐ _____
☐ _____
☐ _____
☐ _____
☐ _____

AGENDA PARA TU ALMA

¡QUE VIVA CRISTO REY!

VIVA CRISTO REY.ORG

FECHA: DIA   MES   AÑO

METAS DEL DIA

REZAR EL SANTO ROSARIO DE 15 MISTERIOS.......... ☐

LEER LA SANTA BIBLIA (15 MINUTOS).................. ☐

SACRIFICIOS DIARIOS....... .... ☐

☐ _____   ☐ _____
☐ _____   ☐ _____
☐ _____   ☐ _____
☐ _____   ☐ _____
☐ _____   ☐ _____
☐ _____   ☐ _____
☐ _____   ☐ _____
☐ _____   ☐ _____
☐ _____   ☐ _____

SUGERENCIAS

Si no sabes como rezar el Santo Rosario, puedes conseguir nuestro libro *"Rosario Para Principiantes"* en el siguiente enlace: www.vcrey.com/rosario-libro

Algunos Sacrificios que puedes hacer incluyen:

- No tomar agua o líquidos durante una comida.
- Abstenerse de carne en viernes (lo cual es requerido por la Santa Madre Iglesia).
- No comer dulces o postres durante un día.
- Bañarse con agua fría.
- No comer carne en Sábado en honor a la Santísima Virgen Maria.
- Hacer una hora de silencio.
- No comprar o vender en Domingo (lo cual es ademas un mandamiento).
- Ser amable con alguien que te haya lastimado.
- Dar comida al hambriento.
- Dar agua al sediento.
- Visitar a los enfermos, y confortarlos.

NOTAS IMPORTANTES

☐ _____
☐ _____
☐ _____
☐ _____
☐ _____
☐ _____
☐ _____
☐ _____
☐ _____
☐ _____

AGENDA PARA TU ALMA

¡QUE VIVA CRISTO REY!

VIVA CRISTO REY.ORG

FECHA: DIA   MES   AÑO

METAS DEL DIA

REZAR EL SANTO ROSARIO DE 15 MISTERIOS.......... ☐

LEER LA SANTA BIBLIA (15 MINUTOS).................... ☐

SACRIFICIOS DIARIOS .... ☐

☐ _____   ☐ _____
☐ _____   ☐ _____
☐ _____   ☐ _____
☐ _____   ☐ _____
☐ _____   ☐ _____
☐ _____   ☐ _____
☐ _____   ☐ _____
☐ _____   ☐ _____

SUGERENCIAS

Si no sabes como rezar el Santo Rosario, puedes conseguir nuestro libro *"Rosario Para Principiantes"* en el siguiente enlace: www.vcrey.com/rosario-libro

Algunos Sacrificios que puedes hacer incluyen:

- No tomar agua o líquidos durante una comida.
- Abstenerse de carne en viernes (lo cual es requerido por la Santa Madre Iglesia).
- No comer dulces o postres durante un día.
- Bañarse con agua fría.
- No comer carne en Sábado en honor a la Santísima Virgen Maria.
- Hacer una hora de silencio.
- No comprar o vender en Domingo (lo cual es ademas un mandamiento).
- Ser amable con alguien que te haya lastimado.
- Dar comida al hambriento.
- Dar agua al sediento.
- Visitar a los enfermos, y confortarlos.

NOTAS IMPORTANTES

☐ _____
☐ _____
☐ _____
☐ _____
☐ _____
☐ _____
☐ _____
☐ _____
☐ _____
☐ _____
☐ _____

AGENDA PARA TU ALMA

¡QUE VIVA CRISTO REY!

VIVA
CRISTO
REY.ORG

FECHA: DIA   MES   AÑO

METAS DEL DIA

REZAR EL SANTO ROSARIO DE 15 MISTERIOS.......... ☐

LEER LA SANTA BIBLIA (15 MINUTOS).................... ☐

SACRIFICIOS DIARIOS........ .... ☐

☐ _____   ☐ _____
☐ _____   ☐ _____
☐ _____   ☐ _____
☐ _____   ☐ _____
☐ _____   ☐ _____
☐ _____   ☐ _____
☐ _____   ☐ _____
☐ _____   ☐ _____
☐ _____   ☐ _____

SUGERENCIAS

Si no sabes como rezar el Santo Rosario, puedes conseguir nuestro libro *"Rosario Para Principiantes"* en el siguiente enlace: www.vcrey.com/rosario-libro

Algunos Sacrificios que puedes hacer incluyen:

- No tomar agua o líquidos durante una comida.
- Abstenerse de carne en viernes (lo cual es requerido por la Santa Madre Iglesia).
- No comer dulces o postres durante un día.
- Bañarse con agua fría.
- No comer carne en Sábado en honor a la Santísima Virgen Maria.
- Hacer una hora de silencio.
- No comprar o vender en Domingo (lo cual es ademas un mandamiento).
- Ser amable con alguien que te haya lastimado.
- Dar comida al hambriento.
- Dar agua al sediento.
- Visitar a los enfermos, y confortarlos.

NOTAS IMPORTANTES

☐ _____
☐ _____
☐ _____
☐ _____
☐ _____
☐ _____
☐ _____
☐ _____
☐ _____
☐ _____

AGENDA PARA TU ALMA

¡QUE VIVA CRISTO REY!

VIVA
CRISTO
REY.ORG

FECHA: DIA   MES   AÑO

METAS DEL DIA

REZAR EL SANTO ROSARIO DE 15 MISTERIOS.......... ☐

LEER LA SANTA BIBLIA (15 MINUTOS)................... ☐

SACRIFICIOS DIARIOS .... ☐

☐ _____   ☐ _____
☐ _____   ☐ _____
☐ _____   ☐ _____
☐ _____   ☐ _____
☐ _____   ☐ _____
☐ _____   ☐ _____
☐ _____   ☐ _____
☐ _____   ☐ _____
☐ _____   ☐ _____

SUGERENCIAS

Si no sabes como rezar el Santo Rosario, puedes conseguir nuestro libro *"Rosario Para Principiantes"* en el siguiente enlace: www.vcrey.com/rosario-libro

Algunos Sacrificios que puedes hacer incluyen:

- No tomar agua o líquidos durante una comida.
- Abstenerse de carne en viernes (lo cual es requerido por la Santa Madre Iglesia).
- No comer dulces o postres durante un día.
- Bañarse con agua fría.
- No comer carne en Sábado en honor a la Santísima Virgen Maria.
- Hacer una hora de silencio.
- No comprar o vender en Domingo (lo cual es ademas un mandamiento).
- Ser amable con alguien que te haya lastimado.
- Dar comida al hambriento.
- Dar agua al sediento.
- Visitar a los enfermos, y confortarlos.

NOTAS IMPORTANTES

☐ _____
☐ _____
☐ _____
☐ _____
☐ _____
☐ _____
☐ _____
☐ _____
☐ _____
☐ _____
☐ _____

AGENDA PARA TU ALMA

¡QUE VIVA CRISTO REY!

VIVA CRISTO REY.ORG

FECHA: DIA   MES   AÑO

METAS DEL DIA

REZAR EL SANTO ROSARIO DE 15 MISTERIOS.......... ☐

LEER LA SANTA BIBLIA (15 MINUTOS).................. ☐

SACRIFICIOS DIARIOS...................... ☐

☐ _____   ☐ _____
☐ _____   ☐ _____
☐ _____   ☐ _____
☐ _____   ☐ _____
☐ _____   ☐ _____
☐ _____   ☐ _____
☐ _____   ☐ _____
☐ _____   ☐ _____
☐ _____   ☐ _____

SUGERENCIAS

Si no sabes como rezar el Santo Rosario, puedes conseguir nuestro libro *"Rosario Para Principiantes"* en el siguiente enlace: www.vcrey.com/rosario-libro

Algunos Sacrificios que puedes hacer incluyen:

- No tomar agua o líquidos durante una comida.
- Abstenerse de carne en viernes (lo cual es requerido por la Santa Madre Iglesia).
- No comer dulces o postres durante un día.
- Bañarse con agua fría.
- No comer carne en Sábado en honor a la Santísima Virgen Maria.
- Hacer una hora de silencio.
- No comprar o vender en Domingo (lo cual es ademas un mandamiento).
- Ser amable con alguien que te haya lastimado.
- Dar comida al hambriento.
- Dar agua al sediento.
- Visitar a los enfermos, y confortarlos.

NOTAS IMPORTANTES

☐ _____
☐ _____
☐ _____
☐ _____
☐ _____
☐ _____
☐ _____
☐ _____
☐ _____
☐ _____

AGENDA PARA TU ALMA

¡QUE VIVA CRISTO REY!

VIVA
CRISTO
REY.ORG

FECHA: DIA   MES   AÑO

METAS DEL DIA

REZAR EL SANTO ROSARIO DE 15 MISTERIOS........... ☐

LEER LA SANTA BIBLIA (15 MINUTOS).................... ☐

SACRIFICIOS DIARIOS .... ☐

☐ _____   ☐ _____

☐ _____   ☐ _____

☐ _____   ☐ _____

☐ _____   ☐ _____

☐ _____   ☐ _____

☐ _____   ☐ _____

☐ _____   ☐ _____

☐ _____   ☐ _____

☐ _____   ☐ _____

SUGERENCIAS

Si no sabes como rezar el Santo Rosario, puedes conseguir nuestro libro *"Rosario Para Principiantes"* en el siguiente enlace: www.vcrey.com/rosario-libro

Algunos Sacrificios que puedes hacer incluyen:

- No tomar agua o líquidos durante una comida.
- Abstenerse de carne en viernes (lo cual es requerido por la Santa Madre Iglesia).
- No comer dulces o postres durante un día.
- Bañarse con agua fría.
- No comer carne en Sábado en honor a la Santísima Virgen Maria.
- Hacer una hora de silencio.
- No comprar o vender en Domingo (lo cual es ademas un mandamiento).
- Ser amable con alguien que te haya lastimado.
- Dar comida al hambriento.
- Dar agua al sediento.
- Visitar a los enfermos, y confortarlos.

NOTAS IMPORTANTES

☐ _____

☐ _____

☐ _____

☐ _____

☐ _____

☐ _____

☐ _____

☐ _____

☐ _____

☐ _____

☐ _____

AGENDA PARA TU ALMA

¡QUE VIVA CRISTO REY!

VIVA
CRISTO
REY.ORG

FECHA: DIA **MES** **AÑO**

METAS DEL DIA

REZAR EL SANTO ROSARIO DE 15 MISTERIOS.......... ☐

LEER LA SANTA BIBLIA (15 MINUTOS).................... ☐

SACRIFICIOS DIARIOS...... .... ☐

☐ _____   ☐ _____
☐ _____   ☐ _____
☐ _____   ☐ _____
☐ _____   ☐ _____
☐ _____   ☐ _____
☐ _____   ☐ _____
☐ _____   ☐ _____
☐ _____   ☐ _____
☐ _____   ☐ _____

SUGERENCIAS

Si no sabes como rezar el Santo Rosario, puedes conseguir nuestro libro *"Rosario Para Principiantes"* en el siguiente enlace: www.vcrey.com/rosario-libro

Algunos Sacrificios que puedes hacer incluyen:

- No tomar agua o líquidos durante una comida.
- Abstenerse de carne en viernes (lo cual es requerido por la Santa Madre Iglesia).
- No comer dulces o postres durante un día.
- Bañarse con agua fría.
- No comer carne en Sábado en honor a la Santísima Virgen Maria.
- Hacer una hora de silencio.
- No comprar o vender en Domingo (lo cual es ademas un mandamiento).
- Ser amable con alguien que te haya lastimado.
- Dar comida al hambriento.
- Dar agua al sediento.
- Visitar a los enfermos, y confortarlos.

NOTAS IMPORTANTES

☐ _____
☐ _____
☐ _____
☐ _____
☐ _____
☐ _____
☐ _____
☐ _____
☐ _____
☐ _____

AGENDA PARA TU ALMA

¡QUE VIVA CRISTO REY!

VIVA
CRISTO
REY.ORG

FECHA: DIA   MES   AÑO

METAS DEL DIA

REZAR EL SANTO ROSARIO DE 15 MISTERIOS.......... ☐

LEER LA SANTA BIBLIA (15 MINUTOS)................... ☐

SACRIFICIOS DIARIOS .... ☐

☐ _____   ☐ _____
☐ _____   ☐ _____
☐ _____   ☐ _____
☐ _____   ☐ _____
☐ _____   ☐ _____
☐ _____   ☐ _____
☐ _____   ☐ _____
☐ _____   ☐ _____
☐ _____   ☐ _____

SUGERENCIAS

Si no sabes como rezar el Santo Rosario, puedes
conseguir nuestro libro *"Rosario Para Principiantes"*
en el siguiente enlace: www.vcrey.com/rosario-libro

Algunos Sacrificios que puedes hacer incluyen:

- No tomar agua o líquidos durante una comida.
- Abstenerse de carne en viernes (lo cual es
  requerido por la Santa Madre Iglesia).
- No comer dulces o postres durante un día.
- Bañarse con agua fría.
- No comer carne en Sábado en honor a la
  Santísima Virgen Maria.
- Hacer una hora de silencio.
- No comprar o vender en Domingo (lo cual es
  ademas un mandamiento).
- Ser amable con alguien que te haya lastimado.
- Dar comida al hambriento.
- Dar agua al sediento.
- Visitar a los enfermos, y confortarlos.

NOTAS IMPORTANTES

☐ _____
☐ _____
☐ _____
☐ _____
☐ _____
☐ _____
☐ _____
☐ _____
☐ _____
☐ _____

AGENDA PARA TU ALMA

¡QUE VIVA CRISTO REY!

FECHA: DIA   MES   AÑO

METAS DEL DIA

REZAR EL SANTO ROSARIO DE 15 MISTERIOS.......... ☐

LEER LA SANTA BIBLIA (15 MINUTOS).................... ☐

SACRIFICIOS DIARIOS...................................... ☐

☐ _____   ☐ _____

☐ _____   ☐ _____

☐ _____   ☐ _____

☐ _____   ☐ _____

☐ _____   ☐ _____

☐ _____   ☐ _____

☐ _____   ☐ _____

☐ _____   ☐ _____

☐ _____

SUGERENCIAS

Si no sabes como rezar el Santo Rosario, puedes conseguir nuestro libro *"Rosario Para Principiantes"* en el siguiente enlace: www.vcrey.com/rosario-libro

Algunos Sacrificios que puedes hacer incluyen:

- No tomar agua o líquidos durante una comida.
- Abstenerse de carne en viernes (lo cual es requerido por la Santa Madre Iglesia).
- No comer dulces o postres durante un día.
- Bañarse con agua fría.
- No comer carne en Sábado en honor a la Santísima Virgen Maria.
- Hacer una hora de silencio.
- No comprar o vender en Domingo (lo cual es ademas un mandamiento).
- Ser amable con alguien que te haya lastimado.
- Dar comida al hambriento.
- Dar agua al sediento.
- Visitar a los enfermos, y confortarlos.

NOTAS IMPORTANTES

☐ _____

☐ _____

☐ _____

☐ _____

☐ _____

☐ _____

☐ _____

☐ _____

☐ _____

☐ _____

AGENDA PARA TU ALMA

¡QUE VIVA CRISTO REY!

VIVA CRISTO REY.ORG

FECHA: DIA   MES   AÑO

METAS DEL DIA

REZAR EL SANTO ROSARIO DE 15 MISTERIOS.......... ☐

LEER LA SANTA BIBLIA (15 MINUTOS).................... ☐

SACRIFICIOS DIARIOS .... ☐

☐ _____   ☐ _____
☐ _____   ☐ _____
☐ _____   ☐ _____
☐ _____   ☐ _____
☐ _____   ☐ _____
☐ _____   ☐ _____
☐ _____   ☐ _____
☐ _____   ☐ _____
☐ _____   ☐ _____

SUGERENCIAS

Si no sabes como rezar el Santo Rosario, puedes conseguir nuestro libro *"Rosario Para Principiantes"* en el siguiente enlace: www.vcrey.com/rosario-libro

Algunos Sacrificios que puedes hacer incluyen:

- No tomar agua o líquidos durante una comida.
- Abstenerse de carne en viernes (lo cual es requerido por la Santa Madre Iglesia).
- No comer dulces o postres durante un día.
- Bañarse con agua fría.
- No comer carne en Sábado en honor a la Santísima Virgen María.
- Hacer una hora de silencio.
- No comprar o vender en Domingo (lo cual es ademas un mandamiento).
- Ser amable con alguien que te haya lastimado.
- Dar comida al hambriento.
- Dar agua al sediento.
- Visitar a los enfermos, y confortarlos.

NOTAS IMPORTANTES

☐ _____
☐ _____
☐ _____
☐ _____
☐ _____
☐ _____
☐ _____
☐ _____
☐ _____
☐ _____
☐ _____

AGENDA PARA TU ALMA

¡QUE VIVA CRISTO REY!

VIVA CRISTO REY.ORG

FECHA: DIA   MES   AÑO

METAS DEL DIA

REZAR EL SANTO ROSARIO DE 15 MISTERIOS.......... ☐

LEER LA SANTA BIBLIA (15 MINUTOS)................... ☐

SACRIFICIOS DIARIOS....................................... ☐

☐ _____   ☐ _____
☐ _____   ☐ _____
☐ _____   ☐ _____
☐ _____   ☐ _____
☐ _____   ☐ _____
☐ _____   ☐ _____
☐ _____   ☐ _____
☐ _____   ☐ _____
☐ _____   ☐ _____

SUGERENCIAS

Si no sabes como rezar el Santo Rosario, puedes conseguir nuestro libro *"Rosario Para Principiantes"* en el siguiente enlace: www.vcrey.com/rosario-libro

Algunos Sacrificios que puedes hacer incluyen:

- No tomar agua o líquidos durante una comida.
- Abstenerse de carne en viernes (lo cual es requerido por la Santa Madre Iglesia).
- No comer dulces o postres durante un día.
- Bañarse con agua fría.
- No comer carne en Sábado en honor a la Santísima Virgen Maria.
- Hacer una hora de silencio.
- No comprar o vender en Domingo (lo cual es ademas un mandamiento).
- Ser amable con alguien que te haya lastimado.
- Dar comida al hambriento.
- Dar agua al sediento.
- Visitar a los enfermos, y confortarlos.

NOTAS IMPORTANTES

☐ _____
☐ _____
☐ _____
☐ _____
☐ _____
☐ _____
☐ _____
☐ _____
☐ _____
☐ _____

AGENDA PARA TU ALMA

¡QUE VIVA CRISTO REY!

VIVA CRISTO REY.ORG

FECHA: DIA   MES   AÑO

METAS DEL DIA

REZAR EL SANTO ROSARIO DE 15 MISTERIOS .... ☐

LEER LA SANTA BIBLIA (15 MINUTOS) .... ☐

SACRIFICIOS DIARIOS .... ☐

☐ _____   ☐ _____
☐ _____   ☐ _____
☐ _____   ☐ _____
☐ _____   ☐ _____
☐ _____   ☐ _____
☐ _____   ☐ _____
☐ _____   ☐ _____
☐ _____   ☐ _____
☐ _____   ☐ _____

SUGERENCIAS

Si no sabes como rezar el Santo Rosario, puedes conseguir nuestro libro *"Rosario Para Principiantes"* en el siguiente enlace: www.vcrey.com/rosario-libro

Algunos Sacrificios que puedes hacer incluyen:

- No tomar agua o líquidos durante una comida.
- Abstenerse de carne en viernes (lo cual es requerido por la Santa Madre Iglesia).
- No comer dulces o postres durante un día.
- Bañarse con agua fría.
- No comer carne en Sábado en honor a la Santísima Virgen Maria.
- Hacer una hora de silencio.
- No comprar o vender en Domingo (lo cual es ademas un mandamiento).
- Ser amable con alguien que te haya lastimado.
- Dar comida al hambriento.
- Dar agua al sediento.
- Visitar a los enfermos, y confortarlos.

NOTAS IMPORTANTES

☐ _____
☐ _____
☐ _____
☐ _____
☐ _____
☐ _____
☐ _____
☐ _____
☐ _____
☐ _____

AGENDA PARA TU ALMA

¡QUE VIVA CRISTO REY!

FECHA: DIA   MES   AÑO

METAS DEL DIA

REZAR EL SANTO ROSARIO DE 15 MISTERIOS.......... ☐

LEER LA SANTA BIBLIA (15 MINUTOS)................... ☐

SACRIFICIOS DIARIOS...................................... ☐

☐ _____   ☐ _____
☐ _____   ☐ _____
☐ _____   ☐ _____
☐ _____   ☐ _____
☐ _____   ☐ _____
☐ _____   ☐ _____
☐ _____   ☐ _____
☐ _____   ☐ _____
☐ _____   ☐ _____

SUGERENCIAS

Si no sabes como rezar el Santo Rosario, puedes conseguir nuestro libro *"Rosario Para Principiantes"* en el siguiente enlace: www.vcrey.com/rosario-libro

Algunos Sacrificios que puedes hacer incluyen:

- No tomar agua o líquidos durante una comida.
- Abstenerse de carne en viernes (lo cual es requerido por la Santa Madre Iglesia).
- No comer dulces o postres durante un día.
- Bañarse con agua fría.
- No comer carne en Sábado en honor a la Santísima Virgen Maria.
- Hacer una hora de silencio.
- No comprar o vender en Domingo (lo cual es ademas un mandamiento).
- Ser amable con alguien que te haya lastimado.
- Dar comida al hambriento.
- Dar agua al sediento.
- Visitar a los enfermos, y confortarlos.

NOTAS IMPORTANTES

☐ _____
☐ _____
☐ _____
☐ _____
☐ _____
☐ _____
☐ _____
☐ _____
☐ _____
☐ _____

AGENDA PARA TU ALMA

¡QUE VIVA CRISTO REY!

VIVA
CRISTO
REY.ORG

FECHA: DIA   MES   AÑO

METAS DEL DIA

REZAR EL SANTO ROSARIO DE 15 MISTERIOS.......... ☐

LEER LA SANTA BIBLIA (15 MINUTOS).................... ☐

SACRIFICIOS DIARIOS .... ☐

☐ _____   ☐ _____
☐ _____   ☐ _____
☐ _____   ☐ _____
☐ _____   ☐ _____
☐ _____   ☐ _____
☐ _____   ☐ _____
☐ _____   ☐ _____
☐ _____   ☐ _____
☐ _____   ☐ _____

SUGERENCIAS

Si no sabes como rezar el Santo Rosario, puedes conseguir nuestro libro *"Rosario Para Principiantes"* en el siguiente enlace: www.vcrey.com/rosario-libro

Algunos Sacrificios que puedes hacer incluyen:

- No tomar agua o líquidos durante una comida.
- Abstenerse de carne en viernes (lo cual es requerido por la Santa Madre Iglesia).
- No comer dulces o postres durante un día.
- Bañarse con agua fría.
- No comer carne en Sábado en honor a la Santísima Virgen Maria.
- Hacer una hora de silencio.
- No comprar o vender en Domingo (lo cual es ademas un mandamiento).
- Ser amable con alguien que te haya lastimado.
- Dar comida al hambriento.
- Dar agua al sediento.
- Visitar a los enfermos, y confortarlos.

NOTAS IMPORTANTES

☐ _____
☐ _____
☐ _____
☐ _____
☐ _____
☐ _____
☐ _____
☐ _____
☐ _____
☐ _____

AGENDA PARA TU ALMA

¡QUE VIVA CRISTO REY!

VIVA CRISTO REY.ORG

FECHA: DIA   MES   AÑO

METAS DEL DIA

REZAR EL SANTO ROSARIO DE 15 MISTERIOS.......... ☐

LEER LA SANTA BIBLIA (15 MINUTOS).................... ☐

SACRIFICIOS DIARIOS... ☐

☐ _____ ☐ _____

☐ _____ ☐ _____

☐ _____ ☐ _____

☐ _____ ☐ _____

☐ _____ ☐ _____

☐ _____ ☐ _____

☐ _____ ☐ _____

☐ _____

SUGERENCIAS

Si no sabes como rezar el Santo Rosario, puedes conseguir nuestro libro *"Rosario Para Principiantes"* en el siguiente enlace: www.vcrey.com/rosario-libro

Algunos Sacrificios que puedes hacer incluyen:

- No tomar agua o líquidos durante una comida.
- Abstenerse de carne en viernes (lo cual es requerido por la Santa Madre Iglesia).
- No comer dulces o postres durante un día.
- Bañarse con agua fría.
- No comer carne en Sábado en honor a la Santísima Virgen Maria.
- Hacer una hora de silencio.
- No comprar o vender en Domingo (lo cual es ademas un mandamiento).
- Ser amable con alguien que te haya lastimado.
- Dar comida al hambriento.
- Dar agua al sediento.
- Visitar a los enfermos, y confortarlos.

NOTAS IMPORTANTES

☐ _____

☐ _____

☐ _____

☐ _____

☐ _____

☐ _____

☐ _____

☐ _____

☐ _____

☐ _____

AGENDA PARA TU ALMA

¡QUE VIVA CRISTO REY!

VIVA
CRISTO
REY.ORG

FECHA: DIA   MES   AÑO

METAS DEL DIA

REZAR EL SANTO ROSARIO DE 15 MISTERIOS.......... ☐

LEER LA SANTA BIBLIA (15 MINUTOS).................... ☐

SACRIFICIOS DIARIOS .... ☐

☐ _____   ☐ _____
☐ _____   ☐ _____
☐ _____   ☐ _____
☐ _____   ☐ _____
☐ _____   ☐ _____
☐ _____   ☐ _____
☐ _____   ☐ _____
☐ _____   ☐ _____
☐ _____   ☐ _____

SUGERENCIAS

Si no sabes como rezar el Santo Rosario, puedes
conseguir nuestro libro *"Rosario Para Principiantes"*
en el siguiente enlace: www.vcrey.com/rosario-libro

Algunos Sacrificios que puedes hacer incluyen:

- No tomar agua o líquidos durante una comida.
- Abstenerse de carne en viernes (lo cual es
  requerido por la Santa Madre Iglesia).
- No comer dulces o postres durante un día.
- Bañarse con agua fría.
- No comer carne en Sábado en honor a la
  Santísima Virgen Maria.
- Hacer una hora de silencio.
- No comprar o vender en Domingo (lo cual es
  ademas un mandamiento).
- Ser amable con alguien que te haya lastimado.
- Dar comida al hambriento.
- Dar agua al sediento.
- Visitar a los enfermos, y confortarlos.

NOTAS IMPORTANTES

☐ _____
☐ _____
☐ _____
☐ _____
☐ _____
☐ _____
☐ _____
☐ _____
☐ _____
☐ _____

AGENDA PARA TU ALMA

¡QUE VIVA CRISTO REY!

VIVA
CRISTO
REY.ORG

FECHA: DIA   MES   AÑO

METAS DEL DIA

REZAR EL SANTO ROSARIO DE 15 MISTERIOS.......... ☐

LEER LA SANTA BIBLIA (15 MINUTOS).................... ☐

SACRIFICIOS DIARIOS...................................... ☐

☐ _____   ☐ _____
☐ _____   ☐ _____
☐ _____   ☐ _____
☐ _____   ☐ _____
☐ _____   ☐ _____
☐ _____   ☐ _____
☐ _____   ☐ _____
☐ _____   ☐ _____
☐ _____   ☐ _____

SUGERENCIAS

Si no sabes como rezar el Santo Rosario, puedes conseguir nuestro libro *"Rosario Para Principiantes"* en el siguiente enlace: www.vcrey.com/rosario-libro

Algunos Sacrificios que puedes hacer incluyen:

- No tomar agua o líquidos durante una comida.
- Abstenerse de carne en viernes (lo cual es requerido por la Santa Madre Iglesia).
- No comer dulces o postres durante un día.
- Bañarse con agua fría.
- No comer carne en Sábado en honor a la Santísima Virgen Maria.
- Hacer una hora de silencio.
- No comprar o vender en Domingo (lo cual es ademas un mandamiento).
- Ser amable con alguien que te haya lastimado.
- Dar comida al hambriento.
- Dar agua al sediento.
- Visitar a los enfermos, y confortarlos.

NOTAS IMPORTANTES

☐ _____
☐ _____
☐ _____
☐ _____
☐ _____
☐ _____
☐ _____
☐ _____
☐ _____
☐ _____

AGENDA PARA TU ALMA

¡QUE VIVA CRISTO REY!

VIVA
CRISTO
REY.ORG

FECHA: DIA   MES   AÑO

METAS DEL DIA

REZAR EL SANTO ROSARIO DE 15 MISTERIOS.......... ☐

LEER LA SANTA BIBLIA (15 MINUTOS).................... ☐

SACRIFICIOS DIARIOS .... ☐

☐ _____   ☐ _____
☐ _____   ☐ _____
☐ _____   ☐ _____
☐ _____   ☐ _____
☐ _____   ☐ _____
☐ _____   ☐ _____
☐ _____   ☐ _____
☐ _____   ☐ _____
☐ _____   ☐ _____

SUGERENCIAS

Si no sabes como rezar el Santo Rosario, puedes conseguir nuestro libro *"Rosario Para Principiantes"* en el siguiente enlace: www.vcrey.com/rosario-libro

Algunos Sacrificios que puedes hacer incluyen:

- No tomar agua o líquidos durante una comida.
- Abstenerse de carne en viernes (lo cual es requerido por la Santa Madre Iglesia).
- No comer dulces o postres durante un día.
- Bañarse con agua fría.
- No comer carne en Sábado en honor a la Santísima Virgen Maria.
- Hacer una hora de silencio.
- No comprar o vender en Domingo (lo cual es ademas un mandamiento).
- Ser amable con alguien que te haya lastimado.
- Dar comida al hambriento.
- Dar agua al sediento.
- Visitar a los enfermos, y confortarlos.

NOTAS IMPORTANTES

☐ _____
☐ _____
☐ _____
☐ _____
☐ _____
☐ _____
☐ _____
☐ _____
☐ _____
☐ _____

AGENDA PARA TU ALMA

¡QUE VIVA CRISTO REY!

VIVA
CRISTO
REY.ORG

FECHA: DIA   MES   AÑO

METAS DEL DIA

REZAR EL SANTO ROSARIO DE 15 MISTERIOS.......... ☐

LEER LA SANTA BIBLIA (15 MINUTOS)................... ☐

SACRIFICIOS DIARIOS....... .... ☐

☐ _____ ☐ _____
☐ _____ ☐ _____
☐ _____ ☐ _____
☐ _____ ☐ _____
☐ _____ ☐ _____
☐ _____ ☐ _____
☐ _____ ☐ _____
☐ _____ ☐ _____

SUGERENCIAS

Si no sabes como rezar el Santo Rosario, puedes conseguir nuestro libro *"Rosario Para Principiantes"* en el siguiente enlace: www.vcrey.com/rosario-libro

Algunos Sacrificios que puedes hacer incluyen:

- No tomar agua o líquidos durante una comida.
- Abstenerse de carne en viernes (lo cual es requerido por la Santa Madre Iglesia).
- No comer dulces o postres durante un día.
- Bañarse con agua fría.
- No comer carne en Sábado en honor a la Santísima Virgen Maria.
- Hacer una hora de silencio.
- No comprar o vender en Domingo (lo cual es ademas un mandamiento).
- Ser amable con alguien que te haya lastimado.
- Dar comida al hambriento.
- Dar agua al sediento.
- Visitar a los enfermos, y confortarlos.

NOTAS IMPORTANTES

☐ _____
☐ _____
☐ _____
☐ _____
☐ _____
☐ _____
☐ _____
☐ _____
☐ _____
☐ _____

AGENDA PARA TU ALMA

¡QUE VIVA CRISTO REY!

VIVA
CRISTO
REY.ORG

FECHA: DIA   MES   AÑO

METAS DEL DIA

REZAR EL SANTO ROSARIO DE 15 MISTERIOS........... ☐

LEER LA SANTA BIBLIA (15 MINUTOS)................... ☐

SACRIFICIOS DIARIOS .... ☐

☐ _____   ☐ _____

☐ _____   ☐ _____

☐ _____   ☐ _____

☐ _____   ☐ _____

☐ _____   ☐ _____

☐ _____   ☐ _____

☐ _____   ☐ _____

☐ _____   ☐ _____

☐ _____   ☐ _____

SUGERENCIAS

Si no sabes como rezar el Santo Rosario, puedes conseguir nuestro libro *"Rosario Para Principiantes"* en el siguiente enlace: www.vcrey.com/rosario-libro

Algunos Sacrificios que puedes hacer incluyen:

- No tomar agua o líquidos durante una comida.
- Abstenerse de carne en viernes (lo cual es requerido por la Santa Madre Iglesia).
- No comer dulces o postres durante un día.
- Bañarse con agua fría.
- No comer carne en Sábado en honor a la Santísima Virgen Maria.
- Hacer una hora de silencio.
- No comprar o vender en Domingo (lo cual es ademas un mandamiento).
- Ser amable con alguien que te haya lastimado.
- Dar comida al hambriento.
- Dar agua al sediento.
- Visitar a los enfermos, y confortarlos.

NOTAS IMPORTANTES

☐ _____

☐ _____

☐ _____

☐ _____

☐ _____

☐ _____

☐ _____

☐ _____

☐ _____

☐ _____

AGENDA PARA TU ALMA

¡QUE VIVA CRISTO REY!

VIVA CRISTO REY.ORG

FECHA: DIA   MES   AÑO

METAS DEL DIA

REZAR EL SANTO ROSARIO DE 15 MISTERIOS.......... ☐

LEER LA SANTA BIBLIA (15 MINUTOS)................... ☐

SACRIFICIOS DIARIOS...................................... ☐

☐ _____   ☐ _____
☐ _____   ☐ _____
☐ _____   ☐ _____
☐ _____   ☐ _____
☐ _____   ☐ _____
☐ _____   ☐ _____
☐ _____   ☐ _____
☐ _____   ☐ _____

SUGERENCIAS

Si no sabes como rezar el Santo Rosario, puedes conseguir nuestro libro *"Rosario Para Principiantes"* en el siguiente enlace: www.vcrey.com/rosario-libro

Algunos Sacrificios que puedes hacer incluyen:

- No tomar agua o líquidos durante una comida.
- Abstenerse de carne en viernes (lo cual es requerido por la Santa Madre Iglesia).
- No comer dulces o postres durante un día.
- Bañarse con agua fría.
- No comer carne en Sábado en honor a la Santísima Virgen Maria.
- Hacer una hora de silencio.
- No comprar o vender en Domingo (lo cual es ademas un mandamiento).
- Ser amable con alguien que te haya lastimado.
- Dar comida al hambriento.
- Dar agua al sediento.
- Visitar a los enfermos, y confortarlos.

NOTAS IMPORTANTES

☐ _____
☐ _____
☐ _____
☐ _____
☐ _____
☐ _____
☐ _____
☐ _____
☐ _____
☐ _____

AGENDA PARA TU ALMA

¡QUE VIVA CRISTO REY!

VIVA
CRISTO
REY.ORG

FECHA: DIA   MES   AÑO

METAS DEL DIA

REZAR EL SANTO ROSARIO DE 15 MISTERIOS.......... ☐

LEER LA SANTA BIBLIA (15 MINUTOS).................... ☐

SACRIFICIOS DIARIOS .... ☐

☐ _____   ☐ _____

☐ _____   ☐ _____

☐ _____   ☐ _____

☐ _____   ☐ _____

☐ _____   ☐ _____

☐ _____   ☐ _____

☐ _____   ☐ _____

☐ _____   ☐ _____

☐ _____   ☐ _____

SUGERENCIAS

Si no sabes como rezar el Santo Rosario, puedes conseguir nuestro libro *"Rosario Para Principiantes"* en el siguiente enlace: www.vcrey.com/rosario-libro

Algunos Sacrificios que puedes hacer incluyen:

- No tomar agua o líquidos durante una comida.
- Abstenerse de carne en viernes (lo cual es requerido por la Santa Madre Iglesia).
- No comer dulces o postres durante un día.
- Bañarse con agua fría.
- No comer carne en Sábado en honor a la Santísima Virgen María.
- Hacer una hora de silencio.
- No comprar o vender en Domingo (lo cual es ademas un mandamiento).
- Ser amable con alguien que te haya lastimado.
- Dar comida al hambriento.
- Dar agua al sediento.
- Visitar a los enfermos, y confortarlos.

NOTAS IMPORTANTES

☐ _____

☐ _____

☐ _____

☐ _____

☐ _____

☐ _____

☐ _____

☐ _____

☐ _____

☐ _____

AGENDA PARA TU ALMA

¡QUE VIVA CRISTO REY!

VIVA
CRISTO
REY.ORG

FECHA: DIA   MES   AÑO

METAS DEL DIA

REZAR EL SANTO ROSARIO DE 15 MISTERIOS........... ☐

LEER LA SANTA BIBLIA (15 MINUTOS).................... ☐

SACRIFICIOS DIARIOS....................................... ☐

☐ _____   ☐ _____
☐ _____   ☐ _____
☐ _____   ☐ _____
☐ _____   ☐ _____
☐ _____   ☐ _____
☐ _____   ☐ _____
☐ _____   ☐ _____
☐ _____   ☐ _____

SUGERENCIAS

Si no sabes como rezar el Santo Rosario, puedes conseguir nuestro libro *"Rosario Para Principiantes"* en el siguiente enlace: www.vcrey.com/rosario-libro

Algunos Sacrificios que puedes hacer incluyen:

- No tomar agua o líquidos durante una comida.
- Abstenerse de carne en viernes (lo cual es requerido por la Santa Madre Iglesia).
- No comer dulces o postres durante un día.
- Bañarse con agua fría.
- No comer carne en Sábado en honor a la Santísima Virgen Maria.
- Hacer una hora de silencio.
- No comprar o vender en Domingo (lo cual es ademas un mandamiento).
- Ser amable con alguien que te haya lastimado.
- Dar comida al hambriento.
- Dar agua al sediento.
- Visitar a los enfermos, y confortarlos.

NOTAS IMPORTANTES

☐ _____
☐ _____
☐ _____
☐ _____
☐ _____
☐ _____
☐ _____
☐ _____
☐ _____
☐ _____

AGENDA PARA TU ALMA

¡QUE VIVA CRISTO REY!

VIVA
CRISTO
REY.ORG

FECHA: DIA   MES   AÑO

METAS DEL DIA

REZAR EL SANTO ROSARIO DE 15 MISTERIOS........... ☐

LEER LA SANTA BIBLIA (15 MINUTOS)..................... ☐

SACRIFICIOS DIARIOS .... ☐

☐ _____   ☐ _____
☐ _____   ☐ _____
☐ _____   ☐ _____
☐ _____   ☐ _____
☐ _____   ☐ _____
☐ _____   ☐ _____
☐ _____   ☐ _____
☐ _____   ☐ _____
☐ _____   ☐ _____

SUGERENCIAS

Si no sabes como rezar el Santo Rosario, puedes conseguir nuestro libro *"Rosario Para Principiantes"* en el siguiente enlace: www.vcrey.com/rosario-libro

Algunos Sacrificios que puedes hacer incluyen:

- No tomar agua o líquidos durante una comida.
- Abstenerse de carne en viernes (lo cual es requerido por la Santa Madre Iglesia).
- No comer dulces o postres durante un día.
- Bañarse con agua fría.
- No comer carne en Sábado en honor a la Santísima Virgen Maria.
- Hacer una hora de silencio.
- No comprar o vender en Domingo (lo cual es ademas un mandamiento).
- Ser amable con alguien que te haya lastimado.
- Dar comida al hambriento.
- Dar agua al sediento.
- Visitar a los enfermos, y confortarlos.

NOTAS IMPORTANTES

☐ _____
☐ _____
☐ _____
☐ _____
☐ _____
☐ _____
☐ _____
☐ _____
☐ _____
☐ _____
☐ _____

AGENDA PARA TU ALMA

¡QUE VIVA CRISTO REY!

VIVA CRISTO REY.ORG

FECHA: DIA   MES   AÑO

METAS DEL DIA

REZAR EL SANTO ROSARIO DE 15 MISTERIOS.......... ☐

LEER LA SANTA BIBLIA (15 MINUTOS).................... ☐

SACRIFICIOS DIARIOS....................................... ☐

☐ _____ ☐ _____
☐ _____ ☐ _____
☐ _____ ☐ _____
☐ _____ ☐ _____
☐ _____ ☐ _____
☐ _____ ☐ _____
☐ _____ ☐ _____
☐ _____ ☐ _____

SUGERENCIAS

Si no sabes como rezar el Santo Rosario, puedes conseguir nuestro libro *"Rosario Para Principiantes"* en el siguiente enlace: www.vcrey.com/rosario-libro

Algunos Sacrificios que puedes hacer incluyen:

- No tomar agua o líquidos durante una comida.
- Abstenerse de carne en viernes (lo cual es requerido por la Santa Madre Iglesia).
- No comer dulces o postres durante un día.
- Bañarse con agua fría.
- No comer carne en Sábado en honor a la Santísima Virgen Maria.
- Hacer una hora de silencio.
- No comprar o vender en Domingo (lo cual es ademas un mandamiento).
- Ser amable con alguien que te haya lastimado.
- Dar comida al hambriento.
- Dar agua al sediento.
- Visitar a los enfermos, y confortarlos.

NOTAS IMPORTANTES

☐ _____
☐ _____
☐ _____
☐ _____
☐ _____
☐ _____
☐ _____
☐ _____
☐ _____
☐ _____

AGENDA PARA TU ALMA

¡QUE VIVA CRISTO REY!

VIVA
CRISTO
REY.ORG

FECHA: DIA   MES   AÑO

METAS DEL DIA

REZAR EL SANTO ROSARIO DE 15 MISTERIOS.......... ☐

LEER LA SANTA BIBLIA (15 MINUTOS).................... ☐

SACRIFICIOS DIARIOS .... ☐

☐ _____   ☐ _____
☐ _____   ☐ _____
☐ _____   ☐ _____
☐ _____   ☐ _____
☐ _____   ☐ _____
☐ _____   ☐ _____
☐ _____   ☐ _____
☐ _____   ☐ _____
☐ _____   ☐ _____

SUGERENCIAS

Si no sabes como rezar el Santo Rosario, puedes conseguir nuestro libro *"Rosario Para Principiantes"* en el siguiente enlace: www.vcrey.com/rosario-libro

Algunos Sacrificios que puedes hacer incluyen:

- No tomar agua o líquidos durante una comida.
- Abstenerse de carne en viernes (lo cual es requerido por la Santa Madre Iglesia).
- No comer dulces o postres durante un día.
- Bañarse con agua fría.
- No comer carne en Sábado en honor a la Santísima Virgen Maria.
- Hacer una hora de silencio.
- No comprar o vender en Domingo (lo cual es ademas un mandamiento).
- Ser amable con alguien que te haya lastimado.
- Dar comida al hambriento.
- Dar agua al sediento.
- Visitar a los enfermos, y confortarlos.

NOTAS IMPORTANTES

☐ _____
☐ _____
☐ _____
☐ _____
☐ _____
☐ _____
☐ _____
☐ _____
☐ _____
☐ _____
☐ _____

AGENDA PARA TU ALMA

¡QUE VIVA CRISTO REY!

FECHA: DIA   MES   AÑO

METAS DEL DIA

REZAR EL SANTO ROSARIO DE 15 MISTERIOS.......... ☐

LEER LA SANTA BIBLIA (15 MINUTOS).................... ☐

SACRIFICIOS DIARIOS.. ☐

☐ _____   ☐ _____
☐ _____   ☐ _____
☐ _____   ☐ _____
☐ _____   ☐ _____
☐ _____   ☐ _____
☐ _____   ☐ _____
☐ _____   ☐ _____
☐ _____   ☐ _____
☐ _____   ☐ _____

SUGERENCIAS

Si no sabes como rezar el Santo Rosario, puedes conseguir nuestro libro *"Rosario Para Principiantes"* en el siguiente enlace: www.vcrey.com/rosario-libro

Algunos Sacrificios que puedes hacer incluyen:

- No tomar agua o líquidos durante una comida.
- Abstenerse de carne en viernes (lo cual es requerido por la Santa Madre Iglesia).
- No comer dulces o postres durante un día.
- Bañarse con agua fría.
- No comer carne en Sábado en honor a la Santísima Virgen Maria.
- Hacer una hora de silencio.
- No comprar o vender en Domingo (lo cual es ademas un mandamiento).
- Ser amable con alguien que te haya lastimado.
- Dar comida al hambriento.
- Dar agua al sediento.
- Visitar a los enfermos, y confortarlos.

NOTAS IMPORTANTES

☐ _____
☐ _____
☐ _____
☐ _____
☐ _____
☐ _____
☐ _____
☐ _____
☐ _____
☐ _____

AGENDA PARA TU ALMA

¡QUE VIVA CRISTO REY!

VIVA
CRISTO
REY.ORG

FECHA: DIA   MES   AÑO

METAS DEL DIA

REZAR EL SANTO ROSARIO DE 15 MISTERIOS........... ☐

LEER LA SANTA BIBLIA (15 MINUTOS).................... ☐

SACRIFICIOS DIARIOS .... ☐

☐ _____ ☐ _____
☐ _____ ☐ _____
☐ _____ ☐ _____
☐ _____ ☐ _____
☐ _____ ☐ _____
☐ _____ ☐ _____
☐ _____ ☐ _____
☐ _____ ☐ _____
☐ _____ ☐ _____

SUGERENCIAS

Si no sabes como rezar el Santo Rosario, puedes conseguir nuestro libro *"Rosario Para Principiantes"* en el siguiente enlace: www.vcrey.com/rosario-libro

Algunos Sacrificios que puedes hacer incluyen:

- No tomar agua o líquidos durante una comida.
- Abstenerse de carne en viernes (lo cual es requerido por la Santa Madre Iglesia).
- No comer dulces o postres durante un día.
- Bañarse con agua fría.
- No comer carne en Sábado en honor a la Santísima Virgen Maria.
- Hacer una hora de silencio.
- No comprar o vender en Domingo (lo cual es ademas un mandamiento).
- Ser amable con alguien que te haya lastimado.
- Dar comida al hambriento.
- Dar agua al sediento.
- Visitar a los enfermos, y confortarlos.

NOTAS IMPORTANTES

☐ _____
☐ _____
☐ _____
☐ _____
☐ _____
☐ _____
☐ _____
☐ _____
☐ _____
☐ _____

AGENDA PARA TU ALMA

¡QUE VIVA CRISTO REY!

VIVA CRISTO REY.ORG

FECHA: DIA   MES   AÑO

METAS DEL DIA

REZAR EL SANTO ROSARIO DE 15 MISTERIOS.......... ☐

LEER LA SANTA BIBLIA (15 MINUTOS)................... ☐

SACRIFICIOS DIARIOS...................................... ☐

☐ _____   ☐ _____
☐ _____   ☐ _____
☐ _____   ☐ _____
☐ _____   ☐ _____
☐ _____   ☐ _____
☐ _____   ☐ _____
☐ _____   ☐ _____
☐ _____   ☐ _____
☐ _____   ☐ _____

SUGERENCIAS

Si no sabes como rezar el Santo Rosario, puedes conseguir nuestro libro *"Rosario Para Principiantes"* en el siguiente enlace: www.vcrey.com/rosario-libro

Algunos Sacrificios que puedes hacer incluyen:

- No tomar agua o líquidos durante una comida.
- Abstenerse de carne en viernes (lo cual es requerido por la Santa Madre Iglesia).
- No comer dulces o postres durante un día.
- Bañarse con agua fría.
- No comer carne en Sábado en honor a la Santísima Virgen Maria.
- Hacer una hora de silencio.
- No comprar o vender en Domingo (lo cual es ademas un mandamiento).
- Ser amable con alguien que te haya lastimado.
- Dar comida al hambriento.
- Dar agua al sediento.
- Visitar a los enfermos, y confortarlos.

NOTAS IMPORTANTES

☐ _____
☐ _____
☐ _____
☐ _____
☐ _____
☐ _____
☐ _____
☐ _____
☐ _____
☐ _____

AGENDA PARA TU ALMA

¡QUE VIVA CRISTO REY!

VIVA
CRISTO
REY.ORG

FECHA: DIA   MES   AÑO

METAS DEL DIA

REZAR EL SANTO ROSARIO DE 15 MISTERIOS.......... ☐

LEER LA SANTA BIBLIA (15 MINUTOS)................... ☐

SACRIFICIOS DIARIOS .... ☐

☐ _____   ☐ _____
☐ _____   ☐ _____
☐ _____   ☐ _____
☐ _____   ☐ _____
☐ _____   ☐ _____
☐ _____   ☐ _____
☐ _____   ☐ _____
☐ _____   ☐ _____
☐ _____   ☐ _____

SUGERENCIAS

Si no sabes como rezar el Santo Rosario, puedes conseguir nuestro libro *"Rosario Para Principiantes"* en el siguiente enlace: www.vcrey.com/rosario-libro

Algunos Sacrificios que puedes hacer incluyen:

- No tomar agua o líquidos durante una comida.
- Abstenerse de carne en viernes (lo cual es requerido por la Santa Madre Iglesia).
- No comer dulces o postres durante un día.
- Bañarse con agua fría.
- No comer carne en Sábado en honor a la Santísima Virgen María.
- Hacer una hora de silencio.
- No comprar o vender en Domingo (lo cual es ademas un mandamiento).
- Ser amable con alguien que te haya lastimado.
- Dar comida al hambriento.
- Dar agua al sediento.
- Visitar a los enfermos, y confortarlos.

NOTAS IMPORTANTES

☐ _____
☐ _____
☐ _____
☐ _____
☐ _____
☐ _____
☐ _____
☐ _____
☐ _____
☐ _____
☐ _____

AGENDA PARA TU ALMA

¡QUE VIVA CRISTO REY!

VIVA
CRISTO
REY.ORG

FECHA: DIA   MES   AÑO

METAS DEL DIA

REZAR EL SANTO ROSARIO DE 15 MISTERIOS.......... ☐

LEER LA SANTA BIBLIA (15 MINUTOS)................... ☐

SACRIFICIOS DIARIOS...................................... ☐

☐ _____   ☐ _____
☐ _____   ☐ _____
☐ _____   ☐ _____
☐ _____   ☐ _____
☐ _____   ☐ _____
☐ _____   ☐ _____
☐ _____   ☐ _____
☐ _____   ☐ _____

SUGERENCIAS

Si no sabes como rezar el Santo Rosario, puedes conseguir nuestro libro *"Rosario Para Principiantes"* en el siguiente enlace: www.vcrey.com/rosario-libro

Algunos Sacrificios que puedes hacer incluyen:

- No tomar agua o líquidos durante una comida.
- Abstenerse de carne en viernes (lo cual es requerido por la Santa Madre Iglesia).
- No comer dulces o postres durante un día.
- Bañarse con agua fría.
- No comer carne en Sábado en honor a la Santísima Virgen Maria.
- Hacer una hora de silencio.
- No comprar o vender en Domingo (lo cual es ademas un mandamiento).
- Ser amable con alguien que te haya lastimado.
- Dar comida al hambriento.
- Dar agua al sediento.
- Visitar a los enfermos, y confortarlos.

NOTAS IMPORTANTES

☐ _____
☐ _____
☐ _____
☐ _____
☐ _____
☐ _____
☐ _____
☐ _____
☐ _____
☐ _____

AGENDA PARA TU ALMA

¡QUE VIVA CRISTO REY!

VIVA
CRISTO
REY.ORG

FECHA: DIA   MES   AÑO

METAS DEL DIA

REZAR EL SANTO ROSARIO DE 15 MISTERIOS.......... ☐

LEER LA SANTA BIBLIA (15 MINUTOS)................... ☐

SACRIFICIOS DIARIOS .... ☐

☐ _____ ☐ _____
☐ _____ ☐ _____
☐ _____ ☐ _____
☐ _____ ☐ _____
☐ _____ ☐ _____
☐ _____ ☐ _____
☐ _____ ☐ _____
☐ _____ ☐ _____
☐ _____ ☐ _____

SUGERENCIAS

Si no sabes como rezar el Santo Rosario, puedes
conseguir nuestro libro *"Rosario Para Principiantes"*
en el siguiente enlace: www.vcrey.com/rosario-libro

Algunos Sacrificios que puedes hacer incluyen:

- No tomar agua o líquidos durante una comida.
- Abstenerse de carne en viernes (lo cual es
  requerido por la Santa Madre Iglesia).
- No comer dulces o postres durante un día.
- Bañarse con agua fría.
- No comer carne en Sábado en honor a la
  Santísima Virgen María.
- Hacer una hora de silencio.
- No comprar o vender en Domingo (lo cual es
  ademas un mandamiento).
- Ser amable con alguien que te haya lastimado.
- Dar comida al hambriento.
- Dar agua al sediento.
- Visitar a los enfermos, y confortarlos.

NOTAS IMPORTANTES

☐ _____
☐ _____
☐ _____
☐ _____
☐ _____
☐ _____
☐ _____
☐ _____
☐ _____
☐ _____

AGENDA PARA TU ALMA

¡QUE VIVA CRISTO REY!

VIVA
CRISTO
REY.ORG

FECHA: DIA   MES   AÑO

METAS DEL DIA

REZAR EL SANTO ROSARIO DE 15 MISTERIOS........... ☐

LEER LA SANTA BIBLIA (15 MINUTOS).................... ☐

SACRIFICIOS DIARIOS...................................... ☐

☐ _____   ☐ _____

☐ _____   ☐ _____

☐ _____   ☐ _____

☐ _____   ☐ _____

☐ _____   ☐ _____

☐ _____   ☐ _____

☐ _____   ☐ _____

☐ _____   ☐ _____

☐ _____   ☐ _____

SUGERENCIAS

Si no sabes como rezar el Santo Rosario, puedes conseguir nuestro libro *"Rosario Para Principiantes"* en el siguiente enlace: www.vcrey.com/rosario-libro

Algunos Sacrificios que puedes hacer incluyen:

- No tomar agua o líquidos durante una comida.
- Abstenerse de carne en viernes (lo cual es requerido por la Santa Madre Iglesia).
- No comer dulces o postres durante un día.
- Bañarse con agua fría.
- No comer carne en Sábado en honor a la Santísima Virgen Maria.
- Hacer una hora de silencio.
- No comprar o vender en Domingo (lo cual es ademas un mandamiento).
- Ser amable con alguien que te haya lastimado.
- Dar comida al hambriento.
- Dar agua al sediento.
- Visitar a los enfermos, y confortarlos.

NOTAS IMPORTANTES

☐ _____

☐ _____

☐ _____

☐ _____

☐ _____

☐ _____

☐ _____

☐ _____

☐ _____

☐ _____

AGENDA PARA TU ALMA

¡QUE VIVA CRISTO REY!

VIVA
CRISTO
REY.ORG

FECHA: DIA   MES   AÑO

METAS DEL DIA

REZAR EL SANTO ROSARIO DE 15 MISTERIOS.......... ☐

LEER LA SANTA BIBLIA (15 MINUTOS)................... ☐

SACRIFICIOS DIARIOS....................................... ☐

☐ _____   ☐ _____
☐ _____   ☐ _____
☐ _____   ☐ _____
☐ _____   ☐ _____
☐ _____   ☐ _____
☐ _____   ☐ _____
☐ _____   ☐ _____
☐ _____   ☐ _____
☐ _____   ☐ _____

SUGERENCIAS

Si no sabes como rezar el Santo Rosario, puedes conseguir nuestro libro *"Rosario Para Principiantes"* en el siguiente enlace: www.vcrey.com/rosario-libro

Algunos Sacrificios que puedes hacer incluyen:

- No tomar agua o líquidos durante una comida.
- Abstenerse de carne en viernes (lo cual es requerido por la Santa Madre Iglesia).
- No comer dulces o postres durante un día.
- Bañarse con agua fría.
- No comer carne en Sábado en honor a la Santísima Virgen Maria.
- Hacer una hora de silencio.
- No comprar o vender en Domingo (lo cual es ademas un mandamiento).
- Ser amable con alguien que te haya lastimado.
- Dar comida al hambriento.
- Dar agua al sediento.
- Visitar a los enfermos, y confortarlos.

NOTAS IMPORTANTES

☐ _____
☐ _____
☐ _____
☐ _____
☐ _____
☐ _____
☐ _____
☐ _____
☐ _____
☐ _____

AGENDA PARA TU ALMA

¡QUE VIVA CRISTO REY!

VIVA
CRISTO
REY.ORG

FECHA: DIA   MES   AÑO

METAS DEL DIA

REZAR EL SANTO ROSARIO DE 15 MISTERIOS.......... ☐

LEER LA SANTA BIBLIA (15 MINUTOS).................. ☐

SACRIFICIOS DIARIOS....... .... ☐

☐ _____   ☐ _____
☐ _____   ☐ _____
☐ _____   ☐ _____
☐ _____   ☐ _____
☐ _____   ☐ _____
☐ _____   ☐ _____
☐ _____   ☐ _____
☐ _____   ☐ _____
☐ _____   ☐ _____

SUGERENCIAS

Si no sabes como rezar el Santo Rosario, puedes conseguir nuestro libro *"Rosario Para Principiantes"* en el siguiente enlace: www.vcrey.com/rosario-libro

Algunos Sacrificios que puedes hacer incluyen:

- No tomar agua o líquidos durante una comida.
- Abstenerse de carne en viernes (lo cual es requerido por la Santa Madre Iglesia).
- No comer dulces o postres durante un día.
- Bañarse con agua fría.
- No comer carne en Sábado en honor a la Santísima Virgen Maria.
- Hacer una hora de silencio.
- No comprar o vender en Domingo (lo cual es ademas un mandamiento).
- Ser amable con alguien que te haya lastimado.
- Dar comida al hambriento.
- Dar agua al sediento.
- Visitar a los enfermos, y confortarlos.

NOTAS IMPORTANTES

☐ _____
☐ _____
☐ _____
☐ _____
☐ _____
☐ _____
☐ _____
☐ _____
☐ _____
☐ _____

AGENDA PARA TU ALMA

¡QUE VIVA CRISTO REY!

VIVA CRISTO REY.ORG

FECHA: DIA   MES   AÑO

METAS DEL DIA

REZAR EL SANTO ROSARIO DE 15 MISTERIOS.......... ☐

LEER LA SANTA BIBLIA (15 MINUTOS)................... ☐

SACRIFICIOS DIARIOS...................................... ☐

☐ _____   ☐ _____
☐ _____   ☐ _____
☐ _____   ☐ _____
☐ _____   ☐ _____
☐ _____   ☐ _____
☐ _____   ☐ _____
☐ _____   ☐ _____
☐ _____   ☐ _____
☐ _____   ☐ _____

SUGERENCIAS

Si no sabes como rezar el Santo Rosario, puedes conseguir nuestro libro *"Rosario Para Principiantes"* en el siguiente enlace: www.vcrey.com/rosario-libro

Algunos Sacrificios que puedes hacer incluyen:

- No tomar agua o líquidos durante una comida.
- Abstenerse de carne en viernes (lo cual es requerido por la Santa Madre Iglesia).
- No comer dulces o postres durante un día.
- Bañarse con agua fría.
- No comer carne en Sábado en honor a la Santísima Virgen Maria.
- Hacer una hora de silencio.
- No comprar o vender en Domingo (lo cual es ademas un mandamiento).
- Ser amable con alguien que te haya lastimado.
- Dar comida al hambriento.
- Dar agua al sediento.
- Visitar a los enfermos, y confortarlos.

NOTAS IMPORTANTES

☐ _____
☐ _____
☐ _____
☐ _____
☐ _____
☐ _____
☐ _____
☐ _____
☐ _____
☐ _____

AGENDA PARA TU ALMA

¡QUE VIVA CRISTO REY!

VIVA
CRISTO
REY.ORG

FECHA: DIA   **MES**   **AÑO**

METAS DEL DIA

REZAR EL SANTO ROSARIO DE 15 MISTERIOS.......... ☐

LEER LA SANTA BIBLIA (15 MINUTOS).................... ☐

SACRIFICIOS DIARIOS.. ☐

☐ _____   ☐ _____
☐ _____   ☐ _____
☐ _____   ☐ _____
☐ _____   ☐ _____
☐ _____   ☐ _____
☐ _____   ☐ _____
☐ _____   ☐ _____
☐ _____   ☐ _____
☐ _____   ☐ _____

SUGERENCIAS

Si no sabes como rezar el Santo Rosario, puedes conseguir nuestro libro *"Rosario Para Principiantes"* en el siguiente enlace: www.vcrey.com/rosario-libro

Algunos Sacrificios que puedes hacer incluyen:

- No tomar agua o líquidos durante una comida.
- Abstenerse de carne en viernes (lo cual es requerido por la Santa Madre Iglesia).
- No comer dulces o postres durante un día.
- Bañarse con agua fría.
- No comer carne en Sábado en honor a la Santísima Virgen Maria.
- Hacer una hora de silencio.
- No comprar o vender en Domingo (lo cual es ademas un mandamiento).
- Ser amable con alguien que te haya lastimado.
- Dar comida al hambriento.
- Dar agua al sediento.
- Visitar a los enfermos, y confortarlos.

NOTAS IMPORTANTES

☐ ....
☐ ....
☐ ....
☐ ....
☐ ....
☐ ....
☐ ....
☐ ....
☐ ....

AGENDA PARA TU ALMA

¡QUE VIVA CRISTO REY!

VIVA CRISTO REY.ORG

FECHA: DIA   MES   AÑO

METAS DEL DIA

REZAR EL SANTO ROSARIO DE 15 MISTERIOS.......... ☐

LEER LA SANTA BIBLIA (15 MINUTOS)................... ☐

SACRIFICIOS DIARIOS .... ☐

☐ _____   ☐ _____
☐ _____   ☐ _____
☐ _____   ☐ _____
☐ _____   ☐ _____
☐ _____   ☐ _____
☐ _____   ☐ _____
☐ _____   ☐ _____
☐ _____   ☐ _____
☐ _____   ☐ _____

SUGERENCIAS

Si no sabes como rezar el Santo Rosario, puedes conseguir nuestro libro *"Rosario Para Principiantes"* en el siguiente enlace: www.vcrey.com/rosario-libro

Algunos Sacrificios que puedes hacer incluyen:

- No tomar agua o líquidos durante una comida.
- Abstenerse de carne en viernes (lo cual es requerido por la Santa Madre Iglesia).
- No comer dulces o postres durante un día.
- Bañarse con agua fría.
- No comer carne en Sábado en honor a la Santísima Virgen Maria.
- Hacer una hora de silencio.
- No comprar o vender en Domingo (lo cual es ademas un mandamiento).
- Ser amable con alguien que te haya lastimado.
- Dar comida al hambriento.
- Dar agua al sediento.
- Visitar a los enfermos, y confortarlos.

NOTAS IMPORTANTES

☐ _____
☐ _____
☐ _____
☐ _____
☐ _____
☐ _____
☐ _____
☐ _____
☐ _____
☐ _____

AGENDA PARA TU ALMA

¡QUE VIVA CRISTO REY!

VIVA
CRISTO
REY.ORG

FECHA: DIA   MES   AÑO

METAS DEL DIA

REZAR EL SANTO ROSARIO DE 15 MISTERIOS.......... ☐

LEER LA SANTA BIBLIA (15 MINUTOS)................... ☐

SACRIFICIOS DIARIOS....................................... ☐

☐ _____   ☐ _____
☐ _____   ☐ _____
☐ _____   ☐ _____
☐ _____   ☐ _____
☐ _____   ☐ _____
☐ _____   ☐ _____
☐ _____   ☐ _____
☐ _____   ☐ _____
☐ _____   ☐ _____

SUGERENCIAS

Si no sabes como rezar el Santo Rosario, puedes conseguir nuestro libro *"Rosario Para Principiantes"* en el siguiente enlace: www.vcrey.com/rosario-libro

Algunos Sacrificios que puedes hacer incluyen:

- No tomar agua o líquidos durante una comida.
- Abstenerse de carne en viernes (lo cual es requerido por la Santa Madre Iglesia).
- No comer dulces o postres durante un día.
- Bañarse con agua fría.
- No comer carne en Sábado en honor a la Santísima Virgen Maria.
- Hacer una hora de silencio.
- No comprar o vender en Domingo (lo cual es ademas un mandamiento).
- Ser amable con alguien que te haya lastimado.
- Dar comida al hambriento.
- Dar agua al sediento.
- Visitar a los enfermos, y confortarlos.

NOTAS IMPORTANTES

☐ _____
☐ _____
☐ _____
☐ _____
☐ _____
☐ _____
☐ _____
☐ _____
☐ _____
☐ _____

AGENDA PARA TU ALMA

¡QUE VIVA CRISTO REY!

VIVA
CRISTO
REY.ORG

FECHA: DIA   MES   AÑO

METAS DEL DIA

REZAR EL SANTO ROSARIO DE 15 MISTERIOS.......... ☐

LEER LA SANTA BIBLIA (15 MINUTOS).................... ☐

SACRIFICIOS DIARIOS .... ☐

☐ _____   ☐ _____

☐ _____   ☐ _____

☐ _____   ☐ _____

☐ _____   ☐ _____

☐ _____   ☐ _____

☐ _____   ☐ _____

☐ _____   ☐ _____

☐ _____   ☐ _____

☐ _____   ☐ _____

SUGERENCIAS

Si no sabes como rezar el Santo Rosario, puedes conseguir nuestro libro *"Rosario Para Principiantes"* en el siguiente enlace: www.vcrey.com/rosario-libro

Algunos Sacrificios que puedes hacer incluyen:

- No tomar agua o líquidos durante una comida.
- Abstenerse de carne en viernes (lo cual es requerido por la Santa Madre Iglesia).
- No comer dulces o postres durante un día.
- Bañarse con agua fría.
- No comer carne en Sábado en honor a la Santísima Virgen María.
- Hacer una hora de silencio.
- No comprar o vender en Domingo (lo cual es ademas un mandamiento).
- Ser amable con alguien que te haya lastimado.
- Dar comida al hambriento.
- Dar agua al sediento.
- Visitar a los enfermos, y confortarlos.

NOTAS IMPORTANTES

☐ _____

☐ _____

☐ _____

☐ _____

☐ _____

☐ _____

☐ _____

☐ _____

☐ _____

☐ _____

☐ _____

AGENDA PARA TU ALMA

¡QUE VIVA CRISTO REY!

VIVA
CRISTO
REY.ORG

FECHA: DIA   MES   AÑO

METAS DEL DIA

REZAR EL SANTO ROSARIO DE 15 MISTERIOS.......... ☐

LEER LA SANTA BIBLIA (15 MINUTOS).................... ☐

SACRIFICIOS DIARIOS...................................... ☐

☐ _____   ☐ _____
☐ _____   ☐ _____
☐ _____   ☐ _____
☐ _____   ☐ _____
☐ _____   ☐ _____
☐ _____   ☐ _____
☐ _____   ☐ _____
☐ _____   ☐ _____
☐ _____   ☐ _____

SUGERENCIAS

Si no sabes como rezar el Santo Rosario, puedes conseguir nuestro libro *"Rosario Para Principiantes"* en el siguiente enlace: www.vcrey.com/rosario-libro

Algunos Sacrificios que puedes hacer incluyen:

- No tomar agua o líquidos durante una comida.
- Abstenerse de carne en viernes (lo cual es requerido por la Santa Madre Iglesia).
- No comer dulces o postres durante un día.
- Bañarse con agua fría.
- No comer carne en Sábado en honor a la Santísima Virgen Maria.
- Hacer una hora de silencio.
- No comprar o vender en Domingo (lo cual es ademas un mandamiento).
- Ser amable con alguien que te haya lastimado.
- Dar comida al hambriento.
- Dar agua al sediento.
- Visitar a los enfermos, y confortarlos.

NOTAS IMPORTANTES

☐ _____
☐ _____
☐ _____
☐ _____
☐ _____
☐ _____
☐ _____
☐ _____
☐ _____
☐ _____

AGENDA PARA TU ALMA

¡QUE VIVA CRISTO REY!

VIVA CRISTO REY.ORG

FECHA: DIA   MES   AÑO

METAS DEL DIA

REZAR EL SANTO ROSARIO DE 15 MISTERIOS.......... ☐

LEER LA SANTA BIBLIA (15 MINUTOS).................... ☐

SACRIFICIOS DIARIOS .... ☐

☐ _____   ☐ _____
☐ _____   ☐ _____
☐ _____   ☐ _____
☐ _____   ☐ _____
☐ _____   ☐ _____
☐ _____   ☐ _____
☐ _____   ☐ _____
☐ _____   ☐ _____
☐ _____   ☐ _____

SUGERENCIAS

Si no sabes como rezar el Santo Rosario, puedes conseguir nuestro libro *"Rosario Para Principiantes"* en el siguiente enlace: www.vcrey.com/rosario-libro

Algunos Sacrificios que puedes hacer incluyen:

- No tomar agua o liquidos durante una comida.
- Abstenerse de carne en viernes (lo cual es requerido por la Santa Madre Iglesia).
- No comer dulces o postres durante un día.
- Bañarse con agua fría.
- No comer carne en Sábado en honor a la Santísima Virgen Maria.
- Hacer una hora de silencio.
- No comprar o vender en Domingo (lo cual es ademas un mandamiento).
- Ser amable con alguien que te haya lastimado.
- Dar comida al hambriento.
- Dar agua al sediento.
- Visitar a los enfermos, y confortarlos.

NOTAS IMPORTANTES

☐ _____
☐ _____
☐ _____
☐ _____
☐ _____
☐ _____
☐ _____
☐ _____
☐ _____
☐ _____
☐ _____

AGENDA PARA TU ALMA

¡QUE VIVA CRISTO REY!

VIVA CRISTO REY.ORG

FECHA: DIA   MES   AÑO

METAS DEL DIA

REZAR EL SANTO ROSARIO DE 15 MISTERIOS.......... ☐

LEER LA SANTA BIBLIA (15 MINUTOS)................... ☐

SACRIFICIOS DIARIOS.................................... ☐

☐ _____   ☐ _____
☐ _____   ☐ _____
☐ _____   ☐ _____
☐ _____   ☐ _____
☐ _____   ☐ _____
☐ _____   ☐ _____
☐ _____   ☐ _____
☐ _____   ☐ _____

SUGERENCIAS

Si no sabes como rezar el Santo Rosario, puedes conseguir nuestro libro *"Rosario Para Principiantes"* en el siguiente enlace: www.vcrey.com/rosario-libro

Algunos Sacrificios que puedes hacer incluyen:

- No tomar agua o líquidos durante una comida.
- Abstenerse de carne en viernes (lo cual es requerido por la Santa Madre Iglesia).
- No comer dulces o postres durante un día.
- Bañarse con agua fría.
- No comer carne en Sábado en honor a la Santísima Virgen Maria.
- Hacer una hora de silencio.
- No comprar o vender en Domingo (lo cual es ademas un mandamiento).
- Ser amable con alguien que te haya lastimado.
- Dar comida al hambriento.
- Dar agua al sediento.
- Visitar a los enfermos, y confortarlos.

NOTAS IMPORTANTES

☐ _____
☐ _____
☐ _____
☐ _____
☐ _____
☐ _____
☐ _____
☐ _____
☐ _____
☐ _____

AGENDA PARA TU ALMA

¡QUE VIVA CRISTO REY!

VIVA CRISTO REY.ORG

FECHA: DIA   MES   AÑO

METAS DEL DIA

REZAR EL SANTO ROSARIO DE 15 MISTERIOS.......... ☐

LEER LA SANTA BIBLIA (15 MINUTOS).................... ☐

SACRIFICIOS DIARIOS .... ☐

☐ _____   ☐ _____
☐ _____   ☐ _____
☐ _____   ☐ _____
☐ _____   ☐ _____
☐ _____   ☐ _____
☐ _____   ☐ _____
☐ _____   ☐ _____
☐ _____   ☐ _____
☐ _____   ☐ _____

SUGERENCIAS

Si no sabes como rezar el Santo Rosario, puedes conseguir nuestro libro *"Rosario Para Principiantes"* en el siguiente enlace: www.vcrey.com/rosario-libro

Algunos Sacrificios que puedes hacer incluyen:

- No tomar agua o líquidos durante una comida.
- Abstenerse de carne en viernes (lo cual es requerido por la Santa Madre Iglesia).
- No comer dulces o postres durante un día.
- Bañarse con agua fría.
- No comer carne en Sábado en honor a la Santísima Virgen Maria.
- Hacer una hora de silencio.
- No comprar o vender en Domingo (lo cual es ademas un mandamiento).
- Ser amable con alguien que te haya lastimado.
- Dar comida al hambriento.
- Dar agua al sediento.
- Visitar a los enfermos, y confortarlos.

NOTAS IMPORTANTES

☐ _____
☐ _____
☐ _____
☐ _____
☐ _____
☐ _____
☐ _____
☐ _____
☐ _____
☐ _____

AGENDA PARA TU ALMA

¡QUE VIVA CRISTO REY!

VIVA
CRISTO
REY.ORG

FECHA: DIA   MES   AÑO

METAS DEL DIA

REZAR EL SANTO ROSARIO DE 15 MISTERIOS........... ☐

LEER LA SANTA BIBLIA (15 MINUTOS).................... ☐

SACRIFICIOS DIARIOS....... .... ☐

☐ _____   ☐ _____
☐ _____   ☐ _____
☐ _____   ☐ _____
☐ _____   ☐ _____
☐ _____   ☐ _____
☐ _____   ☐ _____
☐ _____   ☐ _____
☐ _____   ☐ _____
☐ _____   ☐ _____

SUGERENCIAS

Si no sabes como rezar el Santo Rosario, puedes conseguir nuestro libro *"Rosario Para Principiantes"* en el siguiente enlace: www.vcrey.com/rosario-libro

Algunos Sacrificios que puedes hacer incluyen:

- No tomar agua o líquidos durante una comida.
- Abstenerse de carne en viernes (lo cual es requerido por la Santa Madre Iglesia).
- No comer dulces o postres durante un día.
- Bañarse con agua fría.
- No comer carne en Sábado en honor a la Santísima Virgen Maria.
- Hacer una hora de silencio.
- No comprar o vender en Domingo (lo cual es ademas un mandamiento).
- Ser amable con alguien que te haya lastimado.
- Dar comida al hambriento.
- Dar agua al sediento.
- Visitar a los enfermos, y confortarlos.

NOTAS IMPORTANTES

☐ _____
☐ _____
☐ _____
☐ _____
☐ _____
☐ _____
☐ _____
☐ _____
☐ _____
☐ _____

AGENDA PARA TU ALMA

¡QUE VIVA CRISTO REY!

VIVA
CRISTO
REY.ORG

FECHA: DIA   MES   AÑO

METAS DEL DIA

REZAR EL SANTO ROSARIO DE 15 MISTERIOS .... ☐

LEER LA SANTA BIBLIA (15 MINUTOS) .... ☐

SACRIFICIOS DIARIOS .... ☐

☐ _____   ☐ _____
☐ _____   ☐ _____
☐ _____   ☐ _____
☐ _____   ☐ _____
☐ _____   ☐ _____
☐ _____   ☐ _____
☐ _____   ☐ _____
☐ _____   ☐ _____

SUGERENCIAS

Si no sabes como rezar el Santo Rosario, puedes conseguir nuestro libro *"Rosario Para Principiantes"* en el siguiente enlace: www.vcrey.com/rosario-libro

Algunos Sacrificios que puedes hacer incluyen:

- No tomar agua o líquidos durante una comida.
- Abstenerse de carne en viernes (lo cual es requerido por la Santa Madre Iglesia).
- No comer dulces o postres durante un día.
- Bañarse con agua fría.
- No comer carne en Sábado en honor a la Santísima Virgen Maria.
- Hacer una hora de silencio.
- No comprar o vender en Domingo (lo cual es ademas un mandamiento).
- Ser amable con alguien que te haya lastimado.
- Dar comida al hambriento.
- Dar agua al sediento.
- Visitar a los enfermos, y confortarlos.

NOTAS IMPORTANTES

☐ _____
☐ _____
☐ _____
☐ _____
☐ _____
☐ _____
☐ _____
☐ _____
☐ _____
☐ _____

AGENDA PARA TU ALMA

¡QUE VIVA CRISTO REY!

VIVA CRISTO REY.ORG

FECHA: DIA   MES   AÑO

METAS DEL DIA

REZAR EL SANTO ROSARIO DE 15 MISTERIOS.......... ☐

LEER LA SANTA BIBLIA (15 MINUTOS).................... ☐

SACRIFICIOS DIARIOS....................................... ☐

☐ _____   ☐ _____
☐ _____   ☐ _____
☐ _____   ☐ _____
☐ _____   ☐ _____
☐ _____   ☐ _____
☐ _____   ☐ _____
☐ _____   ☐ _____
☐ _____   ☐ _____

SUGERENCIAS

Si no sabes como rezar el Santo Rosario, puedes conseguir nuestro libro *"Rosario Para Principiantes"* en el siguiente enlace: www.vcrey.com/rosario-libro

Algunos Sacrificios que puedes hacer incluyen:

- No tomar agua o líquidos durante una comida.
- Abstenerse de carne en viernes (lo cual es requerido por la Santa Madre Iglesia).
- No comer dulces o postres durante un día.
- Bañarse con agua fría.
- No comer carne en Sábado en honor a la Santísima Virgen María.
- Hacer una hora de silencio.
- No comprar o vender en Domingo (lo cual es ademas un mandamiento).
- Ser amable con alguien que te haya lastimado.
- Dar comida al hambriento.
- Dar agua al sediento.
- Visitar a los enfermos, y confortarlos.

NOTAS IMPORTANTES

☐ _____
☐ _____
☐ _____
☐ _____
☐ _____
☐ _____
☐ _____
☐ _____
☐ _____
☐ _____

AGENDA PARA TU ALMA

¡QUE VIVA CRISTO REY!

VIVA CRISTO REY.ORG

FECHA: DIA   MES   AÑO

METAS DEL DIA

REZAR EL SANTO ROSARIO DE 15 MISTERIOS.......... ☐

LEER LA SANTA BIBLIA (15 MINUTOS)..................... ☐

SACRIFICIOS DIARIOS .... ☐

☐ _____   ☐ _____
☐ _____   ☐ _____
☐ _____   ☐ _____
☐ _____   ☐ _____
☐ _____   ☐ _____
☐ _____   ☐ _____
☐ _____   ☐ _____
☐ _____   ☐ _____
☐ _____   ☐ _____

SUGERENCIAS

Si no sabes como rezar el Santo Rosario, puedes conseguir nuestro libro *"Rosario Para Principiantes"* en el siguiente enlace: www.vcrey.com/rosario-libro

Algunos Sacrificios que puedes hacer incluyen:

- No tomar agua o líquidos durante una comida.
- Abstenerse de carne en viernes (lo cual es requerido por la Santa Madre Iglesia).
- No comer dulces o postres durante un día.
- Bañarse con agua fría.
- No comer carne en Sábado en honor a la Santísima Virgen Maria.
- Hacer una hora de silencio.
- No comprar o vender en Domingo (lo cual es ademas un mandamiento).
- Ser amable con alguien que te haya lastimado.
- Dar comida al hambriento.
- Dar agua al sediento.
- Visitar a los enfermos, y confortarlos.

NOTAS IMPORTANTES

☐ _____
☐ _____
☐ _____
☐ _____
☐ _____
☐ _____
☐ _____
☐ _____
☐ _____
☐ _____
☐ _____

AGENDA PARA TU ALMA

¡QUE VIVA CRISTO REY!

VIVA CRISTO REY.ORG

FECHA: DIA   MES   AÑO

METAS DEL DIA

REZAR EL SANTO ROSARIO DE 15 MISTERIOS.......... ☐

LEER LA SANTA BIBLIA (15 MINUTOS).................... ☐

SACRIFICIOS DIARIOS.. ☐

☐ _____   ☐ _____
☐ _____   ☐ _____
☐ _____   ☐ _____
☐ _____   ☐ _____
☐ _____   ☐ _____
☐ _____   ☐ _____
☐ _____   ☐ _____
☐ _____   ☐ _____
☐ _____   ☐ _____

SUGERENCIAS

Si no sabes como rezar el Santo Rosario, puedes conseguir nuestro libro *"Rosario Para Principiantes"* en el siguiente enlace: www.vcrey.com/rosario-libro

Algunos Sacrificios que puedes hacer incluyen:

- No tomar agua o líquidos durante una comida.
- Abstenerse de carne en viernes (lo cual es requerido por la Santa Madre Iglesia).
- No comer dulces o postres durante un día.
- Bañarse con agua fría.
- No comer carne en Sábado en honor a la Santísima Virgen María.
- Hacer una hora de silencio.
- No comprar o vender en Domingo (lo cual es ademas un mandamiento).
- Ser amable con alguien que te haya lastimado.
- Dar comida al hambriento.
- Dar agua al sediento.
- Visitar a los enfermos, y confortarlos.

NOTAS IMPORTANTES

☐ _____
☐ _____
☐ _____
☐ _____
☐ _____
☐ _____
☐ _____
☐ _____
☐ _____
☐ _____

AGENDA PARA TU ALMA

¡QUE VIVA CRISTO REY!

VIVA CRISTO REY.ORG

FECHA: DIA   MES   AÑO

METAS DEL DIA

REZAR EL SANTO ROSARIO DE 15 MISTERIOS........... ☐

LEER LA SANTA BIBLIA (15 MINUTOS).................... ☐

SACRIFICIOS DIARIOS .... ☐

☐ _____   ☐ _____
☐ _____   ☐ _____
☐ _____   ☐ _____
☐ _____   ☐ _____
☐ _____   ☐ _____
☐ _____   ☐ _____
☐ _____   ☐ _____
☐ _____   ☐ _____
☐ _____   ☐ _____

SUGERENCIAS

Si no sabes como rezar el Santo Rosario, puedes conseguir nuestro libro *"Rosario Para Principiantes"* en el siguiente enlace: www.vcrey.com/rosario-libro

Algunos Sacrificios que puedes hacer incluyen:

- No tomar agua o líquidos durante una comida.
- Abstenerse de carne en viernes (lo cual es requerido por la Santa Madre Iglesia).
- No comer dulces o postres durante un día.
- Bañarse con agua fría.
- No comer carne en Sábado en honor a la Santísima Virgen Maria.
- Hacer una hora de silencio.
- No comprar o vender en Domingo (lo cual es ademas un mandamiento).
- Ser amable con alguien que te haya lastimado.
- Dar comida al hambriento.
- Dar agua al sediento.
- Visitar a los enfermos, y confortarlos.

NOTAS IMPORTANTES

☐ _____
☐ _____
☐ _____
☐ _____
☐ _____
☐ _____
☐ _____
☐ _____
☐ _____
☐ _____

AGENDA PARA TU ALMA

¡QUE VIVA CRISTO REY!

VIVA CRISTO REY.ORG

FECHA: **DIA** **MES** **AÑO**

METAS DEL DIA

REZAR EL SANTO ROSARIO DE 15 MISTERIOS........... ☐

LEER LA SANTA BIBLIA (15 MINUTOS).................... ☐

SACRIFICIOS DIARIOS.. ☐

☐ _____   ☐ _____
☐ _____   ☐ _____
☐ _____   ☐ _____
☐ _____   ☐ _____
☐ _____   ☐ _____
☐ _____   ☐ _____
☐ _____   ☐ _____
☐ _____   ☐ _____

SUGERENCIAS

Si no sabes como rezar el Santo Rosario, puedes conseguir nuestro libro *"Rosario Para Principiantes"* en el siguiente enlace: www.vcrey.com/rosario-libro

Algunos Sacrificios que puedes hacer incluyen:

- No tomar agua o líquidos durante una comida.
- Abstenerse de carne en viernes (lo cual es requerido por la Santa Madre Iglesia).
- No comer dulces o postres durante un día.
- Bañarse con agua fría.
- No comer carne en Sábado en honor a la Santísima Virgen Maria.
- Hacer una hora de silencio.
- No comprar o vender en Domingo (lo cual es ademas un mandamiento).
- Ser amable con alguien que te haya lastimado.
- Dar comida al hambriento.
- Dar agua al sediento.
- Visitar a los enfermos, y confortarlos.

NOTAS IMPORTANTES

☐ _____
☐ _____
☐ _____
☐ _____
☐ _____
☐ _____
☐ _____
☐ _____
☐ _____
☐ _____

AGENDA PARA TU ALMA

¡QUE VIVA CRISTO REY!

VIVA
CRISTO
REY.ORG

FECHA: DIA   MES   AÑO

METAS DEL DIA

REZAR EL SANTO ROSARIO DE 15 MISTERIOS........... ☐

LEER LA SANTA BIBLIA (15 MINUTOS)..................... ☐

SACRIFICIOS DIARIOS .... ☐

☐ _____   ☐ _____
☐ _____   ☐ _____
☐ _____   ☐ _____
☐ _____   ☐ _____
☐ _____   ☐ _____
☐ _____   ☐ _____
☐ _____
☐ _____   ☐ _____
☐ _____   ☐ _____

SUGERENCIAS

Si no sabes como rezar el Santo Rosario, puedes conseguir nuestro libro *"Rosario Para Principiantes"* en el siguiente enlace: www.vcrey.com/rosario-libro

Algunos Sacrificios que puedes hacer incluyen:

- No tomar agua o líquidos durante una comida.
- Abstenerse de carne en viernes (lo cual es requerido por la Santa Madre Iglesia).
- No comer dulces o postres durante un día.
- Bañarse con agua fría.
- No comer carne en Sábado en honor a la Santísima Virgen Maria.
- Hacer una hora de silencio.
- No comprar o vender en Domingo (lo cual es ademas un mandamiento).
- Ser amable con alguien que te haya lastimado.
- Dar comida al hambriento.
- Dar agua al sediento.
- Visitar a los enfermos, y confortarlos.

NOTAS IMPORTANTES

☐ _____
☐ _____
☐ _____
☐ _____
☐ _____
☐ _____
☐ _____
☐ _____
☐ _____
☐ _____
☐ _____

AGENDA PARA TU ALMA

¡QUE VIVA CRISTO REY!

VIVA
CRISTO
REY.ORG

FECHA: DIA   MES   AÑO

METAS DEL DIA

REZAR EL SANTO ROSARIO DE 15 MISTERIOS.......... ☐

LEER LA SANTA BIBLIA (15 MINUTOS).................... ☐

SACRIFICIOS DIARIOS....... .... ☐

☐ _____   ☐ _____
☐ _____   ☐ _____
☐ _____   ☐ _____
☐ _____   ☐ _____
☐ _____   ☐ _____
☐ _____   ☐ _____
☐ _____   ☐ _____
☐ _____   ☐ _____

SUGERENCIAS

Si no sabes como rezar el Santo Rosario, puedes conseguir nuestro libro *"Rosario Para Principiantes"* en el siguiente enlace: www.vcrey.com/rosario-libro

Algunos Sacrificios que puedes hacer incluyen:

- No tomar agua o líquidos durante una comida.
- Abstenerse de carne en viernes (lo cual es requerido por la Santa Madre Iglesia).
- No comer dulces o postres durante un día.
- Bañarse con agua fría.
- No comer carne en Sábado en honor a la Santísima Virgen María.
- Hacer una hora de silencio.
- No comprar o vender en Domingo (lo cual es ademas un mandamiento).
- Ser amable con alguien que te haya lastimado.
- Dar comida al hambriento.
- Dar agua al sediento.
- Visitar a los enfermos, y confortarlos.

NOTAS IMPORTANTES

☐ _____
☐ _____
☐ _____
☐ _____
☐ _____
☐ _____
☐ _____
☐ _____
☐ _____
☐ _____
☐ _____

AGENDA PARA TU ALMA

¡QUE VIVA CRISTO REY!

VIVA CRISTO REY.ORG

FECHA: DIA   MES   AÑO

METAS DEL DIA

REZAR EL SANTO ROSARIO DE 15 MISTERIOS........... ☐

LEER LA SANTA BIBLIA (15 MINUTOS).................... ☐

SACRIFICIOS DIARIOS .... ☐

☐ _____   ☐ _____
☐ _____   ☐ _____
☐ _____   ☐ _____
☐ _____   ☐ _____
☐ _____   ☐ _____
☐ _____
☐ _____   ☐ _____
☐ _____   ☐ _____
☐ _____   ☐ _____

SUGERENCIAS

Si no sabes como rezar el Santo Rosario, puedes conseguir nuestro libro *"Rosario Para Principiantes"* en el siguiente enlace: www.vcrey.com/rosario-libro

Algunos Sacrificios que puedes hacer incluyen:

- No tomar agua o líquidos durante una comida.
- Abstenerse de carne en viernes (lo cual es requerido por la Santa Madre Iglesia).
- No comer dulces o postres durante un día.
- Bañarse con agua fría.
- No comer carne en Sábado en honor a la Santísima Virgen Maria.
- Hacer una hora de silencio.
- No comprar o vender en Domingo (lo cual es ademas un mandamiento).
- Ser amable con alguien que te haya lastimado.
- Dar comida al hambriento.
- Dar agua al sediento.
- Visitar a los enfermos, y confortarlos.

NOTAS IMPORTANTES

☐ _____
☐ _____
☐ _____
☐ _____
☐ _____
☐ _____
☐ _____
☐ _____
☐ _____
☐ _____

AGENDA PARA TU ALMA

¡QUE VIVA CRISTO REY!

FECHA: DIA   MES   AÑO

METAS DEL DIA

REZAR EL SANTO ROSARIO DE 15 MISTERIOS.......... ☐

LEER LA SANTA BIBLIA (15 MINUTOS).................... ☐

SACRIFICIOS DIARIOS..................................... ☐

☐ _____   ☐ _____
☐ _____   ☐ _____
☐ _____   ☐ _____
☐ _____   ☐ _____
☐ _____   ☐ _____
☐ _____   ☐ _____
☐ _____
☐ _____   ☐ _____
☐ _____   ☐ _____

SUGERENCIAS

Si no sabes como rezar el Santo Rosario, puedes conseguir nuestro libro *"Rosario Para Principiantes"* en el siguiente enlace: www.vcrey.com/rosario-libro

Algunos Sacrificios que puedes hacer incluyen:

- No tomar agua o líquidos durante una comida.
- Abstenerse de carne en viernes (lo cual es requerido por la Santa Madre Iglesia).
- No comer dulces o postres durante un día.
- Bañarse con agua fría.
- No comer carne en Sábado en honor a la Santísima Virgen Maria.
- Hacer una hora de silencio.
- No comprar o vender en Domingo (lo cual es ademas un mandamiento).
- Ser amable con alguien que te haya lastimado.
- Dar comida al hambriento.
- Dar agua al sediento.
- Visitar a los enfermos, y confortarlos.

NOTAS IMPORTANTES

☐ _____
☐ _____
☐ _____
☐ _____
☐ _____
☐ _____
☐ _____
☐ _____
☐ _____
☐ _____

AGENDA PARA TU ALMA

¡QUE VIVA CRISTO REY!

VIVA CRISTO REY.ORG

FECHA: DIA   MES   AÑO

METAS DEL DIA

REZAR EL SANTO ROSARIO DE 15 MISTERIOS .... ☐

LEER LA SANTA BIBLIA (15 MINUTOS) .... ☐

SACRIFICIOS DIARIOS .... ☐

☐ _____   ☐ _____
☐ _____   ☐ _____
☐ _____   ☐ _____
☐ _____   ☐ _____
☐ _____   ☐ _____
☐ _____   ☐ _____
☐ _____   ☐ _____
☐ _____   ☐ _____
☐ _____   ☐ _____

SUGERENCIAS

Si no sabes como rezar el Santo Rosario, puedes conseguir nuestro libro *"Rosario Para Principiantes"* en el siguiente enlace: www.vcrey.com/rosario-libro

Algunos Sacrificios que puedes hacer incluyen:

- No tomar agua o líquidos durante una comida.
- Abstenerse de carne en viernes (lo cual es requerido por la Santa Madre Iglesia).
- No comer dulces o postres durante un día.
- Bañarse con agua fría.
- No comer carne en Sábado en honor a la Santísima Virgen Maria.
- Hacer una hora de silencio.
- No comprar o vender en Domingo (lo cual es ademas un mandamiento).
- Ser amable con alguien que te haya lastimado.
- Dar comida al hambriento.
- Dar agua al sediento.
- Visitar a los enfermos, y confortarlos.

NOTAS IMPORTANTES

☐ _____
☐ _____
☐ _____
☐ _____
☐ _____
☐ _____
☐ _____
☐ _____
☐ _____
☐ _____
☐ _____

AGENDA PARA TU ALMA

¡QUE VIVA CRISTO REY!

VIVA CRISTO REY.ORG

FECHA: DIA   MES   AÑO

METAS DEL DIA

REZAR EL SANTO ROSARIO DE 15 MISTERIOS.......... ☐

LEER LA SANTA BIBLIA (15 MINUTOS).................. ☐

SACRIFICIOS DIARIOS................................... ☐

☐ _____   ☐ _____
☐ _____   ☐ _____
☐ _____   ☐ _____
☐ _____   ☐ _____
☐ _____   ☐ _____
☐ _____   ☐ _____
☐ _____   ☐ _____
☐ _____   ☐ _____
☐ _____   ☐ _____

SUGERENCIAS

Si no sabes como rezar el Santo Rosario, puedes conseguir nuestro libro *"Rosario Para Principiantes"* en el siguiente enlace: www.vcrey.com/rosario-libro

Algunos Sacrificios que puedes hacer incluyen:

- No tomar agua o líquidos durante una comida.
- Abstenerse de carne en viernes (lo cual es requerido por la Santa Madre Iglesia).
- No comer dulces o postres durante un día.
- Bañarse con agua fría.
- No comer carne en Sábado en honor a la Santísima Virgen Maria.
- Hacer una hora de silencio.
- No comprar o vender en Domingo (lo cual es ademas un mandamiento).
- Ser amable con alguien que te haya lastimado.
- Dar comida al hambriento.
- Dar agua al sediento.
- Visitar a los enfermos, y confortarlos.

NOTAS IMPORTANTES

☐ _____
☐ _____
☐ _____
☐ _____
☐ _____
☐ _____
☐ _____
☐ _____
☐ _____
☐ _____
☐ _____

AGENDA PARA TU ALMA

¡QUE VIVA CRISTO REY!

VIVA
CRISTO
REY.ORG

FECHA: DIA   MES   AÑO

METAS DEL DIA

REZAR EL SANTO ROSARIO DE 15 MISTERIOS.......... ☐

LEER LA SANTA BIBLIA (15 MINUTOS)................... ☐

SACRIFICIOS DIARIOS .... ☐

☐ _____   ☐ _____
☐ _____   ☐ _____
☐ _____   ☐ _____
☐ _____   ☐ _____
☐ _____   ☐ _____
☐ _____   ☐ _____
☐ _____   ☐ _____
☐ _____   ☐ _____
☐ _____   ☐ _____

SUGERENCIAS

Si no sabes como rezar el Santo Rosario, puedes conseguir nuestro libro *"Rosario Para Principiantes"* en el siguiente enlace: www.vcrey.com/rosario-libro

Algunos Sacrificios que puedes hacer incluyen:

- No tomar agua o líquidos durante una comida.
- Abstenerse de carne en viernes (lo cual es requerido por la Santa Madre Iglesia).
- No comer dulces o postres durante un día.
- Bañarse con agua fría.
- No comer carne en Sábado en honor a la Santísima Virgen Maria.
- Hacer una hora de silencio.
- No comprar o vender en Domingo (lo cual es ademas un mandamiento).
- Ser amable con alguien que te haya lastimado.
- Dar comida al hambriento.
- Dar agua al sediento.
- Visitar a los enfermos, y confortarlos.

NOTAS IMPORTANTES

☐ _____
☐ _____
☐ _____
☐ _____
☐ _____
☐ _____
☐ _____
☐ _____
☐ _____
☐ _____

AGENDA PARA TU ALMA

¡QUE VIVA CRISTO REY!

VIVA CRISTO REY.ORG

FECHA: DIA   MES   AÑO

METAS DEL DIA

REZAR EL SANTO ROSARIO DE 15 MISTERIOS.......... ☐

LEER LA SANTA BIBLIA (15 MINUTOS)................... ☐

SACRIFICIOS DIARIOS...................................... ☐

☐ _____   ☐ _____

☐ _____   ☐ _____

☐ _____   ☐ _____

☐ _____   ☐ _____

☐ _____   ☐ _____

☐ _____   ☐ _____

☐ _____   ☐ _____

☐ _____   ☐ _____

☐ _____   ☐ _____

SUGERENCIAS

Si no sabes como rezar el Santo Rosario, puedes conseguir nuestro libro *"Rosario Para Principiantes"* en el siguiente enlace: www.vcrey.com/rosario-libro

Algunos Sacrificios que puedes hacer incluyen:

- No tomar agua o líquidos durante una comida.
- Abstenerse de carne en viernes (lo cual es requerido por la Santa Madre Iglesia).
- No comer dulces o postres durante un día.
- Bañarse con agua fría.
- No comer carne en Sábado en honor a la Santísima Virgen Maria.
- Hacer una hora de silencio.
- No comprar o vender en Domingo (lo cual es ademas un mandamiento).
- Ser amable con alguien que te haya lastimado.
- Dar comida al hambriento.
- Dar agua al sediento.
- Visitar a los enfermos, y confortarlos.

NOTAS IMPORTANTES

☐ _____

☐ _____

☐ _____

☐ _____

☐ _____

☐ _____

☐ _____

☐ _____

☐ _____

☐ _____

AGENDA PARA TU ALMA

¡QUE VIVA CRISTO REY!

VIVA
CRISTO
REY.ORG

FECHA: DIA   MES   AÑO

METAS DEL DIA

REZAR EL SANTO ROSARIO DE 15 MISTERIOS........... ☐

LEER LA SANTA BIBLIA (15 MINUTOS).................... ☐

SACRIFICIOS DIARIOS .... ☐

☐ _____   ☐ _____
☐ _____   ☐ _____
☐ _____   ☐ _____
☐ _____   ☐ _____
☐ _____   ☐ _____
☐ _____   ☐ _____
☐ _____   ☐ _____
☐ _____   ☐ _____
☐ _____   ☐ _____

SUGERENCIAS

Si no sabes como rezar el Santo Rosario, puedes conseguir nuestro libro *"Rosario Para Principiantes"* en el siguiente enlace: www.vcrey.com/rosario-libro

Algunos Sacrificios que puedes hacer incluyen:

- No tomar agua o líquidos durante una comida.
- Abstenerse de carne en viernes (lo cual es requerido por la Santa Madre Iglesia).
- No comer dulces o postres durante un día.
- Bañarse con agua fría.
- No comer carne en Sábado en honor a la Santísima Virgen María.
- Hacer una hora de silencio.
- No comprar o vender en Domingo (lo cual es ademas un mandamiento).
- Ser amable con alguien que te haya lastimado.
- Dar comida al hambriento.
- Dar agua al sediento.
- Visitar a los enfermos, y confortarlos.

NOTAS IMPORTANTES

☐ _____
☐ _____
☐ _____
☐ _____
☐ _____
☐ _____
☐ _____
☐ _____
☐ _____
☐ _____

AGENDA PARA TU ALMA

¡QUE VIVA CRISTO REY!

FECHA: DIA   MES   AÑO

METAS DEL DIA

REZAR EL SANTO ROSARIO DE 15 MISTERIOS.......... ☐

LEER LA SANTA BIBLIA (15 MINUTOS).................... ☐

SACRIFICIOS DIARIOS....... .... ☐

☐ _____   ☐ _____
☐ _____   ☐ _____
☐ _____   ☐ _____
☐ _____   ☐ _____
☐ _____   ☐ _____
☐ _____   ☐ _____
☐ _____   ☐ _____
☐ _____   ☐ _____
☐ _____   ☐ _____

SUGERENCIAS

Si no sabes como rezar el Santo Rosario, puedes conseguir nuestro libro *"Rosario Para Principiantes"* en el siguiente enlace: www.vcrey.com/rosario-libro

Algunos Sacrificios que puedes hacer incluyen:

- No tomar agua o líquidos durante una comida.
- Abstenerse de carne en viernes (lo cual es requerido por la Santa Madre Iglesia).
- No comer dulces o postres durante un día.
- Bañarse con agua fría.
- No comer carne en Sábado en honor a la Santísima Virgen Maria.
- Hacer una hora de silencio.
- No comprar o vender en Domingo (lo cual es ademas un mandamiento).
- Ser amable con alguien que te haya lastimado.
- Dar comida al hambriento.
- Dar agua al sediento.
- Visitar a los enfermos, y confortarlos.

NOTAS IMPORTANTES

☐ _____
☐ _____
☐ _____
☐ _____
☐ _____
☐ _____
☐ _____
☐ _____
☐ _____
☐ _____

AGENDA PARA TU ALMA

¡QUE VIVA CRISTO REY!

VIVA
CRISTO
REY.ORG

FECHA: DIA   MES   AÑO

METAS DEL DIA

REZAR EL SANTO ROSARIO DE 15 MISTERIOS.......... ☐

LEER LA SANTA BIBLIA (15 MINUTOS).................... ☐

SACRIFICIOS DIARIOS .... ☐

☐ _____   ☐ _____

☐ _____   ☐ _____

☐ _____   ☐ _____

☐ _____   ☐ _____

☐ _____   ☐ _____

☐ _____   ☐ _____

☐ _____   ☐ _____

☐ _____   ☐ _____

☐ _____   ☐ _____

SUGERENCIAS

Si no sabes como rezar el Santo Rosario, puedes conseguir nuestro libro *"Rosario Para Principiantes"* en el siguiente enlace: www.vcrey.com/rosario-libro

Algunos Sacrificios que puedes hacer incluyen:

- No tomar agua o líquidos durante una comida.
- Abstenerse de carne en viernes (lo cual es requerido por la Santa Madre Iglesia).
- No comer dulces o postres durante un día.
- Bañarse con agua fría.
- No comer carne en Sábado en honor a la Santísima Virgen Maria.
- Hacer una hora de silencio.
- No comprar o vender en Domingo (lo cual es ademas un mandamiento).
- Ser amable con alguien que te haya lastimado.
- Dar comida al hambriento.
- Dar agua al sediento.
- Visitar a los enfermos, y confortarlos.

NOTAS IMPORTANTES

☐ _____

☐ _____

☐ _____

☐ _____

☐ _____

☐ _____

☐ _____

☐ _____

☐ _____

☐ _____

AGENDA PARA TU ALMA

¡QUE VIVA CRISTO REY!

VIVA
CRISTO
REY.ORG

FECHA: DIA   MES   AÑO

METAS DEL DIA

REZAR EL SANTO ROSARIO DE 15 MISTERIOS.......... ☐

LEER LA SANTA BIBLIA (15 MINUTOS).................... ☐

SACRIFICIOS DIARIOS...................................... ☐

☐ _____   ☐ _____
☐ _____   ☐ _____
☐ _____   ☐ _____
☐ _____   ☐ _____
☐ _____   ☐ _____
☐ _____   ☐ _____
☐ _____   ☐ _____
☐ _____   ☐ _____

SUGERENCIAS

Si no sabes como rezar el Santo Rosario, puedes conseguir nuestro libro *"Rosario Para Principiantes"* en el siguiente enlace: www.vcrey.com/rosario-libro

Algunos Sacrificios que puedes hacer incluyen:

- No tomar agua o líquidos durante una comida.
- Abstenerse de carne en viernes (lo cual es requerido por la Santa Madre Iglesia).
- No comer dulces o postres durante un día.
- Bañarse con agua fría.
- No comer carne en Sábado en honor a la Santísima Virgen Maria.
- Hacer una hora de silencio.
- No comprar o vender en Domingo (lo cual es ademas un mandamiento).
- Ser amable con alguien que te haya lastimado.
- Dar comida al hambriento.
- Dar agua al sediento.
- Visitar a los enfermos, y confortarlos.

NOTAS IMPORTANTES

☐ _____
☐ _____
☐ _____
☐ _____
☐ _____
☐ _____
☐ _____
☐ _____
☐ _____
☐ _____

AGENDA PARA TU ALMA

¡QUE VIVA CRISTO REY!

VIVA
CRISTO
REY.ORG

FECHA: DIA   MES   AÑO

METAS DEL DIA

REZAR EL SANTO ROSARIO DE 15 MISTERIOS.......... ☐

LEER LA SANTA BIBLIA (15 MINUTOS)..................... ☐

SACRIFICIOS DIARIOS... ☐

☐ _____   ☐ _____
☐ _____   ☐ _____
☐ _____   ☐ _____
☐ _____   ☐ _____
☐ _____   ☐ _____
☐ _____   ☐ _____
☐ _____   ☐ _____
☐ _____   ☐ _____
☐ _____   ☐ _____

SUGERENCIAS

Si no sabes como rezar el Santo Rosario, puedes conseguir nuestro libro *"Rosario Para Principiantes"* en el siguiente enlace: www.vcrey.com/rosario-libro

Algunos Sacrificios que puedes hacer incluyen:

- No tomar agua o líquidos durante una comida.
- Abstenerse de carne en viernes (lo cual es requerido por la Santa Madre Iglesia).
- No comer dulces o postres durante un día.
- Bañarse con agua fría.
- No comer carne en Sábado en honor a la Santísima Virgen Maria.
- Hacer una hora de silencio.
- No comprar o vender en Domingo (lo cual es ademas un mandamiento).
- Ser amable con alguien que te haya lastimado.
- Dar comida al hambriento.
- Dar agua al sediento.
- Visitar a los enfermos, y confortarlos.

NOTAS IMPORTANTES

☐ _____
☐ _____
☐ _____
☐ _____
☐ _____
☐ _____
☐ _____
☐ _____
☐ _____
☐ _____
☐ _____

AGENDA PARA TU ALMA

¡QUE VIVA CRISTO REY!

VIVA
CRISTO
REY.ORG

FECHA: DIA   MES   AÑO

METAS DEL DIA

REZAR EL SANTO ROSARIO DE 15 MISTERIOS.......... ☐

LEER LA SANTA BIBLIA (15 MINUTOS)................... ☐

SACRIFICIOS DIARIOS........ .... ☐

☐ _____   ☐ _____
☐ _____   ☐ _____
☐ _____   ☐ _____
☐ _____   ☐ _____
☐ _____   ☐ _____
☐ _____   ☐ _____
☐ _____   ☐ _____
☐ _____   ☐ _____
☐ _____   ☐ _____

SUGERENCIAS

Si no sabes como rezar el Santo Rosario, puedes conseguir nuestro libro *"Rosario Para Principiantes"* en el siguiente enlace: www.vcrey.com/rosario-libro

Algunos Sacrificios que puedes hacer incluyen:

- No tomar agua o líquidos durante una comida.
- Abstenerse de carne en viernes (lo cual es requerido por la Santa Madre Iglesia).
- No comer dulces o postres durante un día.
- Bañarse con agua fría.
- No comer carne en Sábado en honor a la Santísima Virgen Maria.
- Hacer una hora de silencio.
- No comprar o vender en Domingo (lo cual es ademas un mandamiento).
- Ser amable con alguien que te haya lastimado.
- Dar comida al hambriento.
- Dar agua al sediento.
- Visitar a los enfermos, y confortarlos.

NOTAS IMPORTANTES

☐ _____
☐ _____
☐ _____
☐ _____
☐ _____
☐ _____
☐ _____
☐ _____
☐ _____
☐ _____
☐ _____

AGENDA PARA TU ALMA

¡QUE VIVA CRISTO REY!

VIVA CRISTO REY.ORG

FECHA: DIA   MES   AÑO

METAS DEL DIA

REZAR EL SANTO ROSARIO DE 15 MISTERIOS........... ☐

LEER LA SANTA BIBLIA (15 MINUTOS).................... ☐

SACRIFICIOS DIARIOS....................................... ☐

☐ _____   ☐ _____
☐ _____   ☐ _____
☐ _____   ☐ _____
☐ _____   ☐ _____
☐ _____   ☐ _____
☐ _____   ☐ _____
☐ _____   ☐ _____
☐ _____   ☐ _____
☐ _____   ☐ _____

SUGERENCIAS

Si no sabes como rezar el Santo Rosario, puedes conseguir nuestro libro *"Rosario Para Principiantes"* en el siguiente enlace: www.vcrey.com/rosario-libro

Algunos Sacrificios que puedes hacer incluyen:

- No tomar agua o líquidos durante una comida.
- Abstenerse de carne en viernes (lo cual es requerido por la Santa Madre Iglesia).
- No comer dulces o postres durante un día.
- Bañarse con agua fría.
- No comer carne en Sábado en honor a la Santísima Virgen Maria.
- Hacer una hora de silencio.
- No comprar o vender en Domingo (lo cual es ademas un mandamiento).
- Ser amable con alguien que te haya lastimado.
- Dar comida al hambriento.
- Dar agua al sediento.
- Visitar a los enfermos, y confortarlos.

NOTAS IMPORTANTES

☐ _____
☐ _____
☐ _____
☐ _____
☐ _____
☐ _____
☐ _____
☐ _____
☐ _____
☐ _____
☐ _____

AGENDA PARA TU ALMA

¡QUE VIVA CRISTO REY!

VIVA
CRISTO
REY.ORG

FECHA: DIA   MES   AÑO

METAS DEL DIA

REZAR EL SANTO ROSARIO DE 15 MISTERIOS.......... ☐

LEER LA SANTA BIBLIA (15 MINUTOS).................. ☐

SACRIFICIOS DIARIOS....... .... ☐

☐ _____   ☐ _____
☐ _____   ☐ _____
☐ _____   ☐ _____
☐ _____   ☐ _____
☐ _____   ☐ _____
☐ _____   ☐ _____
☐ _____   ☐ _____
☐ _____   ☐ _____
☐ _____   ☐ _____

SUGERENCIAS

Si no sabes como rezar el Santo Rosario, puedes conseguir nuestro libro *"Rosario Para Principiantes"* en el siguiente enlace: www.vcrey.com/rosario-libro

Algunos Sacrificios que puedes hacer incluyen:

- No tomar agua o líquidos durante una comida.
- Abstenerse de carne en viernes (lo cual es requerido por la Santa Madre Iglesia).
- No comer dulces o postres durante un día.
- Bañarse con agua fría.
- No comer carne en Sábado en honor a la Santísima Virgen Maria.
- Hacer una hora de silencio.
- No comprar o vender en Domingo (lo cual es ademas un mandamiento).
- Ser amable con alguien que te haya lastimado.
- Dar comida al hambriento.
- Dar agua al sediento.
- Visitar a los enfermos, y confortarlos.

NOTAS IMPORTANTES

☐ _____
☐ _____
☐ _____
☐ _____
☐ _____
☐ _____
☐ _____
☐ _____
☐ _____
☐ _____

AGENDA PARA TU ALMA

¡QUE VIVA CRISTO REY!

VIVA
CRISTO
REY.ORG

FECHA: DIA   MES   AÑO

METAS DEL DIA

REZAR EL SANTO ROSARIO DE 15 MISTERIOS.......... ☐

LEER LA SANTA BIBLIA (15 MINUTOS).................... ☐

SACRIFICIOS DIARIOS... ☐

☐ _____   ☐ _____

☐ _____   ☐ _____

☐ _____   ☐ _____

☐ _____   ☐ _____

☐ _____   ☐ _____

☐ _____   ☐ _____

☐ _____   ☐ _____

☐ _____   ☐ _____

☐ _____   ☐ _____

SUGERENCIAS

Si no sabes como rezar el Santo Rosario, puedes conseguir nuestro libro *"Rosario Para Principiantes"* en el siguiente enlace: www.vcrey.com/rosario-libro

Algunos Sacrificios que puedes hacer incluyen:

- No tomar agua o líquidos durante una comida.
- Abstenerse de carne en viernes (lo cual es requerido por la Santa Madre Iglesia).
- No comer dulces o postres durante un día.
- Bañarse con agua fría.
- No comer carne en Sábado en honor a la Santísima Virgen Maria.
- Hacer una hora de silencio.
- No comprar o vender en Domingo (lo cual es ademas un mandamiento).
- Ser amable con alguien que te haya lastimado.
- Dar comida al hambriento.
- Dar agua al sediento.
- Visitar a los enfermos, y confortarlos.

NOTAS IMPORTANTES

☐ ....
☐ ....
☐ ....
☐ ....
☐ ....
☐ ....
☐ ....
☐ ....
☐ ....
☐ ....
☐ ....

AGENDA PARA TU ALMA

¡QUE VIVA CRISTO REY!

VIVA
CRISTO
REY.ORG

FECHA: DIA   MES   AÑO

METAS DEL DIA

REZAR EL SANTO ROSARIO DE 15 MISTERIOS.......... ☐

LEER LA SANTA BIBLIA (15 MINUTOS).................... ☐

SACRIFICIOS DIARIOS....................................... ☐

☐ _____   ☐ _____
☐ _____   ☐ _____
☐ _____   ☐ _____
☐ _____   ☐ _____
☐ _____   ☐ _____
☐ _____   ☐ _____
☐ _____
☐ _____   ☐ _____
☐ _____   ☐ _____

SUGERENCIAS

Si no sabes como rezar el Santo Rosario, puedes conseguir nuestro libro *Rosario Para Principiantes* en el siguiente enlace: www.vcrey.com/rosario-libro

Algunos Sacrificios que puedes hacer incluyen:

- No tomar agua o líquidos durante una comida.
- Abstenerse de carne en viernes (lo cual es requerido por la Santa Madre Iglesia).
- No comer dulces o postres durante un día.
- Bañarse con agua fría.
- No comer carne en Sábado en honor a la Santísima Virgen Maria.
- Hacer una hora de silencio.
- No comprar o vender en Domingo (lo cual es ademas un mandamiento).
- Ser amable con alguien que te haya lastimado.
- Dar comida al hambriento.
- Dar agua al sediento.
- Visitar a los enfermos, y confortarlos.

NOTAS IMPORTANTES

☐ _____
☐ _____
☐ _____
☐ _____
☐ _____
☐ _____
☐ _____
☐ _____
☐ _____
☐ _____
☐ _____

AGENDA PARA TU ALMA

¡QUE VIVA CRISTO REY!

VIVA CRISTO REY.ORG

FECHA: DIA   MES   AÑO

METAS DEL DIA

REZAR EL SANTO ROSARIO DE 15 MISTERIOS.......... ☐

LEER LA SANTA BIBLIA (15 MINUTOS).................... ☐

SACRIFICIOS DIARIOS .... ☐

☐ _____   ☐ _____
☐ _____   ☐ _____
☐ _____   ☐ _____
☐ _____   ☐ _____
☐ _____   ☐ _____
☐ _____   ☐ _____
☐ _____   ☐ _____
☐ _____   ☐ _____
☐ _____   ☐ _____

SUGERENCIAS

Si no sabes como rezar el Santo Rosario, puedes
conseguir nuestro libro *"Rosario Para Principiantes"*
en el siguiente enlace: www.vcrey.com/rosario-libro

Algunos Sacrificios que puedes hacer incluyen:

- No tomar agua o líquidos durante una comida.
- Abstenerse de carne en viernes (lo cual es
  requerido por la Santa Madre Iglesia).
- No comer dulces o postres durante un día.
- Bañarse con agua fría.
- No comer carne en Sábado en honor a la
  Santísima Virgen Maria.
- Hacer una hora de silencio.
- No comprar o vender en Domingo (lo cual es
  ademas un mandamiento).
- Ser amable con alguien que te haya lastimado.
- Dar comida al hambriento.
- Dar agua al sediento.
- Visitar a los enfermos, y confortarlos.

NOTAS IMPORTANTES

☐ _____
☐ _____
☐ _____
☐ _____
☐ _____
☐ _____
☐ _____
☐ _____
☐ _____
☐ _____

AGENDA PARA TU ALMA

¡QUE VIVA CRISTO REY!

VIVA
CRISTO
REY.ORG

FECHA: DIA   MES   AÑO

METAS DEL DIA

REZAR EL SANTO ROSARIO DE 15 MISTERIOS.......... ☐

LEER LA SANTA BIBLIA (15 MINUTOS)................... ☐

SACRIFICIOS DIARIOS...................................... ☐

☐ _____   ☐ _____
☐ _____   ☐ _____
☐ _____   ☐ _____
☐ _____   ☐ _____
☐ _____   ☐ _____
☐ _____   ☐ _____
☐ _____   ☐ _____
☐ _____   ☐ _____

SUGERENCIAS

Si no sabes como rezar el Santo Rosario, puedes conseguir nuestro libro *"Rosario Para Principiantes"* en el siguiente enlace: www.vcrey.com/rosario-libro

Algunos Sacrificios que puedes hacer incluyen:

- No tomar agua o líquidos durante una comida.
- Abstenerse de carne en viernes (lo cual es requerido por la Santa Madre Iglesia).
- No comer dulces o postres durante un día.
- Bañarse con agua fría.
- No comer carne en Sábado en honor a la Santísima Virgen Maria.
- Hacer una hora de silencio.
- No comprar o vender en Domingo (lo cual es ademas un mandamiento).
- Ser amable con alguien que te haya lastimado.
- Dar comida al hambriento.
- Dar agua al sediento.
- Visitar a los enfermos, y confortarlos.

NOTAS IMPORTANTES

☐ _____
☐ _____
☐ _____
☐ _____
☐ _____
☐ _____
☐ _____
☐ _____
☐ _____
☐ _____

AGENDA PARA TU ALMA

¡QUE VIVA CRISTO REY!

VIVA CRISTO REY.ORG

FECHA: DIA   MES   AÑO

METAS DEL DIA

REZAR EL SANTO ROSARIO DE 15 MISTERIOS.......... ☐

LEER LA SANTA BIBLIA (15 MINUTOS).................... ☐

SACRIFICIOS DIARIOS .... ☐

☐ _____   ☐ _____
☐ _____   ☐ _____
☐ _____   ☐ _____
☐ _____   ☐ _____
☐ _____   ☐ _____
☐ _____   ☐ _____
☐ _____   ☐ _____
☐ _____   ☐ _____
☐ _____   ☐ _____

SUGERENCIAS

Si no sabes como rezar el Santo Rosario, puedes conseguir nuestro libro *"Rosario Para Principiantes"* en el siguiente enlace: www.vcrey.com/rosario-libro

Algunos Sacrificios que puedes hacer incluyen:

- No tomar agua o líquidos durante una comida.
- Abstenerse de carne en viernes (lo cual es requerido por la Santa Madre Iglesia).
- No comer dulces o postres durante un día.
- Bañarse con agua fría.
- No comer carne en Sábado en honor a la Santísima Virgen Maria.
- Hacer una hora de silencio.
- No comprar o vender en Domingo (lo cual es ademas un mandamiento).
- Ser amable con alguien que te haya lastimado.
- Dar comida al hambriento.
- Dar agua al sediento.
- Visitar a los enfermos, y confortarlos.

NOTAS IMPORTANTES

☐ _____
☐ _____
☐ _____
☐ _____
☐ _____
☐ _____
☐ _____
☐ _____
☐ _____
☐ _____

AGENDA PARA TU ALMA

¡QUE VIVA CRISTO REY!

VIVA
CRISTO
REY.ORG

FECHA: DIA   MES   AÑO

METAS DEL DIA

REZAR EL SANTO ROSARIO DE 15 MISTERIOS........... ☐

LEER LA SANTA BIBLIA (15 MINUTOS).................... ☐

SACRIFICIOS DIARIOS....... .... ☐

☐ _____   ☐ _____
☐ _____   ☐ _____
☐ _____   ☐ _____
☐ _____   ☐ _____
☐ _____   ☐ _____
☐ _____   ☐ _____
☐ _____   ☐ _____
☐ _____   ☐ _____
☐ _____   ☐ _____

SUGERENCIAS

Si no sabes como rezar el Santo Rosario, puedes conseguir nuestro libro *"Rosario Para Principiantes"* en el siguiente enlace: www.vcrey.com/rosario-libro

Algunos Sacrificios que puedes hacer incluyen:

- No tomar agua o líquidos durante una comida.
- Abstenerse de carne en viernes (lo cual es requerido por la Santa Madre Iglesia).
- No comer dulces o postres durante un día.
- Bañarse con agua fría.
- No comer carne en Sábado en honor a la Santísima Virgen Maria.
- Hacer una hora de silencio.
- No comprar o vender en Domingo (lo cual es ademas un mandamiento).
- Ser amable con alguien que te haya lastimado.
- Dar comida al hambriento.
- Dar agua al sediento.
- Visitar a los enfermos, y confortarlos.

NOTAS IMPORTANTES

☐ _____
☐ _____
☐ _____
☐ _____
☐ _____
☐ _____
☐ _____
☐ _____
☐ _____
☐ _____
☐ _____

AGENDA PARA TU ALMA

¡QUE VIVA CRISTO REY!

VIVA
CRISTO
REY.ORG

FECHA: DIA   MES   AÑO

METAS DEL DIA

REZAR EL SANTO ROSARIO DE 15 MISTERIOS.......... ☐

LEER LA SANTA BIBLIA (15 MINUTOS).................... ☐

SACRIFICIOS DIARIOS .... ☐

☐ _____   ☐ _____

☐ _____   ☐ _____

☐ _____   ☐ _____

☐ _____   ☐ _____

☐ _____   ☐ _____

☐ _____   ☐ _____

☐ _____   ☐ _____

☐ _____   ☐ _____

☐ _____   ☐ _____

SUGERENCIAS

Si no sabes como rezar el Santo Rosario, puedes conseguir nuestro libro *"Rosario Para Principiantes"* en el siguiente enlace: www.vcrey.com/rosario-libro

Algunos Sacrificios que puedes hacer incluyen:

- No tomar agua o líquidos durante una comida.
- Abstenerse de carne en viernes (lo cual es requerido por la Santa Madre Iglesia).
- No comer dulces o postres durante un día.
- Bañarse con agua fría.
- No comer carne en Sábado en honor a la Santísima Virgen Maria.
- Hacer una hora de silencio.
- No comprar o vender en Domingo (lo cual es ademas un mandamiento).
- Ser amable con alguien que te haya lastimado.
- Dar comida al hambriento.
- Dar agua al sediento.
- Visitar a los enfermos, y confortarlos.

NOTAS IMPORTANTES

☐ _____

☐ _____

☐ _____

☐ _____

☐ _____

☐ _____

☐ _____

☐ _____

☐ _____

☐ _____

☐ _____

AGENDA PARA TU ALMA

¡QUE VIVA CRISTO REY!

VIVA
CRISTO
REY.ORG

FECHA: DIA   MES   AÑO

METAS DEL DIA

REZAR EL SANTO ROSARIO DE 15 MISTERIOS.......... ☐

LEER LA SANTA BIBLIA (15 MINUTOS).................. ☐

SACRIFICIOS DIARIOS................................. ☐

☐ _____   ☐ _____
☐ _____   ☐ _____
☐ _____   ☐ _____
☐ _____   ☐ _____
☐ _____   ☐ _____
☐ _____
☐ _____   ☐ _____
☐ _____   ☐ _____
☐ _____

SUGERENCIAS

Si no sabes como rezar el Santo Rosario, puedes conseguir nuestro libro *"Rosario Para Principiantes"* en el siguiente enlace: www.vcrey.com/rosario-libro

Algunos Sacrificios que puedes hacer incluyen:

- No tomar agua o líquidos durante una comida.
- Abstenerse de carne en viernes (lo cual es requerido por la Santa Madre Iglesia).
- No comer dulces o postres durante un día.
- Bañarse con agua fría.
- No comer carne en Sábado en honor a la Santísima Virgen Maria.
- Hacer una hora de silencio.
- No comprar o vender en Domingo (lo cual es ademas un mandamiento).
- Ser amable con alguien que te haya lastimado.
- Dar comida al hambriento.
- Dar agua al sediento.
- Visitar a los enfermos, y confortarlos.

NOTAS IMPORTANTES

☐ _____
☐ _____
☐ _____
☐ _____
☐ _____
☐ _____
☐ _____
☐ _____
☐ _____
☐ _____

AGENDA PARA TU ALMA

¡QUE VIVA CRISTO REY!

VIVA CRISTO REY.ORG

FECHA: DIA   MES   AÑO

METAS DEL DIA

REZAR EL SANTO ROSARIO DE 15 MISTERIOS........... ☐

LEER LA SANTA BIBLIA (15 MINUTOS)................... ☐

SACRIFICIOS DIARIOS .... ☐

☐ _____   ☐ _____
☐ _____   ☐ _____
☐ _____   ☐ _____
☐ _____   ☐ _____
☐ _____   ☐ _____
☐ _____   ☐ _____
☐ _____   ☐ _____
☐ _____   ☐ _____
☐ _____   ☐ _____

SUGERENCIAS

Si no sabes como rezar el Santo Rosario, puedes conseguir nuestro libro *"Rosario Para Principiantes"* en el siguiente enlace: www.vcrey.com/rosario-libro

Algunos Sacrificios que puedes hacer incluyen:

- No tomar agua o líquidos durante una comida.
- Abstenerse de carne en viernes (lo cual es requerido por la Santa Madre Iglesia).
- No comer dulces o postres durante un día.
- Bañarse con agua fría.
- No comer carne en Sábado en honor a la Santísima Virgen Maria.
- Hacer una hora de silencio.
- No comprar o vender en Domingo (lo cual es ademas un mandamiento).
- Ser amable con alguien que te haya lastimado.
- Dar comida al hambriento.
- Dar agua al sediento.
- Visitar a los enfermos, y confortarlos.

NOTAS IMPORTANTES

☐ _____
☐ _____
☐ _____
☐ _____
☐ _____
☐ _____
☐ _____
☐ _____
☐ _____
☐ _____

AGENDA PARA TU ALMA

¡QUE VIVA CRISTO REY!

VIVA
CRISTO
REY.ORG

FECHA: DIA   MES   AÑO

METAS DEL DIA

REZAR EL SANTO ROSARIO DE 15 MISTERIOS.......... ☐

LEER LA SANTA BIBLIA (15 MINUTOS).................... ☐

SACRIFICIOS DIARIOS....................................... ☐

☐ _____   ☐ _____
☐ _____   ☐ _____
☐ _____   ☐ _____
☐ _____   ☐ _____
☐ _____   ☐ _____
☐ _____   ☐ _____
☐ _____   ☐ _____
☐ _____   ☐ _____

SUGERENCIAS

Si no sabes como rezar el Santo Rosario, puedes conseguir nuestro libro *"Rosario Para Principiantes"* en el siguiente enlace: www.vcrey.com/rosario-libro

Algunos Sacrificios que puedes hacer incluyen:

- No tomar agua o líquidos durante una comida.
- Abstenerse de carne en viernes (lo cual es requerido por la Santa Madre Iglesia).
- No comer dulces o postres durante un día.
- Bañarse con agua fría.
- No comer carne en Sábado en honor a la Santísima Virgen Maria.
- Hacer una hora de silencio.
- No comprar o vender en Domingo (lo cual es ademas un mandamiento).
- Ser amable con alguien que te haya lastimado.
- Dar comida al hambriento.
- Dar agua al sediento.
- Visitar a los enfermos, y confortarlos.

NOTAS IMPORTANTES

☐ _____
☐ _____
☐ _____
☐ _____
☐ _____
☐ _____
☐ _____
☐ _____
☐ _____

AGENDA PARA TU ALMA

¡QUE VIVA CRISTO REY!

VIVA CRISTO REY.ORG

FECHA: DIA   MES   AÑO

METAS DEL DIA

REZAR EL SANTO ROSARIO DE 15 MISTERIOS.......... ☐

LEER LA SANTA BIBLIA (15 MINUTOS).................... ☐

SACRIFICIOS DIARIOS .... ☐

☐ _____   ☐ _____

☐ _____   ☐ _____

☐ _____   ☐ _____

☐ _____   ☐ _____

☐ _____   ☐ _____

☐ _____   ☐ _____

☐ _____   ☐ _____

☐ _____   ☐ _____

☐ _____   ☐ _____

SUGERENCIAS

Si no sabes como rezar el Santo Rosario, puedes conseguir nuestro libro *"Rosario Para Principiantes"* en el siguiente enlace: www.vcrey.com/rosario-libro

Algunos Sacrificios que puedes hacer incluyen:

- No tomar agua o líquidos durante una comida.
- Abstenerse de carne en viernes (lo cual es requerido por la Santa Madre Iglesia).
- No comer dulces o postres durante un día.
- Bañarse con agua fría.
- No comer carne en Sábado en honor a la Santísima Virgen Maria.
- Hacer una hora de silencio.
- No comprar o vender en Domingo (lo cual es ademas un mandamiento).
- Ser amable con alguien que te haya lastimado.
- Dar comida al hambriento.
- Dar agua al sediento.
- Visitar a los enfermos, y confortarlos.

NOTAS IMPORTANTES

☐ _____

☐ _____

☐ _____

☐ _____

☐ _____

☐ _____

☐ _____

☐ _____

☐ _____

☐ _____

☐ _____

AGENDA PARA TU ALMA

¡QUE VIVA CRISTO REY!

VIVA CRISTO REY.ORG

FECHA: DIA   MES   AÑO

METAS DEL DIA

REZAR EL SANTO ROSARIO DE 15 MISTERIOS.......... ☐

LEER LA SANTA BIBLIA (15 MINUTOS)................... ☐

SACRIFICIOS DIARIOS....................................... ☐

☐ _____   ☐ _____

☐ _____   ☐ _____

☐ _____   ☐ _____

☐ _____   ☐ _____

☐ _____   ☐ _____

☐ _____   ☐ _____

☐ _____   ☐ _____

☐ _____   ☐ _____

SUGERENCIAS

Si no sabes como rezar el Santo Rosario, puedes conseguir nuestro libro *"Rosario Para Principiantes"* en el siguiente enlace: www.vcrey.com/rosario-libro

Algunos Sacrificios que puedes hacer incluyen:

- No tomar agua o líquidos durante una comida.
- Abstenerse de carne en viernes (lo cual es requerido por la Santa Madre Iglesia).
- No comer dulces o postres durante un día.
- Bañarse con agua fría.
- No comer carne en Sábado en honor a la Santísima Virgen María.
- Hacer una hora de silencio.
- No comprar o vender en Domingo (lo cual es ademas un mandamiento).
- Ser amable con alguien que te haya lastimado.
- Dar comida al hambriento.
- Dar agua al sediento.
- Visitar a los enfermos, y confortarlos.

NOTAS IMPORTANTES

☐ _____

☐ _____

☐ _____

☐ _____

☐ _____

☐ _____

☐ _____

☐ _____

☐ _____

☐ _____

AGENDA PARA TU ALMA

¡QUE VIVA CRISTO REY!

VIVA
CRISTO
REY.ORG

FECHA: DIA   MES   AÑO

METAS DEL DIA

REZAR EL SANTO ROSARIO DE 15 MISTERIOS........... ☐

LEER LA SANTA BIBLIA (15 MINUTOS).................... ☐

SACRIFICIOS DIARIOS... ☐

☐ _____   ☐ _____
☐ _____   ☐ _____
☐ _____   ☐ _____
☐ _____   ☐ _____
☐ _____   ☐ _____
☐ _____   ☐ _____
☐ _____   ☐ _____
☐ _____   ☐ _____
☐ _____   ☐ _____

SUGERENCIAS

Si no sabes como rezar el Santo Rosario, puedes conseguir nuestro libro *"Rosario Para Principiantes"* en el siguiente enlace: www.vcrey.com/rosario-libro

Algunos Sacrificios que puedes hacer incluyen:

- No tomar agua o líquidos durante una comida.
- Abstenerse de carne en viernes (lo cual es requerido por la Santa Madre Iglesia).
- No comer dulces o postres durante un día.
- Bañarse con agua fría.
- No comer carne en Sábado en honor a la Santísima Virgen Maria.
- Hacer una hora de silencio.
- No comprar o vender en Domingo (lo cual es ademas un mandamiento).
- Ser amable con alguien que te haya lastimado.
- Dar comida al hambriento.
- Dar agua al sediento.
- Visitar a los enfermos, y confortarlos.

NOTAS IMPORTANTES

☐ _____
☐ _____
☐ _____
☐ _____
☐ _____
☐ _____
☐ _____
☐ _____
☐ _____
☐ _____

AGENDA PARA TU ALMA

¡QUE VIVA CRISTO REY!

VIVA
CRISTO
REY.ORG

FECHA: DIA   MES   AÑO

METAS DEL DIA

REZAR EL SANTO ROSARIO DE 15 MISTERIOS........... ☐

LEER LA SANTA BIBLIA (15 MINUTOS).................... ☐

SACRIFICIOS DIARIOS....... .... ☐

☐ _____   ☐ _____
☐ _____   ☐ _____
☐ _____   ☐ _____
☐ _____   ☐ _____
☐ _____   ☐ _____
☐ _____   ☐ _____
☐ _____   ☐ _____
☐ _____   ☐ _____
☐ _____   ☐ _____

SUGERENCIAS

Si no sabes como rezar el Santo Rosario, puedes conseguir nuestro libro *"Rosario Para Principiantes"* en el siguiente enlace: www.vcrey.com/rosario-libro

Algunos Sacrificios que puedes hacer incluyen:

- No tomar agua o líquidos durante una comida.
- Abstenerse de carne en viernes (lo cual es requerido por la Santa Madre Iglesia).
- No comer dulces o postres durante un día.
- Bañarse con agua fría.
- No comer carne en Sábado en honor a la Santísima Virgen Maria.
- Hacer una hora de silencio.
- No comprar o vender en Domingo (lo cual es ademas un mandamiento).
- Ser amable con alguien que te haya lastimado.
- Dar comida al hambriento.
- Dar agua al sediento.
- Visitar a los enfermos, y confortarlos.

NOTAS IMPORTANTES

☐ _____
☐ _____
☐ _____
☐ _____
☐ _____
☐ _____
☐ _____
☐ _____
☐ _____
☐ _____
☐ _____

AGENDA PARA TU ALMA

¡QUE VIVA CRISTO REY!

VIVA
CRISTO
REY.ORG

FECHA: DIA   MES   AÑO

METAS DEL DIA

REZAR EL SANTO ROSARIO DE 15 MISTERIOS.......... ☐

LEER LA SANTA BIBLIA (15 MINUTOS)................... ☐

SACRIFICIOS DIARIOS .... ☐

☐ _____   ☐ _____
☐ _____   ☐ _____
☐ _____   ☐ _____
☐ _____   ☐ _____
☐ _____   ☐ _____
☐ _____   ☐ _____
☐ _____   ☐ _____
☐ _____   ☐ _____
☐ _____   ☐ _____

SUGERENCIAS

Si no sabes como rezar el Santo Rosario, puedes conseguir nuestro libro *Rosario Para Principiantes* en el siguiente enlace: www.vcrey.com/rosario-libro

Algunos Sacrificios que puedes hacer incluyen:

- No tomar agua o líquidos durante una comida.
- Abstenerse de carne en viernes (lo cual es requerido por la Santa Madre Iglesia).
- No comer dulces o postres durante un día.
- Bañarse con agua fría.
- No comer carne en Sábado en honor a la Santísima Virgen Maria.
- Hacer una hora de silencio.
- No comprar o vender en Domingo (lo cual es ademas un mandamiento).
- Ser amable con alguien que te haya lastimado.
- Dar comida al hambriento.
- Dar agua al sediento.
- Visitar a los enfermos, y confortarlos.

NOTAS IMPORTANTES

☐ _____
☐ _____
☐ _____
☐ _____
☐ _____
☐ _____
☐ _____
☐ _____
☐ _____
☐ _____

AGENDA PARA TU ALMA

¡QUE VIVA CRISTO REY!

VIVA CRISTO REY.ORG

FECHA: DIA   MES   AÑO

METAS DEL DIA

REZAR EL SANTO ROSARIO DE 15 MISTERIOS.......... ☐

LEER LA SANTA BIBLIA (15 MINUTOS)................... ☐

SACRIFICIOS DIARIOS...................................... ☐

☐ _____   ☐ _____
☐ _____   ☐ _____
☐ _____   ☐ _____
☐ _____   ☐ _____
☐ _____   ☐ _____
☐ _____   ☐ _____
☐ _____   ☐ _____
☐ _____   ☐ _____

SUGERENCIAS

Si no sabes como rezar el Santo Rosario, puedes conseguir nuestro libro *"Rosario Para Principiantes"* en el siguiente enlace: www.vcrey.com/rosario-libro

Algunos Sacrificios que puedes hacer incluyen:

- No tomar agua o líquidos durante una comida.
- Abstenerse de carne en viernes (lo cual es requerido por la Santa Madre Iglesia).
- No comer dulces o postres durante un día.
- Bañarse con agua fría.
- No comer carne en Sábado en honor a la Santísima Virgen Maria.
- Hacer una hora de silencio.
- No comprar o vender en Domingo (lo cual es ademas un mandamiento).
- Ser amable con alguien que te haya lastimado.
- Dar comida al hambriento.
- Dar agua al sediento.
- Visitar a los enfermos, y confortarlos.

NOTAS IMPORTANTES

☐ _____
☐ _____
☐ _____
☐ _____
☐ _____
☐ _____
☐ _____
☐ _____
☐ _____
☐ _____
☐ _____

AGENDA PARA TU ALMA

¡QUE VIVA CRISTO REY!

VIVA CRISTO REY.ORG

FECHA: DIA   MES   AÑO

METAS DEL DIA

REZAR EL SANTO ROSARIO DE 15 MISTERIOS.......... ☐

LEER LA SANTA BIBLIA (15 MINUTOS).................... ☐

SACRIFICIOS DIARIOS .... ☐

☐ _____   ☐ _____
☐ _____   ☐ _____
☐ _____   ☐ _____
☐ _____   ☐ _____
☐ _____   ☐ _____
☐ _____   ☐ _____
☐ _____   ☐ _____
☐ _____   ☐ _____
☐ _____   ☐ _____

SUGERENCIAS

Si no sabes como rezar el Santo Rosario, puedes conseguir nuestro libro *"Rosario Para Principiantes"* en el siguiente enlace: www.vcrey.com/rosario-libro

Algunos Sacrificios que puedes hacer incluyen:

- No tomar agua o líquidos durante una comida.
- Abstenerse de carne en viernes (lo cual es requerido por la Santa Madre Iglesia).
- No comer dulces o postres durante un día.
- Bañarse con agua fría.
- No comer carne en Sábado en honor a la Santísima Virgen Maria.
- Hacer una hora de silencio.
- No comprar o vender en Domingo (lo cual es ademas un mandamiento).
- Ser amable con alguien que te haya lastimado.
- Dar comida al hambriento.
- Dar agua al sediento.
- Visitar a los enfermos, y confortarlos.

NOTAS IMPORTANTES

☐ _____
☐ _____
☐ _____
☐ _____
☐ _____
☐ _____
☐ _____
☐ _____
☐ _____
☐ _____
☐ _____

AGENDA PARA TU ALMA

¡QUE VIVA CRISTO REY!

VIVA
CRISTO
REY.ORG

FECHA: DIA   MES   AÑO

METAS DEL DIA

REZAR EL SANTO ROSARIO DE 15 MISTERIOS.......... ☐

LEER LA SANTA BIBLIA (15 MINUTOS)................... ☐

SACRIFICIOS DIARIOS...... .... ☐

☐ _____   ☐ _____
☐ _____   ☐ _____
☐ _____   ☐ _____
☐ _____   ☐ _____
☐ _____   ☐ _____
☐ _____   ☐ _____
☐ _____   ☐ _____
☐ _____   ☐ _____
☐ _____   ☐ _____

SUGERENCIAS

Si no sabes como rezar el Santo Rosario, puedes conseguir nuestro libro *"Rosario Para Principiantes"* en el siguiente enlace: www.vcrey.com/rosario-libro

Algunos Sacrificios que puedes hacer incluyen:

- No tomar agua o líquidos durante una comida.
- Abstenerse de carne en viernes (lo cual es requerido por la Santa Madre Iglesia).
- No comer dulces o postres durante un día.
- Bañarse con agua fría.
- No comer carne en Sábado en honor a la Santísima Virgen Maria.
- Hacer una hora de silencio.
- No comprar o vender en Domingo (lo cual es ademas un mandamiento).
- Ser amable con alguien que te haya lastimado.
- Dar comida al hambriento.
- Dar agua al sediento.
- Visitar a los enfermos, y confortarlos.

NOTAS IMPORTANTES

☐ _____
☐ _____
☐ _____
☐ _____
☐ _____
☐ _____
☐ _____
☐ _____
☐ _____
☐ _____

AGENDA PARA TU ALMA

¡QUE VIVA CRISTO REY!

VIVA CRISTO REY.ORG

FECHA: DIA   MES   AÑO

METAS DEL DIA

REZAR EL SANTO ROSARIO DE 15 MISTERIOS.......... ☐

LEER LA SANTA BIBLIA (15 MINUTOS)................... ☐

SACRIFICIOS DIARIOS .... ☐

☐ _____   ☐ _____
☐ _____   ☐ _____
☐ _____   ☐ _____
☐ _____   ☐ _____
☐ _____   ☐ _____
☐ _____   ☐ _____
☐ _____   ☐ _____
☐ _____   ☐ _____
☐ _____   ☐ _____

SUGERENCIAS

Si no sabes como rezar el Santo Rosario, puedes conseguir nuestro libro *"Rosario Para Principiantes"* en el siguiente enlace: www.vcrey.com/rosario-libro

Algunos Sacrificios que puedes hacer incluyen:

- No tomar agua o líquidos durante una comida.
- Abstenerse de carne en viernes (lo cual es requerido por la Santa Madre Iglesia).
- No comer dulces o postres durante un día.
- Bañarse con agua fría.
- No comer carne en Sábado en honor a la Santísima Virgen María.
- Hacer una hora de silencio.
- No comprar o vender en Domingo (lo cual es ademas un mandamiento).
- Ser amable con alguien que te haya lastimado.
- Dar comida al hambriento.
- Dar agua al sediento.
- Visitar a los enfermos, y confortarlos.

NOTAS IMPORTANTES

☐ _____
☐ _____
☐ _____
☐ _____
☐ _____
☐ _____
☐ _____
☐ _____
☐ _____
☐ _____
☐ _____

AGENDA PARA TU ALMA

¡QUE VIVA CRISTO REY!

VIVA CRISTO REY.ORG

FECHA: DIA   MES   AÑO

METAS DEL DIA

REZAR EL SANTO ROSARIO DE 15 MISTERIOS.......... ☐

LEER LA SANTA BIBLIA (15 MINUTOS).................... ☐

SACRIFICIOS DIARIOS....................................... ☐

☐ _____   ☐ _____
☐ _____   ☐ _____
☐ _____   ☐ _____
☐ _____   ☐ _____
☐ _____   ☐ _____
☐ _____   ☐ _____
☐ _____   ☐ _____
☐ _____   ☐ _____
☐ _____   ☐ _____

SUGERENCIAS

Si no sabes como rezar el Santo Rosario, puedes conseguir nuestro libro *Rosario Para Principiantes* en el siguiente enlace: www.vcrey.com/rosario-libro

Algunos Sacrificios que puedes hacer incluyen:

- No tomar agua o líquidos durante una comida.
- Abstenerse de carne en viernes (lo cual es requerido por la Santa Madre Iglesia).
- No comer dulces o postres durante un día.
- Bañarse con agua fría.
- No comer carne en Sábado en honor a la Santísima Virgen Maria.
- Hacer una hora de silencio.
- No comprar o vender en Domingo (lo cual es ademas un mandamiento).
- Ser amable con alguien que te haya lastimado.
- Dar comida al hambriento.
- Dar agua al sediento.
- Visitar a los enfermos, y confortarlos.

NOTAS IMPORTANTES

☐ _____
☐ _____
☐ _____
☐ _____
☐ _____
☐ _____
☐ _____
☐ _____
☐ _____
☐ _____

AGENDA PARA TU ALMA

¡QUE VIVA CRISTO REY!

VIVA
CRISTO
REY.ORG

FECHA: DIA   MES   AÑO

METAS DEL DIA

REZAR EL SANTO ROSARIO DE 15 MISTERIOS.......... ☐

LEER LA SANTA BIBLIA (15 MINUTOS).................... ☐

SACRIFICIOS DIARIOS .... ☐

☐ _____   ☐ _____
☐ _____   ☐ _____
☐ _____   ☐ _____
☐ _____   ☐ _____
☐ _____   ☐ _____
☐ _____   ☐ _____
☐ _____   ☐ _____
☐ _____   ☐ _____
☐ _____   ☐ _____

SUGERENCIAS

Si no sabes como rezar el Santo Rosario, puedes conseguir nuestro libro *"Rosario Para Principiantes"* en el siguiente enlace: www.vcrey.com/rosario-libro

Algunos Sacrificios que puedes hacer incluyen:

- No tomar agua o líquidos durante una comida.
- Abstenerse de carne en viernes (lo cual es requerido por la Santa Madre Iglesia).
- No comer dulces o postres durante un día.
- Bañarse con agua fría.
- No comer carne en Sábado en honor a la Santísima Virgen Maria.
- Hacer una hora de silencio.
- No comprar o vender en Domingo (lo cual es ademas un mandamiento).
- Ser amable con alguien que te haya lastimado.
- Dar comida al hambriento.
- Dar agua al sediento.
- Visitar a los enfermos, y confortarlos.

NOTAS IMPORTANTES

☐ _____
☐ _____
☐ _____
☐ _____
☐ _____
☐ _____
☐ _____
☐ _____
☐ _____
☐ _____

AGENDA PARA TU ALMA

¡QUE VIVA CRISTO REY!

VIVA CRISTO REY.ORG

FECHA: DIA   MES   AÑO

METAS DEL DIA

REZAR EL SANTO ROSARIO DE 15 MISTERIOS.......... ☐

LEER LA SANTA BIBLIA (15 MINUTOS).................... ☐

SACRIFICIOS DIARIOS...................................... ☐

☐ _____   ☐ _____
☐ _____   ☐ _____
☐ _____   ☐ _____
☐ _____   ☐ _____
☐ _____   ☐ _____
☐ _____   ☐ _____
☐ _____   ☐ _____
☐ _____   ☐ _____
☐ _____   ☐ _____

SUGERENCIAS

Si no sabes como rezar el Santo Rosario, puedes conseguir nuestro libro *"Rosario Para Principiantes"* en el siguiente enlace: www.vcrey.com/rosario-libro

Algunos Sacrificios que puedes hacer incluyen:

- No tomar agua o líquidos durante una comida.
- Abstenerse de carne en viernes (lo cual es requerido por la Santa Madre Iglesia).
- No comer dulces o postres durante un día.
- Bañarse con agua fría.
- No comer carne en Sábado en honor a la Santísima Virgen Maria.
- Hacer una hora de silencio.
- No comprar o vender en Domingo (lo cual es ademas un mandamiento).
- Ser amable con alguien que te haya lastimado.
- Dar comida al hambriento.
- Dar agua al sediento.
- Visitar a los enfermos, y confortarlos.

NOTAS IMPORTANTES

☐ _____
☐ _____
☐ _____
☐ _____
☐ _____
☐ _____
☐ _____
☐ _____
☐ _____
☐ _____

AGENDA PARA TU ALMA

¡QUE VIVA CRISTO REY!

VIVA
CRISTO
REY.ORG

FECHA: DIA   MES   AÑO

METAS DEL DIA

REZAR EL SANTO ROSARIO DE 15 MISTERIOS........... ☐

LEER LA SANTA BIBLIA (15 MINUTOS).................... ☐

SACRIFICIOS DIARIOS....................................... ☐

☐ _____   ☐ _____

☐ _____   ☐ _____

☐ _____   ☐ _____

☐ _____   ☐ _____

☐ _____   ☐ _____

☐ _____   ☐ _____

☐ _____   ☐ _____

☐ _____   ☐ _____

☐ _____   ☐ _____

SUGERENCIAS

Si no sabes como rezar el Santo Rosario, puedes conseguir nuestro libro *"Rosario Para Principiantes"* en el siguiente enlace: www.vcrey.com/rosario-libro

Algunos Sacrificios que puedes hacer incluyen:

- No tomar agua o líquidos durante una comida.
- Abstenerse de carne en viernes (lo cual es requerido por la Santa Madre Iglesia).
- No comer dulces o postres durante un día.
- Bañarse con agua fría.
- No comer carne en Sábado en honor a la Santísima Virgen Maria.
- Hacer una hora de silencio.
- No comprar o vender en Domingo (lo cual es ademas un mandamiento).
- Ser amable con alguien que te haya lastimado.
- Dar comida al hambriento.
- Dar agua al sediento.
- Visitar a los enfermos, y confortarlos.

NOTAS IMPORTANTES

☐ _____

☐ _____

☐ _____

☐ _____

☐ _____

☐ _____

☐ _____

☐ _____

☐ _____

☐ _____

AGENDA PARA TU ALMA

¡QUE VIVA CRISTO REY!

VIVA
CRISTO
REY.ORG

FECHA: DIA   MES   AÑO

METAS DEL DIA

REZAR EL SANTO ROSARIO DE 15 MISTERIOS.......... ☐

LEER LA SANTA BIBLIA (15 MINUTOS).................... ☐

SACRIFICIOS DIARIOS.. ☐

☐ _____   ☐ _____
☐ _____   ☐ _____
☐ _____   ☐ _____
☐ _____   ☐ _____
☐ _____   ☐ _____
☐ _____   ☐ _____
☐ _____   ☐ _____
☐ _____   ☐ _____
☐ _____   ☐ _____

SUGERENCIAS

Si no sabes como rezar el Santo Rosario, puedes conseguir nuestro libro *"Rosario Para Principiantes"* en el siguiente enlace: www.vcrey.com/rosario-libro

Algunos Sacrificios que puedes hacer incluyen:

- No tomar agua o líquidos durante una comida.
- Abstenerse de carne en viernes (lo cual es requerido por la Santa Madre Iglesia).
- No comer dulces o postres durante un día.
- Bañarse con agua fría.
- No comer carne en Sábado en honor a la Santísima Virgen Maria.
- Hacer una hora de silencio.
- No comprar o vender en Domingo (lo cual es ademas un mandamiento).
- Ser amable con alguien que te haya lastimado.
- Dar comida al hambriento.
- Dar agua al sediento.
- Visitar a los enfermos, y confortarlos.

NOTAS IMPORTANTES

☐ _____
☐ _____
☐ _____
☐ _____
☐ _____
☐ _____
☐ _____
☐ _____
☐ _____
☐ _____

AGENDA PARA TU ALMA

¡QUE VIVA CRISTO REY!

VIVA CRISTO REY.ORG

FECHA: DIA   MES   AÑO

METAS DEL DIA

REZAR EL SANTO ROSARIO DE 15 MISTERIOS.......... ☐

LEER LA SANTA BIBLIA (15 MINUTOS).................... ☐

SACRIFICIOS DIARIOS .... ☐

☐ _____   ☐ _____
☐ _____   ☐ _____
☐ _____   ☐ _____
☐ _____   ☐ _____
☐ _____   ☐ _____
☐ _____   ☐ _____
☐ _____   ☐ _____
☐ _____   ☐ _____
☐ _____   ☐ _____

SUGERENCIAS

Si no sabes como rezar el Santo Rosario, puedes conseguir nuestro libro *"Rosario Para Principiantes"* en el siguiente enlace: www.vcrey.com/rosario-libro

Algunos Sacrificios que puedes hacer incluyen:

- No tomar agua o líquidos durante una comida.
- Abstenerse de carne en viernes (lo cual es requerido por la Santa Madre Iglesia).
- No comer dulces o postres durante un día.
- Bañarse con agua fría.
- No comer carne en Sábado en honor a la Santísima Virgen Maria.
- Hacer una hora de silencio.
- No comprar o vender en Domingo (lo cual es ademas un mandamiento).
- Ser amable con alguien que te haya lastimado.
- Dar comida al hambriento.
- Dar agua al sediento.
- Visitar a los enfermos, y confortarlos.

NOTAS IMPORTANTES

☐ _____
☐ _____
☐ _____
☐ _____
☐ _____
☐ _____
☐ _____
☐ _____
☐ _____
☐ _____

AGENDA PARA TU ALMA

¡QUE VIVA CRISTO REY!

VIVA CRISTO REY.ORG

FECHA: DIA   MES   AÑO

METAS DEL DIA

REZAR EL SANTO ROSARIO DE 15 MISTERIOS.......... ☐

LEER LA SANTA BIBLIA (15 MINUTOS).................... ☐

SACRIFICIOS DIARIOS........ .... ☐

☐ _____ ☐ _____
☐ _____ ☐ _____
☐ _____ ☐ _____
☐ _____ ☐ _____
☐ _____ ☐ _____
☐ _____ ☐ _____
☐ _____ ☐ _____
☐ _____ ☐ _____

SUGERENCIAS

Si no sabes como rezar el Santo Rosario, puedes conseguir nuestro libro *"Rosario Para Principiantes"* en el siguiente enlace: www.vcrey.com/rosario-libro

Algunos Sacrificios que puedes hacer incluyen:

- No tomar agua o líquidos durante una comida.
- Abstenerse de carne en viernes (lo cual es requerido por la Santa Madre Iglesia).
- No comer dulces o postres durante un día.
- Bañarse con agua fría.
- No comer carne en Sábado en honor a la Santísima Virgen Maria.
- Hacer una hora de silencio.
- No comprar o vender en Domingo (lo cual es ademas un mandamiento).
- Ser amable con alguien que te haya lastimado.
- Dar comida al hambriento.
- Dar agua al sediento.
- Visitar a los enfermos, y confortarlos.

NOTAS IMPORTANTES

☐ _____
☐ _____
☐ _____
☐ _____
☐ _____
☐ _____
☐ _____
☐ _____
☐ _____
☐ _____
☐ _____

AGENDA PARA TU ALMA

¡QUE VIVA CRISTO REY!

VIVA CRISTO REY.ORG

FECHA: DIA   MES   AÑO

METAS DEL DIA

REZAR EL SANTO ROSARIO DE 15 MISTERIOS.......... ☐

LEER LA SANTA BIBLIA (15 MINUTOS)................... ☐

SACRIFICIOS DIARIOS .... ☐

☐ _____   ☐ _____
☐ _____   ☐ _____
☐ _____   ☐ _____
☐ _____   ☐ _____
☐ _____   ☐ _____
☐ _____   ☐ _____
☐ _____   ☐ _____
☐ _____   ☐ _____

SUGERENCIAS

Si no sabes como rezar el Santo Rosario, puedes conseguir nuestro libro *"Rosario Para Principiantes"* en el siguiente enlace: www.vcrey.com/rosario-libro

Algunos Sacrificios que puedes hacer incluyen:

- No tomar agua o líquidos durante una comida.
- Abstenerse de carne en viernes (lo cual es requerido por la Santa Madre Iglesia).
- No comer dulces o postres durante un día.
- Bañarse con agua fría.
- No comer carne en Sábado en honor a la Santísima Virgen Maria.
- Hacer una hora de silencio.
- No comprar o vender en Domingo (lo cual es ademas un mandamiento).
- Ser amable con alguien que te haya lastimado.
- Dar comida al hambriento.
- Dar agua al sediento.
- Visitar a los enfermos, y confortarlos.

NOTAS IMPORTANTES

☐ _____
☐ _____
☐ _____
☐ _____
☐ _____
☐ _____
☐ _____
☐ _____
☐ _____
☐ _____
☐ _____

AGENDA PARA TU ALMA

¡QUE VIVA CRISTO REY!

VIVA CRISTO REY.ORG

FECHA: DIA   MES   AÑO

METAS DEL DIA

REZAR EL SANTO ROSARIO DE 15 MISTERIOS........... ☐

LEER LA SANTA BIBLIA (15 MINUTOS).................... ☐

SACRIFICIOS DIARIOS...................................... ☐

☐ _____   ☐ _____
☐ _____   ☐ _____
☐ _____   ☐ _____
☐ _____   ☐ _____
☐ _____   ☐ _____
☐ _____   ☐ _____
☐ _____   ☐ _____
☐ _____   ☐ _____

SUGERENCIAS

Si no sabes como rezar el Santo Rosario, puedes conseguir nuestro libro *"Rosario Para Principiantes"* en el siguiente enlace: www.vcrey.com/rosario-libro

Algunos Sacrificios que puedes hacer incluyen:

- No tomar agua o líquidos durante una comida.
- Abstenerse de carne en viernes (lo cual es requerido por la Santa Madre Iglesia).
- No comer dulces o postres durante un día.
- Bañarse con agua fría.
- No comer carne en Sábado en honor a la Santísima Virgen María.
- Hacer una hora de silencio.
- No comprar o vender en Domingo (lo cual es ademas un mandamiento).
- Ser amable con alguien que te haya lastimado.
- Dar comida al hambriento.
- Dar agua al sediento.
- Visitar a los enfermos, y confortarlos.

NOTAS IMPORTANTES

☐ _____
☐ _____
☐ _____
☐ _____
☐ _____
☐ _____
☐ _____
☐ _____
☐ _____
☐ _____
☐ _____

AGENDA PARA TU ALMA

¡QUE VIVA CRISTO REY!

VIVA CRISTO REY.ORG

FECHA: DIA   MES   AÑO

METAS DEL DIA

REZAR EL SANTO ROSARIO DE 15 MISTERIOS .... ☐

LEER LA SANTA BIBLIA (15 MINUTOS) .... ☐

SACRIFICIOS DIARIOS .... ☐

☐ _____   ☐ _____

☐ _____   ☐ _____

☐ _____   ☐ _____

☐ _____   ☐ _____

☐ _____   ☐ _____

☐ _____   ☐ _____

☐ _____   ☐ _____

☐ _____   ☐ _____

☐ _____   ☐ _____

SUGERENCIAS

Si no sabes como rezar el Santo Rosario, puedes conseguir nuestro libro *"Rosario Para Principiantes"* en el siguiente enlace: www.vcrey.com/rosario-libro

Algunos Sacrificios que puedes hacer incluyen:

- No tomar agua o líquidos durante una comida.
- Abstenerse de carne en viernes (lo cual es requerido por la Santa Madre Iglesia).
- No comer dulces o postres durante un día.
- Bañarse con agua fría.
- No comer carne en Sábado en honor a la Santísima Virgen María.
- Hacer una hora de silencio.
- No comprar o vender en Domingo (lo cual es ademas un mandamiento).
- Ser amable con alguien que te haya lastimado.
- Dar comida al hambriento.
- Dar agua al sediento.
- Visitar a los enfermos, y confortarlos.

NOTAS IMPORTANTES

☐ _____

☐ _____

☐ _____

☐ _____

☐ _____

☐ _____

☐ _____

☐ _____

☐ _____

☐ _____

☐ _____

AGENDA PARA TU ALMA

¡QUE VIVA CRISTO REY!

VIVA
CRISTO
REY.ORG

FECHA: DIA   MES   AÑO

METAS DEL DIA

REZAR EL SANTO ROSARIO DE 15 MISTERIOS.......... ☐

LEER LA SANTA BIBLIA (15 MINUTOS).................... ☐

SACRIFICIOS DIARIOS....................................... ☐

☐ _____   ☐ _____
☐ _____   ☐ _____
☐ _____   ☐ _____
☐ _____   ☐ _____
☐ _____   ☐ _____
☐ _____   ☐ _____
☐ _____   ☐ _____
☐ _____   ☐ _____
☐ _____   ☐ _____

SUGERENCIAS

Si no sabes como rezar el Santo Rosario, puedes conseguir nuestro libro *"Rosario Para Principiantes"* en el siguiente enlace: www.vcrey.com/rosario-libro

Algunos Sacrificios que puedes hacer incluyen:

- No tomar agua o líquidos durante una comida.
- Abstenerse de carne en viernes (lo cual es requerido por la Santa Madre Iglesia).
- No comer dulces o postres durante un día.
- Bañarse con agua fría.
- No comer carne en Sábado en honor a la Santísima Virgen María.
- Hacer una hora de silencio.
- No comprar o vender en Domingo (lo cual es ademas un mandamiento).
- Ser amable con alguien que te haya lastimado.
- Dar comida al hambriento.
- Dar agua al sediento.
- Visitar a los enfermos, y confortarlos.

NOTAS IMPORTANTES

☐ _____
☐ _____
☐ _____
☐ _____
☐ _____
☐ _____
☐ _____
☐ _____
☐ _____
☐ _____

AGENDA PARA TU ALMA

¡QUE VIVA CRISTO REY!

VIVA CRISTO REY.ORG

FECHA: DIA   MES   AÑO

METAS DEL DIA

REZAR EL SANTO ROSARIO DE 15 MISTERIOS........... ☐

LEER LA SANTA BIBLIA (15 MINUTOS).................... ☐

SACRIFICIOS DIARIOS .... ☐

☐ _____   ☐ _____
☐ _____   ☐ _____
☐ _____   ☐ _____
☐ _____   ☐ _____
☐ _____   ☐ _____
☐ _____   ☐ _____
☐ _____   ☐ _____
☐ _____   ☐ _____
☐ _____   ☐ _____

SUGERENCIAS

Si no sabes como rezar el Santo Rosario, puedes conseguir nuestro libro *"Rosario Para Principiantes"* en el siguiente enlace: www.vcrey.com/rosario-libro

Algunos Sacrificios que puedes hacer incluyen:

- No tomar agua o líquidos durante una comida.
- Abstenerse de carne en viernes (lo cual es requerido por la Santa Madre Iglesia).
- No comer dulces o postres durante un día.
- Bañarse con agua fría.
- No comer carne en Sábado en honor a la Santísima Virgen Maria.
- Hacer una hora de silencio.
- No comprar o vender en Domingo (lo cual es ademas un mandamiento).
- Ser amable con alguien que te haya lastimado.
- Dar comida al hambriento.
- Dar agua al sediento.
- Visitar a los enfermos, y confortarlos.

NOTAS IMPORTANTES

☐ _____
☐ _____
☐ _____
☐ _____
☐ _____
☐ _____
☐ _____
☐ _____
☐ _____
☐ _____

AGENDA PARA TU ALMA

¡QUE VIVA CRISTO REY!

VIVA
CRISTO
REY.ORG

FECHA: DIA   MES   AÑO

METAS DEL DIA

REZAR EL SANTO ROSARIO DE 15 MISTERIOS.......... ☐

LEER LA SANTA BIBLIA (15 MINUTOS).................. ☐

SACRIFICIOS DIARIOS...... .... ☐

☐ _____   ☐ _____
☐ _____   ☐ _____
☐ _____   ☐ _____
☐ _____   ☐ _____
☐ _____   ☐ _____
☐ _____   ☐ _____
☐ _____   ☐ _____
☐ _____   ☐ _____
☐ _____   ☐ _____

SUGERENCIAS

Si no sabes como rezar el Santo Rosario, puedes conseguir nuestro libro *"Rosario Para Principiantes"* en el siguiente enlace: www.vcrey.com/rosario-libro

Algunos Sacrificios que puedes hacer incluyen:

- No tomar agua o líquidos durante una comida.
- Abstenerse de carne en viernes (lo cual es requerido por la Santa Madre Iglesia).
- No comer dulces o postres durante un día.
- Bañarse con agua fría.
- No comer carne en Sábado en honor a la Santísima Virgen Maria.
- Hacer una hora de silencio.
- No comprar o vender en Domingo (lo cual es ademas un mandamiento).
- Ser amable con alguien que te haya lastimado.
- Dar comida al hambriento.
- Dar agua al sediento.
- Visitar a los enfermos, y confortarlos.

NOTAS IMPORTANTES

☐ _____
☐ _____
☐ _____
☐ _____
☐ _____
☐ _____
☐ _____
☐ _____
☐ _____
☐ _____

AGENDA PARA TU ALMA

¡QUE VIVA CRISTO REY!

VIVA CRISTO REY.ORG

FECHA: DIA   MES   AÑO

METAS DEL DIA

REZAR EL SANTO ROSARIO DE 15 MISTERIOS .... ☐

LEER LA SANTA BIBLIA (15 MINUTOS) .... ☐

SACRIFICIOS DIARIOS .... ☐

☐ _____ ☐ _____
☐ _____ ☐ _____
☐ _____ ☐ _____
☐ _____ ☐ _____
☐ _____ ☐ _____
☐ _____ ☐ _____
☐ _____ ☐ _____
☐ _____ ☐ _____
☐ _____ ☐ _____

SUGERENCIAS

Si no sabes como rezar el Santo Rosario, puedes conseguir nuestro libro *"Rosario Para Principiantes"* en el siguiente enlace: www.vcrey.com/rosario-libro

Algunos Sacrificios que puedes hacer incluyen:

- No tomar agua o líquidos durante una comida.
- Abstenerse de carne en viernes (lo cual es requerido por la Santa Madre Iglesia).
- No comer dulces o postres durante un día.
- Bañarse con agua fría.
- No comer carne en Sábado en honor a la Santísima Virgen Maria.
- Hacer una hora de silencio.
- No comprar o vender en Domingo (lo cual es ademas un mandamiento).
- Ser amable con alguien que te haya lastimado.
- Dar comida al hambriento.
- Dar agua al sediento.
- Visitar a los enfermos, y confortarlos.

NOTAS IMPORTANTES

☐ _____
☐ _____
☐ _____
☐ _____
☐ _____
☐ _____
☐ _____
☐ _____
☐ _____
☐ _____

AGENDA PARA TU ALMA

¡QUE VIVA CRISTO REY!

VIVA CRISTO REY.ORG

FECHA: DIA   MES   AÑO

METAS DEL DIA

REZAR EL SANTO ROSARIO DE 15 MISTERIOS.......... ☐

LEER LA SANTA BIBLIA (15 MINUTOS).................... ☐

SACRIFICIOS DIARIOS....... .... ☐

☐ _____   ☐ _____
☐ _____   ☐ _____
☐ _____   ☐ _____
☐ _____   ☐ _____
☐ _____   ☐ _____
☐ _____   ☐ _____
☐ _____   ☐ _____
☐ _____   ☐ _____

SUGERENCIAS

Si no sabes como rezar el Santo Rosario, puedes conseguir nuestro libro *"Rosario Para Principiantes"* en el siguiente enlace: www.vcrey.com/rosario-libro

Algunos Sacrificios que puedes hacer Incluyen:

- No tomar agua o líquidos durante una comida.
- Abstenerse de carne en viernes (lo cual es requerido por la Santa Madre Iglesia).
- No comer dulces o postres durante un día.
- Bañarse con agua fría.
- No comer carne en Sábado en honor a la Santísima Virgen Maria.
- Hacer una hora de silencio.
- No comprar o vender en Domingo (lo cual es ademas un mandamiento).
- Ser amable con alguien que te haya lastimado.
- Dar comida al hambriento.
- Dar agua al sediento.
- Visitar a los enfermos, y confortarlos.

NOTAS IMPORTANTES

☐ _____
☐ _____
☐ _____
☐ _____
☐ _____
☐ _____
☐ _____
☐ _____
☐ _____
☐ _____

AGENDA PARA TU ALMA

¡QUE VIVA CRISTO REY!

VIVA CRISTO REY.ORG

FECHA: DIA   MES   AÑO

METAS DEL DIA

REZAR EL SANTO ROSARIO DE 15 MISTERIOS.......... ☐

LEER LA SANTA BIBLIA (15 MINUTOS).................. ☐

SACRIFICIOS DIARIOS...................................... ☐

☐ _____   ☐ _____
☐ _____   ☐ _____
☐ _____   ☐ _____
☐ _____   ☐ _____
☐ _____   ☐ _____
☐ _____   ☐ _____
☐ _____   ☐ _____
☐ _____   ☐ _____
☐ _____   ☐ _____

SUGERENCIAS

Si no sabes como rezar el Santo Rosario, puedes conseguir nuestro libro *"Rosario Para Principiantes"* en el siguiente enlace: www.vcrey.com/rosario-libro

Algunos Sacrificios que puedes hacer incluyen:

- No tomar agua o líquidos durante una comida.
- Abstenerse de carne en viernes (lo cual es requerido por la Santa Madre Iglesia).
- No comer dulces o postres durante un día.
- Bañarse con agua fría.
- No comer carne en Sábado en honor a la Santísima Virgen Maria.
- Hacer una hora de silencio.
- No comprar o vender en Domingo (lo cual es ademas un mandamiento).
- Ser amable con alguien que te haya lastimado.
- Dar comida al hambriento.
- Dar agua al sediento.
- Visitar a los enfermos, y confortarlos.

NOTAS IMPORTANTES

☐ _____
☐ _____
☐ _____
☐ _____
☐ _____
☐ _____
☐ _____
☐ _____
☐ _____
☐ _____
☐ _____

AGENDA PARA TU ALMA

¡QUE VIVA CRISTO REY!

VIVA
CRISTO
REY.ORG

FECHA: DIA   MES   AÑO

METAS DEL DIA

REZAR EL SANTO ROSARIO DE 15 MISTERIOS.......... ☐

LEER LA SANTA BIBLIA (15 MINUTOS)................... ☐

SACRIFICIOS DIARIOS....... .... ☐

☐ _____   ☐ _____
☐ _____   ☐ _____
☐ _____   ☐ _____
☐ _____   ☐ _____
☐ _____   ☐ _____
☐ _____   ☐ _____
☐ _____   ☐ _____
☐ _____   ☐ _____
☐ _____   ☐ _____

SUGERENCIAS

Si no sabes como rezar el Santo Rosario, puedes conseguir nuestro libro *"Rosario Para Principiantes"* en el siguiente enlace: www.vcrey.com/rosario-libro

Algunos Sacrificios que puedes hacer incluyen:

- No tomar agua o liquidos durante una comida.
- Abstenerse de carne en viernes (lo cual es requerido por la Santa Madre Iglesia).
- No comer dulces o postres durante un día.
- Bañarse con agua fría.
- No comer carne en Sábado en honor a la Santísima Virgen Maria.
- Hacer una hora de silencio.
- No comprar o vender en Domingo (lo cual es ademas un mandamiento).
- Ser amable con alguien que te haya lastimado.
- Dar comida al hambriento.
- Dar agua al sediento.
- Visitar a los enfermos, y confortarlos.

NOTAS IMPORTANTES

☐ _____
☐ _____
☐ _____
☐ _____
☐ _____
☐ _____
☐ _____
☐ _____
☐ _____
☐ _____
☐ _____

AGENDA PARA TU ALMA

¡QUE VIVA CRISTO REY!

VIVA
CRISTO
REY.ORG

FECHA: DIA   MES   AÑO

METAS DEL DIA

REZAR EL SANTO ROSARIO DE 15 MISTERIOS.......... ☐

LEER LA SANTA BIBLIA (15 MINUTOS).................... ☐

SACRIFICIOS DIARIOS .... ☐

☐ _____   ☐ _____
☐ _____   ☐ _____
☐ _____   ☐ _____
☐ _____   ☐ _____
☐ _____   ☐ _____
☐ _____   ☐ _____
☐ _____   ☐ _____
☐ _____   ☐ _____
☐ _____   ☐ _____

SUGERENCIAS

Si no sabes como rezar el Santo Rosario, puedes conseguir nuestro libro *"Rosario Para Principiantes"* en el siguiente enlace: www.vcrey.com/rosario-libro

Algunos Sacrificios que puedes hacer incluyen:

- No tomar agua o líquidos durante una comida.
- Abstenerse de carne en viernes (lo cual es requerido por la Santa Madre Iglesia).
- No comer dulces o postres durante un día.
- Bañarse con agua fría.
- No comer carne en Sábado en honor a la Santísima Virgen Maria.
- Hacer una hora de silencio.
- No comprar o vender en Domingo (lo cual es ademas un mandamiento).
- Ser amable con alguien que te haya lastimado.
- Dar comida al hambriento.
- Dar agua al sediento.
- Visitar a los enfermos, y confortarlos.

NOTAS IMPORTANTES

☐ _____
☐ _____
☐ _____
☐ _____
☐ _____
☐ _____
☐ _____
☐ _____
☐ _____
☐ _____

AGENDA PARA TU ALMA

¡QUE VIVA CRISTO REY!

FECHA: DIA   MES   AÑO

METAS DEL DIA

REZAR EL SANTO ROSARIO DE 15 MISTERIOS.......... ☐

LEER LA SANTA BIBLIA (15 MINUTOS).................... ☐

SACRIFICIOS DIARIOS..................................... ☐

☐ _____   ☐ _____
☐ _____   ☐ _____
☐ _____   ☐ _____
☐ _____   ☐ _____
☐ _____   ☐ _____
☐ _____   ☐ _____
☐ _____   ☐ _____
☐ _____   ☐ _____
☐ _____   ☐ _____

SUGERENCIAS

Si no sabes como rezar el Santo Rosario, puedes conseguir nuestro libro *"Rosario Para Principiantes"* en el siguiente enlace: www.vcrey.com/rosario-libro

Algunos Sacrificios que puedes hacer incluyen:

- No tomar agua o líquidos durante una comida.
- Abstenerse de carne en viernes (lo cual es requerido por la Santa Madre Iglesia).
- No comer dulces o postres durante un día.
- Bañarse con agua fría.
- No comer carne en Sábado en honor a la Santísima Virgen María.
- Hacer una hora de silencio.
- No comprar o vender en Domingo (lo cual es ademas un mandamiento).
- Ser amable con alguien que te haya lastimado.
- Dar comida al hambriento.
- Dar agua al sediento.
- Visitar a los enfermos, y confortarlos.

NOTAS IMPORTANTES

☐ _____
☐ _____
☐ _____
☐ _____
☐ _____
☐ _____
☐ _____
☐ _____
☐ _____
☐ _____
☐ _____

AGENDA PARA TU ALMA

¡QUE VIVA CRISTO REY!

VIVA CRISTO REY.ORG

FECHA: DIA   MES   AÑO

METAS DEL DIA

REZAR EL SANTO ROSARIO DE 15 MISTERIOS.......... ☐

LEER LA SANTA BIBLIA (15 MINUTOS)................... ☐

SACRIFICIOS DIARIOS... ☐

☐ _____   ☐ _____
☐ _____   ☐ _____
☐ _____   ☐ _____
☐ _____   ☐ _____
☐ _____   ☐ _____
☐ _____   ☐ _____
☐ _____   ☐ _____
☐ _____   ☐ _____
☐ _____   ☐ _____

SUGERENCIAS

Si no sabes como rezar el Santo Rosario, puedes conseguir nuestro libro *"Rosario Para Principiantes"* en el siguiente enlace: www.vcrey.com/rosario-libro

Algunos Sacrificios que puedes hacer incluyen:

- No tomar agua o líquidos durante una comida.
- Abstenerse de carne en viernes (lo cual es requerido por la Santa Madre Iglesia).
- No comer dulces o postres durante un día.
- Bañarse con agua fría.
- No comer carne en Sábado en honor a la Santísima Virgen Maria.
- Hacer una hora de silencio.
- No comprar o vender en Domingo (lo cual es ademas un mandamiento).
- Ser amable con alguien que te haya lastimado.
- Dar comida al hambriento.
- Dar agua al sediento.
- Visitar a los enfermos, y confortarlos.

NOTAS IMPORTANTES

☐ _____
☐ _____
☐ _____
☐ _____
☐ _____
☐ _____
☐ _____
☐ _____
☐ _____
☐ _____

AGENDA PARA TU ALMA

¡QUE VIVA CRISTO REY!

VIVA
CRISTO
REY.ORG

FECHA: DIA   MES   AÑO

METAS DEL DIA

REZAR EL SANTO ROSARIO DE 15 MISTERIOS.......... ☐

LEER LA SANTA BIBLIA (15 MINUTOS)................... ☐

SACRIFICIOS DIARIOS....... .... ☐

☐ _____   ☐ _____

☐ _____   ☐ _____

☐ _____   ☐ _____

☐ _____   ☐ _____

☐ _____   ☐ _____

☐ _____   ☐ _____

☐ _____   ☐ _____

☐ _____   ☐ _____

☐ _____

SUGERENCIAS

Si no sabes como rezar el Santo Rosario, puedes conseguir nuestro libro *"Rosario Para Principiantes"* en el siguiente enlace: www.vcrey.com/rosario-libro

Algunos Sacrificios que puedes hacer incluyen:

- No tomar agua o líquidos durante una comida.
- Abstenerse de carne en viernes (lo cual es requerido por la Santa Madre Iglesia).
- No comer dulces o postres durante un día.
- Bañarse con agua fría.
- No comer carne en Sábado en honor a la Santísima Virgen Maria.
- Hacer una hora de silencio.
- No comprar o vender en Domingo (lo cual es ademas un mandamiento).
- Ser amable con alguien que te haya lastimado.
- Dar comida al hambriento.
- Dar agua al sediento.
- Visitar a los enfermos, y confortarlos.

NOTAS IMPORTANTES

☐ _____

☐ _____

☐ _____

☐ _____

☐ _____

☐ _____

☐ _____

☐ _____

☐ _____

☐ _____

AGENDA PARA TU ALMA

¡QUE VIVA CRISTO REY!

VIVA CRISTO REY.ORG

FECHA: DIA   MES   AÑO

METAS DEL DIA

REZAR EL SANTO ROSARIO DE 15 MISTERIOS.......... ☐

LEER LA SANTA BIBLIA (15 MINUTOS).................... ☐

SACRIFICIOS DIARIOS .... ☐

☐ _____   ☐ _____
☐ _____   ☐ _____
☐ _____   ☐ _____
☐ _____   ☐ _____
☐ _____   ☐ _____
☐ _____   ☐ _____
☐ _____   ☐ _____
☐ _____   ☐ _____
☐ _____   ☐ _____

SUGERENCIAS

Si no sabes como rezar el Santo Rosario, puedes conseguir nuestro libro *"Rosario Para Principiantes"* en el siguiente enlace: www.vcrey.com/rosario-libro

Algunos Sacrificios que puedes hacer incluyen:

- No tomar agua o líquidos durante una comida.
- Abstenerse de carne en viernes (lo cual es requerido por la Santa Madre Iglesia).
- No comer dulces o postres durante un día.
- Bañarse con agua fría.
- No comer carne en Sábado en honor a la Santísima Virgen Maria.
- Hacer una hora de silencio.
- No comprar o vender en Domingo (lo cual es ademas un mandamiento).
- Ser amable con alguien que te haya lastimado.
- Dar comida al hambriento.
- Dar agua al sediento.
- Visitar a los enfermos, y confortarlos.

NOTAS IMPORTANTES

☐ ....
☐ ....
☐ ....
☐ ....
☐ ....
☐ ....
☐ ....
☐ ....
☐ _____
☐ _____

AGENDA PARA TU ALMA

¡QUE VIVA CRISTO REY!

VIVA
CRISTO
REY.ORG

FECHA: DIA   MES   AÑO

METAS DEL DIA

REZAR EL SANTO ROSARIO DE 15 MISTERIOS.......... ☐

LEER LA SANTA BIBLIA (15 MINUTOS).................... ☐

SACRIFICIOS DIARIOS...................................... ☐

☐ _____   ☐ _____

☐ _____   ☐ _____

☐ _____   ☐ _____

☐ _____   ☐ _____

☐ _____   ☐ _____
☐ _____   ☐ _____

☐ _____   ☐ _____

☐ _____   ☐ _____

SUGERENCIAS

Si no sabes como rezar el Santo Rosario, puedes
conseguir nuestro libro *"Rosario Para Principiantes"*
en el siguiente enlace: www.vcrey.com/rosario-libro

Algunos Sacrificios que puedes hacer incluyen:

- No tomar agua o líquidos durante una comida.
- Abstenerse de carne en viernes (lo cual es
  requerido por la Santa Madre Iglesia).
- No comer dulces o postres durante un día.
- Bañarse con agua fría.
- No comer carne en Sábado en honor a la
  Santísima Virgen Maria.
- Hacer una hora de silencio.
- No comprar o vender en Domingo (lo cual es
  ademas un mandamiento).
- Ser amable con alguien que te haya lastimado.
- Dar comida al hambriento.
- Dar agua al sediento.
- Visitar a los enfermos, y confortarlos.

NOTAS IMPORTANTES

☐ _____

☐ _____

☐ _____

☐ _____

☐ _____

☐ _____

☐ _____

☐ _____

☐ _____

☐ _____

AGENDA PARA TU ALMA

¡QUE VIVA CRISTO REY!

VIVA CRISTO REY.ORG

FECHA: DIA   MES   AÑO

METAS DEL DIA

REZAR EL SANTO ROSARIO DE 15 MISTERIOS.......... ☐

LEER LA SANTA BIBLIA (15 MINUTOS)................... ☐

SACRIFICIOS DIARIOS .... ☐

☐ _____   ☐ _____
☐ _____   ☐ _____
☐ _____   ☐ _____
☐ _____   ☐ _____
☐ _____   ☐ _____
☐ _____   ☐ _____
☐ _____   ☐ _____
☐ _____   ☐ _____
☐ _____   ☐ _____

SUGERENCIAS

Si no sabes como rezar el Santo Rosario, puedes conseguir nuestro libro *"Rosario Para Principiantes"* en el siguiente enlace: www.vcrey.com/rosario-libro

Algunos Sacrificios que puedes hacer incluyen:

- No tomar agua o líquidos durante una comida.
- Abstenerse de carne en viernes (lo cual es requerido por la Santa Madre Iglesia).
- No comer dulces o postres durante un día.
- Bañarse con agua fría.
- No comer carne en Sábado en honor a la Santísima Virgen Maria.
- Hacer una hora de silencio.
- No comprar o vender en Domingo (lo cual es ademas un mandamiento).
- Ser amable con alguien que te haya lastimado.
- Dar comida al hambriento.
- Dar agua al sediento.
- Visitar a los enfermos, y confortarlos.

NOTAS IMPORTANTES

☐ _____
☐ _____
☐ _____
☐ _____
☐ _____
☐ _____
☐ _____
☐ _____
☐ _____
☐ _____

Nuestra Tienda de Productos Católicos

Con la gracia de Dios y nuestro sincero deseo de traer a el mundo productos con una tematica católica, hemos empezado una tienda con diferentes productos, como ropa, tazas de cafe, imagenes católicas para poner en casa, cubiertas de celular, etc.

Estos productos estan dirigidos a las personas que quieran recordar la Fe Católica mas frecuentemente, con la idea de mantener las promesas de Jesucristo mas firmemente implantadas en la memoria, y por lo tanto, al corazón.

> "Venid a Mí todos los agobiados y los cargados, y Yo os haré descansar. Tomad sobre vosotros el yugo mío, y dejaos instruir por Mí, porque soy manso y humilde de corazón; y encontraréis reposo para vuestras vidas. Porque mi yugo es dulce; y mi carga liviana."
>
> La Biblia, Nuevo Testamento, Evangelio según el Apóstol San Mateo, capitulo 11, versiculos 28 al 30

Si tu eres como nosotros, y tienes un profundo anhelo de ver en mas lugares la cara de Nuestro Señor Jesucristo, o descubrir devocion por un santo de hace siglos que ha sido injustamente olvidado por el mundo. Si estas cansado de ver a la gente enfocar su atención en personajes que luchan por atacar el mensaje de Dios encarnado (el Mesías, Jesucristo) entonces te va a encantar nuestra tienda, que puedes visitar en los siguientes enlaces:

Tienda en Español:

https://vcrey.com/teespring-vivacristorey

Tienda en Ingles: https://vcrey.com/vcrm-en-teespring

Esta es una muestra de los productos que puedes encontrar en nuestra tienda.

Cuadro religioso para poner en tu oficina o mesa para comer

O una sudadera con nuestro logo y nuestro lema "Viva Cristo Rey"

¡Audio Libro Gratis!
"Rosario Para Principiantes"

Esperamos que esta agenda te sea de gran ayuda en el ordenamiento de los asuntos de tu alma, y que puedas decir en el fin del mundo:

"Señor Jesucristo, por que me aplique a rezar el Rosario diariamente y hacer sacrificios por amor a tí, ahora te veo con alegria y no con tristeza"

Pero es importante enfatizar, que la lectura sin la oración es de poco provecho, por eso te invitamos a que por favor adquieras tambien nuestro audio libro *"Rosario Para Principiantes, manual detallado"* con el cual podras comenzar a rezar el Santo Rosario diariamente, lo cual es fundamental para la conversión de tu alma. Este audio libro es completamente gratis si lo adquieres en el siguiente enlace: vcrey.com/rosario-audio

Lo unico que tienes que hacer es crear una cuenta de prueba gratuita y de esta manera podras obtener el audio libro.

¿Que te parecio este Libro? ¡Incluye tu Reseña!

Si este libro ha sido de tu agrado. Nos gustaria saber de ello, dejanos una reseña de este libro, tan solo busca el titulo *"Alimento Para tu Alma: Agenda Católica de 365 dias para rezar el Santo Rosario, leer la Sagrada Biblia y hacer sacrificios diarios."* en la plataforma que lo haz comprado. Al dejar tu reseña puedes incluir lo siguiente:

- ¿Que es algo que aprendiste de este libro?
- ¿Que cosas destacaron de este libro?
- ¿Que es lo que vas a implementar despues de leer este libro?
- ¿A quien recomendarias este libro?

Si asi lo deseas, puedes incluir una foto del libro en tus manos, para que las personas puedan ver la version del libro que tienes, asi como que tan grande el libro es. Esto nos ayudara muchisimo a que otros lectores se decidan a comprar este libro, lo cual ayudara a que llegue a mas personas.

Nuestro Proyecto Viva Cristo Rey Multimedia

¡Saludos!

En esta ocasión hemos decidido incluir aqui nuestra mision y algunos de los planes que si es la voluntad de Dios queremos completar en el futuro cercano.

Nuestra Misión

Somos una organizacion multimedia Catolica Tradicional que quiere combatir a los editores e instituciones que estan consumidos en su deseo de producir contenido lleno de impurezas, blasfemia, herejia y apostasia. Queremos oponernos a ellos y proveer a las almas una opción opuesta a toda la maldad que existe en los medios hoy en dia. Queremos ser capaces de producir suficiente contenido profesional como para dar refugio a todas las almas que estan sedientas de contenido educativo y moral.

Nuestros Planes

Aqui esta una lista corta de los proyectos en los que estamos involucrados al momento:

- Estamos haciendo un esfuerzo concertado para traer a el mercado nuevas ediciones de libros desconocidos de santos.
- Estamos haciendo investigacion sobre devociones olvidadas que han sido

aprobadas por previos Papas en siglos anteriores y deseamos traer estas devociones olvidadas al publico en general.

- Queremos traducir libros de santos que estan solo disponibles en Ingles a otros idiomas. Primeramente el español.
- Queremos traducir libros de santos que solo estan disponibles en latin a Ingles y Español, primeramente.
- Estamos en las etapas inciales de diseñar productos comunes tales como juegos de mesa, ropa para niños, etc, pero con tematica catolica.

Esta organización esta empezando. Fuimos establecidos en el año 2017. Por favor apoyanos al compartir este libro con tus amigos y familia.

CATALOGO DE LIBROS
VIVA CRISTO REY MULTIMEDIA

COMPARTE ESTE CATALOGO CON TUS FAMILIARES Y AMIGOS

POR MEDIO DE WHATSAPP

POR MEDIO DE MESSENGER

POR MEDIO DE TELEGRAM

Puedes descargar una version PDF de este catalogo en el siguiente link: https://vcrey.com/catalogo

VIVA
CRISTO
REY.ORG

LIBROS &
AUDIOLIBROS
EN ESPAÑOL

CATALOGO DE LIBROS
Y AUDIOLIBROS

Titulo: Rosario Para Principiantes. Tutorial Detallado
Autor: Pablo Claret
Consiguelo en Formato Ebook:
https://vcrey.com/rosario-ebook
Consiguelo en Formato Libro:
vcrey.com/rosario-libro
Consiguelo en Formato Audiolibro:
vcrey.com/rosario-audio

Titulo: Evangelio de Jesucristo según San Marcos, discípulo de San Pedro Apóstol, Papa. Basado en la versión de Torres Amat, traducción de la Vulgata, 1823. Con Imagenes, Comentarios y Mapas.
Autor: San Marcos, El Espiritu Santo.
Editor: Pablo Claret
Consiguelo en Formato Ebook:
https://vcrey.com/evangelio-san-marcos-ebook
Consiguelo en Formato Libro:
vcrey.com/evangelio-san-marcos-libro
Consiguelo en Formato Audiolibro:
vcrey.com/evangelio-san-marcos-audio

CATALOGO DE LIBROS Y AUDIOLIBROS

Titulo: El Vaticano vs Hitler. Como Roma condeno la Alemania Nazi, el Racismo del III Reich, la propaganda del Nacional-Socialismo y su idolatría del Estado antes de la II Guerra Mundial.
Autor: Papa Pio XI
Editor: Pablo Claret
Consiguelo en Formato Ebook:
https://vcrey.com/vs-hitler-ebook
Consiguelo en Formato Libro:
vcrey.com/vs-hitler-libro
Consiguelo en Formato Audiolibro:
vcrey.com/vs-hitler-audio

Titulo: San Alfonso Maria de Ligorio sobre la Paciencia e Imitacion de Cristo. Con Sabiduria Biblica de los Evangelios, Salmos, Proverbios, Eclesiástico + citas de San Francisco de Asís, y muchos más.
Autor: San Alfonso Maria de Ligorio
Editor: Pablo Claret
Consiguelo en Formato Ebook:
https://vcrey.com/paciencia-ebook
Consiguelo en Formato Libro:
vcrey.com/paciencia-libro
Consiguelo en Formato Audiolibro:
vcrey.com/paciencia-audio

CATALOGO DE LIBROS Y AUDIOLIBROS

Titulo: San Alfonso Maria de Ligorio sobre como aceptar y amar la voluntad de Dios y su Divina Providencia, incluye citas de San Juan, Isaias, el Cantar de los Cantares, San Bernardo, etc
Autor: San Alfonso Maria de Ligorio
Editor: Pablo Claret
Consiguelo en Formato Ebook:
https://vcrey.com/providencia-ebook
Consiguelo en Formato Libro:
vcrey.com/providencia-libro
Consiguelo en Formato Audiolibro:
vcrey.com/providencia-audio

Titulo: Cristo y el Árbol de la Vida. Beneficios de la Lectura de la Sagrada Biblia y Libros de Santos para las almas que desean conocer al Espíritu Santo.
Autor: San Alfonso Maria de Ligorio
Editor: Pablo Claret
Consiguelo en Formato Ebook:
https://vcrey.com/cristo-ebook
Consiguelo en Formato Libro:
vcrey.com/cristo-libro
Consiguelo en Formato Audiolibro:
vcrey.com/cristo-audio

CATALOGO DE LIBROS Y AUDIOLIBROS

Titulo: Pureza moral y de intención. El honor y gloria de cultivar la virtud de la honestidad para llegar a la presencia de Dios y conocer el amor de Cristo. Con citas de los santos padres.
Autor: San Alfonso Maria de Ligorio
Editor: Pablo Claret
Consiguelo en Formato Ebook:
https://vcrey.com/pureza-ebook
Consiguelo en Formato Libro:
vcrey.com/pureza-libro
Consiguelo en Formato Audiolibro:
vcrey.com/pureza-audio

Titulo: De Corazón a Corazón en la Presencia de Dios. Meditaciones Bíblicas sobre el Silencio y la Soledad Cristiana. Recibe abundante Luz Divina, Abandona el Pecado y vence a los Demonios.
Autor: San Alfonso Maria de Ligorio
Editor: Pablo Claret
Consiguelo en Formato Ebook:
https://vcrey.com/corazon-ebook
Consiguelo en Formato Libro:
vcrey.com/corazon-libro
Consiguelo en Formato Audiolibro:
https://vcrey.com/corazon-audiolibro

CATALOGO DE LIBROS
Y AUDIOLIBROS

Titulo: De la entrega total a Dios. Sabiduria Catolica Para Entrar Por la Puerta Angosta, Recibir La Corona de la Vida, Dejar el Pecado, y Obtener la Amistad del Rey de Reyes, Jesucristo.
Autor: San Alfonso Maria de Ligorio
Editor: Pablo Claret
Consiguelo en Formato Ebook:
https://vcrey.com/entrega-a-dios-ebook
Consiguelo en Formato Libro:
vcrey.com/entrega-a-dios-libro

Titulo: La Verdadera Esposa de Jesucristo. Extracto sobre la Oración ferviente, espiritual y agradable al corazón de Dios. Con conmovedoras enseñanzas del Espíritu Santo, Los Profetas, etc
Autor: San Alfonso Maria de Ligorio
Editor: Pablo Claret
Consiguelo en Formato Ebook:
https://vcrey.com/oracion-ebook
Consiguelo en Formato Libro:
vcrey.com/oracion-libro

Titulo: Christus Vincit, Libro Catolico Para Colorear, Para Niños y Niñas de 2 a 8 Años
Autor: Pablo Claret
Consiguelo en Formato Libro:
vcrey.com/libro-colorear

CATALOGO DE LIBROS Y AUDIOLIBROS

Titulo: Bienaventurados los que lavan sus túnicas para tener derecho al árbol de la vida. (Apocalipsis 22:14) Paquete 2 en 1 de Religion Católica y Mejora Espiritual, para las almas sedientas de la verdad.
Autor: San Alfonso Maria de Ligorio
Editor: Pablo Claret
Consiguelo en Formato Ebook:
vcrey.com/2-en-1-kindle
Consiguelo en Formato Audiolibro:
https://vcrey.com/bienaventurados-au-diolibro

Titulo: Dios es amor, paquete 2 en 1 de religión católica. Pon a tu alma en libertad con la misericordia de Jesus de Nazaret, Dios y Hombre Verdadero.
Autor: San Alfonso Maria de Ligorio
Editor: Pablo Claret
Consiguelo en Formato Ebook:
https://vcrey.com/dios-es-amor-ebook

LIBROS &
AUDIOLIBROS
EN INGLES

CATALOGO DE LIBROS Y AUDIOLIBROS

Titulo: How to Pray the Rosary for Beginners Step by Step Tutorial
Autor: Pablo Claret // **Lenguaje:** Ingles
Consiguelo en Formato Ebook:
https://vcrey.com/rosary-ebook
Consiguelo en Formato Libro:
vcrey.com/rosary-book

Titulo: The Four Last Things: Death. Judgment. Hell. Heaven. "Remember thy last end, and thou shalt never sin." a Traditional Catholic Classic for Spiritual Reform.
Autor: Father Martin Von Cochem
Editor: Pablo Claret // **Lenguaje:** Ingles
Consiguelo en Formato Ebook:
https://vcrey.com/4-last-things-ebook
Consiguelo en Formato Libro:
vcrey.com/4-last-things-book
Consiguelo en Formato Audiolibro:
vcrey.com/4-last-things-audiobook

CATALOGO DE LIBROS Y AUDIOLIBROS

Titulo: Autobiography of St. Ignatius of Loyola, Catholic Priest, Theologian, Founder of the Company of Jesus (Jesuits) and Servant of Christ for the Greater Glory of God, Ad Maiorem Dei Gloriam. With Images. // **Lenguaje:** Ingles

Autor: St. Ignatius of Loyola // **Editor**: Pablo Claret

Consiguelo en Formato Ebook:
https://vcrey.com/st-ignatius-ebook
Consiguelo en Formato Libro:
https://vcrey.com/st-ignatius-book

Titulo: Saint Alphonsus Maria Ligori on the Patience and Imitation of Christ. With Biblical Wisdom of the Gospels, Psalms, Proverbs, Ecclesiastical + quotes from St. Francis of Assisi, and many more.

Autor: St. Alphonsus Liguori
Editor: Pablo Claret // **Lenguaje:** Ingles
Consiguelo en Formato Ebook:
https://vcrey.com/patience-ebook
Consiguelo en Formato Libro:
vcrey.com/patience-book

CATALOGO DE LIBROS Y AUDIOLIBROS

Titulo: St. Alphonsus Maria Liguori on How to accept and love the will of God and his Divine Providence Includes quotations from St. John, Isaias, the Song of Songs, St. Bernard, etc.
Autor: St. Alphonsus Liguori // **Editor**: Pablo Claret
Lenguaje: Ingles
Consiguelo en Formato Ebook:
https://vcrey.com/providence-ebook
Consiguelo en Formato Libro:
vcrey.com/providence-book
Consiguelo en Formato Audiolibro:
vcrey.com/providence-audio

Titulo: God Made the Violet Too, Life of Leonie, Sister of St. Therese of the Child Jesus and the Holy Face. With Beautiful Lessons of Faith, Hope & Charity, for the Glory of The Most Holy Trinity & Our Lady.
Autor: Rev. Albert H. Dolan
Editor: Pablo Claret // **Lenguaje:** Ingles
Consiguelo en Formato Ebook:
https://vcrey.com/leoni-ebook
Consiguelo en Formato Libro:
https://vcrey.com/leoni-book
Consiguelo en Formato Audiolibro:
vcrey.com/leoni-audibook

CATALOGO DE LIBROS Y AUDIOLIBROS

Titulo: The End of the World and the Signs which will precede The Final Culmination.
Catholic Meditations For Souls Who Thirst For Truth and Justice
Autor: Father Charles Arminjon
Editor: Pablo Claret // **Lenguaje:** Ingles
Consiguelo en Formato Ebook:
https://vcrey.com/end-of-the-world-ebook
Consiguelo en Formato Libro:
vcrey.com/end-of-the-world

Titulo: The Persecution of the Antichrist and the Conversion of the Jews in the last days.
Analyzing Catholic Prophecies With the Help
of The Fathers of The Church.
Autor: Father Charles Arminjon
Editor: Pablo Claret // **Lenguaje:** Ingles
Consiguelo en Formato Ebook:
https://vcrey.com/conversion-jews-ebooks
Consiguelo en Formato Libro:
vcrey.com/conversion-jews

CATALOGO DE LIBROS
Y AUDIOLIBROS

Titulo: Christus Vincit, Catholic Coloring Book For Children
Autor: Pablo Claret
Lenguaje: Ingles
Consiguelo en Formato Libro:
https://vcrey.com/coloring-book

Creditos Finales

En la creacion de este libro, somos deudores de las siguientes personas y entidades:

- Agradecemos a Dios, que nos ha dado vida suficiente, y los deseos eficientes de traer esta obra a la luz.
- Agradecemos a la Virgen Santisima. Por que su consentimiento libre a sido la alegria de todas las generaciones de hombres de buena voluntad desde la Encarnacion de Cristo.
- Agradecemos a la Iglesia Catolica. Porque la fuente constante de su luz, nos enseña que *"Fuera de la Iglesia Catolica no hay absolutamente ninguna Salvacion."* Y esa doctrina nos compele a tratar en la medida de nuestras flacas fuerzas, a hacer algo por nuestros projimos.

Made in the USA
Columbia, SC
21 December 2021